海外中国研究丛书
刘 东 主编

[美] 韩书瑞 著
刘 平 唐雁超 译

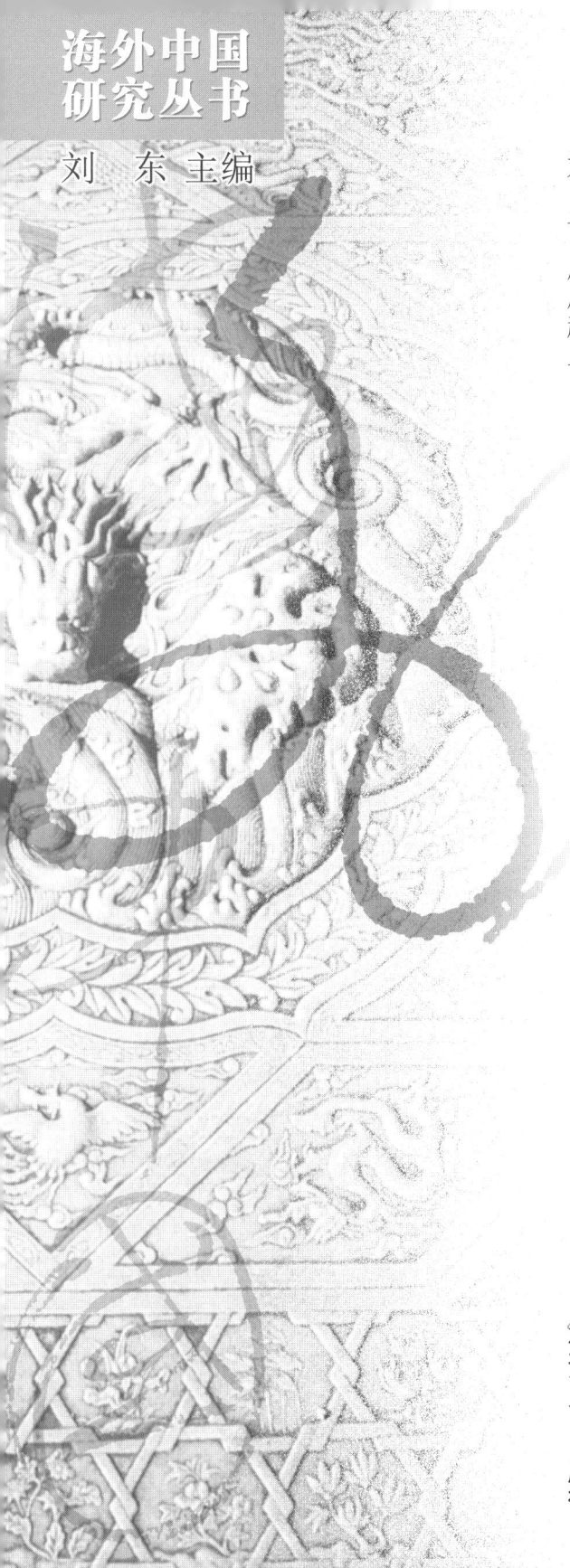

SHANTUNG REBELLION

山东叛乱

1774年王伦起义
The Wang Lun Uprising of 1774

江苏人民出版社

图书在版编目(CIP)数据

山东叛乱:1774年王伦起义/[美]韩书瑞著;刘平,唐雁超译.
—南京:江苏人民出版社,2009.5(2021.9重印)
(海外中国研究丛书/刘东主编)
书名原文:Shantung Rebellion: The Wang Lun Uprising of 1774 by Susan Naquin
ISBN 978-7-214-05714-3

Ⅰ.①山… Ⅱ.①韩… ②刘… ③唐… Ⅲ.①农民起义—中国—清代 Ⅳ.①K249.301

中国版本图书馆CIP数据核字(2009)第048270号

Shantung Rebellion: The Wang Lun Uprising of 1774 by Susan Naquin
Copyright © 1981 by Yale University
Published by arrangement with Yale University Press
Simplified Chinese translation copyrights © 2021 by Jiangsu People's Publishing House
All rights reserved
江苏省版权局著作权合同登记号:图字10-2006-328号

书　　　名	山东叛乱:1774年王伦起义
著　　　者	[美]韩书瑞
译　　　者	刘　平　唐雁超
责 任 编 辑	王　田
装 帧 设 计	陈　婕
责 任 监 制	王　娟
出 版 发 行	江苏人民出版社
地　　　址	南京市湖南路1号A楼,邮编:210009
照　　　排	江苏凤凰制版有限公司
印　　　刷	江苏凤凰通达印刷有限公司
开　　　本	652毫米×960毫米　1/16
印　　　张	13.25　插页4
字　　　数	185千字
版　　　次	2009年5月第1版
印　　　次	2021年9月第3次印刷
标 准 书 号	ISBN 978-7-214-05714-3
定　　　价	56.00元

(江苏人民出版社图书凡印装错误可向承印厂调换)

序"海外中国研究丛书"

中国曾经遗忘过世界,但世界却并未因此而遗忘中国。令人嗟讶的是,20世纪60年代以后,就在中国越来越闭锁的同时,世界各国的中国研究却得到了越来越富于成果的发展。而到了中国门户重开的今天,这种发展就把国内学界逼到了如此的窘境:我们不仅必须放眼海外去认识世界,还必须放眼海外来重新认识中国;不仅必须向国内读者迻译海外的西学,还必须向他们系统地介绍海外的中学。

这个系列不可避免地会加深我们150年以来一直怀有的危机感和失落感,因为单是它的学术水准也足以提醒我们,中国文明在现时代所面对的绝不再是某个粗蛮不文的、很快就将被自己同化的、马背上的战胜者,而是一个高度发展了的、必将对自己的根本价值取向大大触动的文明。可正因为这样,借别人的眼光去获得自知之明,又正是摆在我们面前的紧迫历史使命,因为只要不跳出自家的文化圈子去透过强烈的反差反观自身,中华文明就找不到进入其现代形态的入口。

当然,既是本着这样的目的,我们就不能只从各家学说中筛选那些我们可以或者乐于接受的东西,否则我们的"筛子"本身就可能使读者失去选择、挑剔和批判的广阔天地。我们的译介毕竟还只是初步的尝试,而我们所努力去做的,毕竟也只是和读者一起去反复思索这些奉献给大家的东西。

刘　东

以宝塔为斜轴,南望临清,右边是大运河,宝塔后面可见临清城的城墙,远处是山东的山丘。见乔治·斯当东著《英使谒见乾隆纪实》(1797,对开本)"在大运河岸边的临清附近看到的景色"。

谨以此著献给李世瑜——我的老师和朋友,1979年我们首次见面,跟他在一起,我感到非常愉快,这些年来我从他那里学到了很多东西。

目 录

中文版序 *1*

导　言 *1*

第一部分　准　备 *9*
　　背　景 *9*
　　教　派 *47*

第二部分　叛　乱 *74*
　　发　动 *74*
　　上　路 *86*
　　进　攻 *102*
　　防　御 *127*
　　余　波 *147*

结　论 *157*

附　录 *175*

参考文献 *179*

译后记 *187*

中文版序

这本书 1981 年英文版的前言中说,要对这场叛乱背后的结构作出"充分解释",需要"异乎寻常的方法"。那个时候,我已经开始了对数百年来活跃在华北的教派首领家族的研究。我的计划是探寻 1622 年山东徐鸿儒起义背后的叛乱者与 19 世纪 20 年代被捕的石佛口王家成员之间的关系,并通过石佛口王家所在的滦州(北京东面)地方史来做研究。不幸的是,我在北京中国第一历史档案馆和台北故宫博物院所藏档案中都没能找到足够支持这项研究的材料。在发表了三篇文章之后,我把这个计划放到一边,从教派叛乱研究转向了其他形式的宗教组织和信仰研究。

在过去的二十年里,关于王伦起义研究的著作并不多见,中国大陆只有 1995 年出版过一本综合性资料——《王伦起义史料》,由李印元编成。德国读者早就提醒过我,关于王伦起义的令人难忘的但又充满了虚构的描述,是阿尔弗雷德·杜布林(Alfred Döblin)在 1915 年写作的《中国传奇——王伦三部曲》(*Die drei Sprünge des Wang-lun*, *Chinesischer Roman*)。这部小说在一个世纪以前就已经使得王伦起义声名远扬。现在,这部小说的英文版也出版了,名字是 *The Three Leaps of Wang-Lun*, *A Chinese Novel*(1991)。

1999年5月,我走访了王伦起义的某些地点。能够登上临清卫河河岸九层塔内的阶梯,我真的感到很兴奋。在那里,我亲身体验了英文版封面插图中的场景,并重新想象了一番书中描写的在1774年9月23日(月、日为农历)发生在叛乱者与清军之间的战斗。

1981年以来,学界对于教派组织和信仰的研究逐步深化,车锡伦(1993、1998年)和欧大年(1999年)出版了宝卷方面的重要著作,而且很多珍贵的经卷文献现在已经再版,以供学者使用。马西沙和韩秉方于1992年出版了《中国民间宗教史》,他们主要依靠档案材料和教内文献对各种主要教派组织进行研究。苏为德(Hubert Seiwert)在与马西沙合作的过程中,写了一本有关民间教派和民众运动历史的著作(2003年,刘平按:书名是 *Popular religious movements and heterodox sects in Chinese history*)。高士达(Blaine Gaustad)在1993年完成的博士学位论文(加州大学)分析了乾嘉之交在白莲教大起义中达到高潮的教派活动的发展线索。路遥在义和团方面的著作之外,又出版了关于山东诸多教派的力作——《山东民间秘密教门》(2000年)。

两位朋友允许我阅读了他们正在写作中的和在重要刊物上发表的论著,他们的研究与我这本王伦起义的著作有关。田海(Barend ter Haar)在1992年出版的大作《中国宗教史上的白莲教》(*The White Lotus Teachings in Chinese Religious History*)中追溯了白莲教教义的早期历史,并争论说,"白莲"是由明清教派的敌人用来称呼它们的名字,是教外者所贴的"标签",所以严谨的学者应该避免使用这一术语。尽管我同意他的逻辑,但在他对这一熟悉的名称的怀疑上,我感到很遗憾。这个名词强调了这一宗教内部的联系,我相信它拥有足够的标识性和内聚力,可以成为自己的名字。由于缺乏这样一个单独的名称,我们被限制在各种模糊的替代名称上,但它们并不能够充分强调这种共享的历史和信仰。这些替代名称包括:民间宗教运动(popular religious movements)、异端教派(heterodox sects)、异议教派(dissenting sects)、中国教派主义(Chinese sectarianism)、中国教派宗教(Chinese sectarian religion)、民间教派主义(folk sectarianism)、大众教派主义(popular sectarianism)、秘密宗教、民间宗教、民间秘密教派。所以,称为"白莲教"会更简单一些。

教派之间的联系如何演变的问题,在周锡瑞的《义和团运动的起源》(*The Origins of the Boxer Uprising*,1987年)中也有提出。与严谨的学者田海一样,周锡瑞分析了1774年的王伦起义,作为他对义和团起源研究的一部分。其附录仔细而具体地审视了"清中叶义和团与白莲教"问题,总结了长期以来有关两者关系争讼不休的历史,并得出结论说,活跃在乾隆和嘉庆时期的义和拳"在仪式上区别于"晚清拳民。对此,我同样看到了争论的逻辑,但对其在宗教内容和相互联系上的去强调化(de-emphasis)感到遗憾。

19、20世纪中白莲教的教派世界仍然是近乎完全地缺乏研究。晚清时期,当政府专注于基督教和伊斯兰教挑战的时候,不少较小的教派群体开始出现、发展,它们大多采取了和平的形式。在民国时期,新的宗教更为普遍。这方面的档案材料十分丰富,而关于这一时期的民间教派(会门、道门)的很多有意思的工作仍然没有人做。然而,构成我的这本书的两个框架至今依然是主导性的,这似乎是件憾事。我希望,用不了很长一段时间,我们就能走出这样一种观念:像王伦这样的教派叛乱者,要么被视为勇敢的信仰者,希望通过暴力行动打出一个更好的世界;要们被视为危及社会秩序的危险罪犯,必须由政府加以暴力诛灭。

我很清楚地记得为这本书所做研究的那些美好时光,而且很高兴能够看到它以中文出版。正是路遥先生的著作首次将我带入山东西部,我非常感谢他这些年来慷慨而坚定的努力。从我们首次见面至今,已经很多年了,现在终于看到这部山东故事得以翻译出来。我也向刘平(也在山东大学)——积极的译者——致以特别的感谢。

韩书瑞
2008年5月于新泽西普林斯顿

导　言

　　我们总是从偶尔爆发的有组织暴力活动中了解过去的民众，而不是通过构成日常生活经纬的个人活动，这是一个并不起眼却又十分不幸的事实。因为在当时，日常生活被暂时弃置一边，个体动机也湮没在群体暴乱掀起的烟尘之中。然而，正是作为愤怒的暴民和有组织的叛乱者，这些粗鄙无知之人才能轻易地引起文人学士和权力阶层的注意，也正因为如此，他们才经常被历史学家们提起。即便现在社会史研究者转向研究"民众"时，原始材料的性质也总是迫使他们把焦点对准集体行为和那些非同寻常且引人注目的事件。

　　在研究中国历史的时候，这类局限显而易见。当中国的民众不是被笼统地视为一个面朝黄土背朝天的农民阶级时，当他们不再安于现状时，他们通常就会成为历史的扮演者。即使是在文献记载比较完善的帝国晚期，也很难避开综合性材料，或是越过群体行为，来重建日常状况下普通百姓的生活。幸运的是，集体行动中的某些事件有着非常丰富的文献记载，因此而留存下来的详细材料已经远远不止于那些重大事件，而是可以展示重大事件背后的日常生活的诸多方面。此外，由审讯官员详细记录的罪犯口供也保存了个体的声音，并且隐身于浩瀚的官方档案中。

与其他地方一样,中国民众运动本身就令人关注。它们不但直接影响到国家的稳定,也影响到个人和社会各阶层的生存,而且,它们会被分析为——或者假设为——阶级冲突、政治稳定、意识形态霸权和经济发展等方面的产物。它们常常是富于戏剧性的事件,在其过程中,人们富于想象、勇敢和背叛的行为能力,得到了令人感动而又通常是悲剧性的展示。

白莲教组织和领导的民众运动,在清代(1644—1911)的文字记载相对完整。[①] 这些教派起义的性质是追求千年盛世(或曰千禧年、千年王国——译者),并且吸引了各种群体的城乡民众。起义不定期地发生,大多是在华北,通常旋起旋灭。不过,起义一旦在某地爆发,不管时间多么短暂,它们都会对国家和统治阶级构成严峻挑战。因此,对起义开展个案研究,既可以阐明关于民众反抗的诸多问题,也能了解那些参与反抗者的生活和心态。

在中国历史上,这些白莲教教派是一种奇特而矛盾的现象。尽管它们能够吸引民众,并与儒家精英的既定传统相抗衡,这些教派却只是以非常诡异的方式流传。它们的宗教活动并不是在通常的节日或者一般寺庙进香的基础上展开。它们信仰的最高神灵是一位女性[②],不在民间流传的众神之列。它们的活动花样繁多,包括一系列从打坐炼气到舞弄刀枪的养生术和超度术。它们的历史观和价值观体系被儒家政府视为异端,其组织历来为法律所禁止,所以被迫转入半秘密状态。因此,在许

[①] 译者按,白莲教(White Lotus or White Lotus sects)是作者在书中使用较多的一个名词,实际上,从明初开始,白莲教就不是一个具体教门(或教派)的名称了,而是对所有秘密教门或"邪教"的总体称呼。另外,sects 或 religious sects(教派)是作者在本书中经常使用的一个词,在中文话语里,称作"秘密教门",简称"教门"。因为作者使用的范围比较宽泛,故我们在中译本里一律使用"教派"一词。

[②] 译者按,作者在这里提到的女性神指"无生老母"。白莲教在宋末元初产生之后,其信仰的最高神灵是弥勒佛,至明末清初,才逐渐形成"无生老母"形象。

多人看来，它们身上的民间宗教标签非常可疑，甚至属于异端末流，通常只是吸引了为数不多、成分复杂的信众。

此外，这些教派可能同时具有虔诚、献身、激进与革命的性格。它们的千禧年思想深入到各个教派之中，成为其信仰的核心，即使是在蛰伏阶段，也不会完全失去发动信徒起事的能力。末世论的预期也会把白莲教徒引向对抗国家的起义，而且，随之产生的希望和许诺常常将其他人吸引到它们的事业中。这些起义不仅吸引了农民以及其他阶层的支持者，而且很少采用农民反抗的通常目标。与其他民众暴动不同，教派叛乱具有反复性和周期性的特征，而且，它们对国家正统抱有不同寻常的持久敌意。因此，这些教派通常又是非大众化的。

有关农民起义、民众反抗、千禧年运动和革命组织的理论，在解释白莲教信徒的行为上只是部分地适用。但是，有关这些教派的材料很少，所以很难产生出比这些理论更为合适的假设。在此前出版的对1813年林清白莲教起义的研究中，我对一个教派如何发动了一场短命的叛乱，给出了一些描述性的材料，但是我实际上并未关注这次起义的历史背景和地理背景。① 此外，清代白莲教的历史尚未有人写出，也基本上没有弄清楚，并且它对帝国晚期和近代的重大事件的影响也仍然没有被深入探究。

总的来说，我们知道这些白莲教教派出现在400年以前，并以不同的形式延续到现在。在16世纪，教主们利用了一些已有的思想和仪式，开始把宗教经卷和信奉无生老母、师徒相传的组织体系结合起来（其进行方式尚不清楚）。17世纪时，在这些教派的影响和领导下，至少引起过一次民众起义（1622年在山东西部）②，但在清朝前期，其活动重点主要是放在聚会和敬神方面，叛乱并非常例。然而，在1774年，白莲教追求

---

① 韩书瑞：《中国的千禧年叛乱——1813年八卦教起义》(1976)。以下简称《1813年八卦教起义》——译者。
② 译者按，指徐鸿儒起义。

千年盛世活动的能力又开始彰显出来,在此后的一个世纪里,一些信徒断断续续地卷入了叛乱运动。19世纪中叶地方自卫行动的出现,为那些在教义中注重武术方面的教派提供了一种新的组织结构,而19世纪后期华北民间的仇教排外情绪,终于激起了90年代末义和团运动的爆发。与此同时,中央政府控制意识形态和军事局面的权威崩溃,为其他白莲教徒在兴建庙堂和公开布道上提供了新的机会。有些教派已经获得了认可和尊重,但是从1949年起,新的正统再一次迫使许多教派转入地下。①

白莲教历史的许多方面值得研究,但对研究清前期和中期历史的学者来说,18世纪后期教派暴力的再现,是一个尤为有趣的问题。一般人认为,在乾隆末年时,18世纪的安定和繁荣开始过渡到一个腐败、虚弱和全面"衰落"的时期,但是我们缺乏有关行政、社会或经济方面的详细材料,这一事实意味着我们对这一过渡的了解相当肤浅。衰落的种子是否已经孕育在之前的繁荣之中?是上层政治的腐败无能,还是基层的人口过剩和官员玩忽职守,才促使——或者造成——了这一衰落?在这一转变过程中民众起义发挥了什么作用?因为18世纪后期的白莲教叛乱最为引人注目,所以对这些起义之间的联系,以及它们与安定的17世纪的关系,当然应该得到更清楚的了解。

有鉴于我们对白莲教持久的忽视,以及对清代社会史和民众运动起因的兴趣,对另外一个白莲教教派及其起义的案例研究可能会很有帮助。为了研究这些问题,尤其是白莲教的千年盛世说在18世纪再现的问题,也因为有很好的史料来源,我选择了1774年由王伦其人领导的山东起义作为本书的主题。

---

① 关于白莲教的历史,参见欧大年(Daniel L. Overmyer):《民间佛教——传统中国晚期的反政府教派》(1976),第73—108页(译者按,该书的中译本名为《中国民间宗教教派研究》,上海古籍出版社,1993年版),以及韩书瑞:《1813年八卦教教义》,第63—66、267—269页,以及其中引用的史料。另见我尚未出版的会议论文《中华帝国晚期白莲教的传播》(1981)。

1774年10月，这位教派领袖的一千来名信徒攻打了山东西部位于华北平原上的三个州县城池，并结集了数千名其他民众，占领了大运河岸边的城市临清的一部分。他们踞守临清达三个星期之久，几乎没有遭到反抗，然后才被清政府的反攻打垮。当时正值乾隆三十九年，乾隆帝的军队正投入对四川西部的大举远征，他对这次在帝国腹地发起的对帝王权威的挑战十分震惊，同时对镇压起义竟然历时一个月非常愤怒。起义平息后，他批准编纂《钦定剿捕临清逆匪纪略》，作为记述其十全武功（大部分比这次围剿的范围广泛得多）系列著作的一部分。①

中文和西文的清代历史都只是简略地提到过王伦起义②，它通常被简单地视为白莲教在18世纪的第一次重大爆发，以及本世纪末开始的清军与其他教派叛乱者长期斗争的先兆。幸运的是，现在有了各不相同而又能互相补充的史料，所以能够相当细致地去考察1774年发生的这次起义。

最基本的史料是官方文献。《大清历朝实录》补充了《钦定剿捕临清逆匪纪略》的不足，两者记载了最重要的上谕和地方官员的奏疏。这两部文献中许多未经剪辑的原件都保存在台湾故宫博物馆的军机处档案中。军机档还提供了许多未公布的奏议和上谕，还有军机处呈送清帝的

---

① 《钦定剿捕临清逆匪纪略》。我不清楚这部汇编有多少人可以看到，1782年时乾隆帝曾将副本赐予50位臣僚。《上谕档方本》（以下简称《上谕档》——译者）317—321，乾隆47/12/18（即乾隆四十七年十二月十八，以下类推——译者）。
② 关于这次起义最具实质性的英文记述，是高延（J. J. M. de Groot）的《中国的宗派主义和宗教迫害》（1903—04），296—306页。关于镇压王伦起义的讨论，见容立坤（音，Richard Lee Kuen Jung）的《乾隆帝镇压叛乱——1774—1788年的白莲教和三合会》（1979）。两种记述都只用了很少的中文材料。中文资料中，最重要的第二手记录是魏源的《圣武记》（1842），8.41—43（即第八卷第41—43页，以下类推——译者），还有1785年《临清直隶州志》，1.3—4（1934年版为5.10）。最近关于这一时段历史的分析，见曼素恩（Susan Mann Jones）和孔飞力（Philip A. Kuhn）在《剑桥中国史》（1978）中合写的一章：《清王朝的衰落和叛乱的根源》，尤其是第107—148页［译者按，参见中译本《剑桥中国晚清史》（上卷）第三章，中国社会科学出版社，1985年］。

一些很有价值的条陈和奏议。① 军机档的材料中还收有一本王伦许多亲友和信徒口供的记录。② 这些审讯在起义后的几天至几周内在北京进行，供词生动地叙述了起义从计划到执行的过程。它们是非常宝贵的补充材料，使我们能够从细节上重构这次起义，并从内部观察起义，同时又能听到叛乱者自身的声音(本书的附录译载了一部分供词)。

在官府供职的人对这次起义的叙述——特别是围攻临清情况的叙述——进一步补充了上述材料。出身名门的江苏人秦震钧是临清州衙门的官员，他的《临清守城日记》如实地对长达一个月的起义逐日作了详细记载。③

同样使人感兴趣的是另外一名知情人俞蛟的记载，围城时期他也在城内。俞蛟是一位来自浙江绍兴府的年轻人(当时 22 岁)。他虽然没有功名，但是有文化，并有资财用于旅行。1774 年，他去临清拜访一位担任典吏的同乡友人。起义爆发，俞蛟正在临清，他对此事非常关注，并且亲自参加了城防。他撰写的《临清寇略》的篇幅比秦震钧的日记长一倍，而且生动得多。俞蛟叙述的材料的巨大价值不仅仅在于大量的细节，而且在于他看待叛乱者超自然的神奇力量时所具有的独特见解。与造反者

---

① 关于对这些档案的介绍，见白彬菊(Beatrice S. Bartlett)：《"国立故宫博物院"档案中的清宫奏折》(1979)，以及韩书瑞：《真实的供状——作为清史史料的罪犯审讯》(1976)。其他文件保存在北京的明清档案中。32 份关于王伦起义的文件可能是最为详细的，被收入中国人民大学清史所等编：《康雍乾时期城乡人民反抗斗争资料》(中国人民大学出版社，1979)，第764—772 页。其中，只有部分资料是别处看不到的。
② 这个研究基于官员奏疏中的 26 次大审讯(以及几十次小审讯)，以及两本军机处笔录，里面记录了 11 位被捕的叛乱首领在北京的漫长审讯，这两本笔录叫做《东案档》和《东案口供》，现存于台湾。
③ 出于我不明白的原因，秦震钧的日记被收录在龚景翰(1747—1803)的文集中(而且署名也不是秦震钧)，好像是龚景翰代秦震钧写下来的。龚景翰是 1771 年的进士，当时正在他的家乡福州教书。他后来因为其"坚壁清野"思想而在政府战略家中出名。这个村庄战略体系成为19 世纪对付教派起义、太平军和捻军的标准战术。秦震钧的日记《临清守城日记》见于龚景翰的《澹静斋全集》(1826)2.41—49。关于龚景翰，见恒慕义(Auther W. Hummel)：《清代名人传略》(1943—44)，第 446 页，孔飞力：《中华帝国晚期的叛乱及其敌人》(1970)，第 45—47页，《国朝耆献类征》(1884)236.38—53。关于秦震钧，见《国朝耆献类征》212、213，以及秦瀛：《小岘山人续文集》(1817)1.45—49(由其侄子所写的传记)。

一样(而不像大部分儒家官员),俞蛟对这些"天方夜谭"和"迷信"处之泰然。俞蛟的记载有助于我们了解一个真实的世界,在那里咒语的威力大于炮火,而且巫术成了一种被胆大妄为者所尊敬、惧怕和使用的力量。虽然书中记载的一些次要事情还不够正确,也无法加以证实,但我仍谨慎地利用了俞蛟的记述,作为使用其他史料时的有益补充。①

第三个简短的记载是湖南人潘相所作,他在与临清邻近的濮州任职,奉召协助审讯叛乱者。其所撰《邪教戒》中的某些细节在其他史料中是看不到的。②

目击者的记载、叛乱者的供词和各级官方报告这几方面的结合,使我们能相当详细地弄清王伦起义的情节。但是,为了在符合实际的背景中观察这次叛乱,我们还需要考察叛乱发生的环境。由于发生这次叛乱的山东西部诸县在 18 世纪时的史料比较少,仅靠单独一部地方志是难以做到这一点的。尽管如此,各种对自然环境和对该地产生影响的外部事件的描述和记录都是值得参考的。我认为,通过分析社会、经济、军事和政治等力量的结构变化,设法为地方史建立一个稳固的时空环境,这一点是根本的。施坚雅(William G. Skinner)的前瞻性努力已经使这项工作容易得多了③,而且幸亏清代的史料也常常注意到这类事情。了解叛乱发生的环境等方面,不但有助于探索异端和叛乱增长的原因,而且对理解国家及其支持者镇压这次起义的方式也是有帮助的。

---

① 俞蛟的《临清寇略》在他的《梦厂杂著》(1828)5.1—21。关于俞蛟生平背景的一些资料,在这部著作的两篇序言中可以看到。关于绍兴人在清代官僚机构中的重要性,见詹姆斯·科尔(James H. Cole):《绍兴——清代社会史研究》(1975),第 18—72 页。
② 潘相的《邪教戒》,载于潘著《攀文书屋集略》,8.29—35;还有一篇重复此类描述的更短一些的文章(见《事友路》4.14—16)。关于潘相,见《国朝耆献类征》240.24—25,《濮州志》(1908)3.27。另外一位年轻的观察者戚学标(1742—1825),叛乱发生时正待在曲阜,他声称从参与镇压的当地绅士那里了解到叛乱情形。事实上,他的记述(《纪妖寇王伦始末》)仅仅是对潘相长文的压缩(很大部分是一字不差的抄袭)。
③ 我从施坚雅关于中华帝国晚期的时空模式的思想中受益良多,我在书中提及区域体系、它的中心地和边缘地、中心地等级、清代基层行政的结构和密度、区域和城市圈等等,所有这些都证明了我从其著作中受到的启发。

因此,我们首先应该考察王伦起义发生的地点及其宗教组织背景,然后转向起义本身:最初的动员、临清的占领和最后的失败。

(译者按,该导言此前有一个译本,见杨品泉:《〈一七七四年山东王伦起义〉导言》,载《中国史研究动态》1982 年第 12 期;该译本省略了注释。我们在翻译过程中,部分参考了该译本)

第一部分 准 备

背 景

18世纪时,大运河之水从山东西部山区的济宁北部高地流下,穿过华北平原,流向北京。一旦流出这片丘陵地带,大运河就进入了平坦无奇、人口密布的乡野。运河沿岸有白杨和垂柳,北上的旅人可以看到种植着棉花、粟米和小麦的田野,遍布四处的土屋茅舍,最后是大城市中更为密集的住房、店铺——一道充满了舟、车、人、畜声音的鲜活风景。①

1774年起义的领导者王伦居住的那个小村庄,正位于大运河的西部,在那些丘陵和临清之间,北距临清100公里。王伦在教派中的亲密伙伴和成员也生活在这片区域,他和他的信徒在起义中穿越了寿张、阳

---

① 四名西方人描述了英国使团在稍晚的年代里,从北京沿运河而下的旅行。马戛尔尼使团(包括巴罗和斯当东等人在内)于1793年10月底穿过山东西部。阿美士德(Amherst)使团(包括埃利斯在内)则在1816年9月底经过。见克兰默-宾(J. L. Cranmer-Byng):《马戛尔尼1793年之访华日记》(1963),第169页;斯当东(Sir George Staunton):《英使谒见乾隆纪实》(1797)卷2,379—387页;巴罗(John Barrow):《中国纪行》(1806),第501—505页;亨利·埃利斯(Sir Henry Ellis):《后来访华使团事件的日记》(1818)卷1,第368—381页。

谷、聊城、堂邑和临清这些县份,为他们的事业召集支持者。在谈及王伦自身和他的教派组织之前,我们先考察一下起义的背景,以及形成并在某些方面推动这次运动的社会结构。我们应该在总体上考察一下山东西部,具体考察一下那五个县,特别是王伦的家乡寿张县,然后才能设法重构并理解这次叛乱的背景。

在清代中期,大运河对华北的经济至关重要,其河道网络促进了贸易发展,并将这一区域联系在一起;其商业交通是私人和公共财富的巨大来源;它的运行节奏形成了沿岸这些县份数百万人的生活。每年春季,多达5 000艘船只从长江中下游和华北北上,装载着几百万石漕粮上京。到了秋季,这些船只没有了粮食,但装满了其他货物,在仍然拥挤的大运河上向南行驶,进入山东中部山区,然后进一步南下等待来年的装运。这些漕运船队来来去去,主宰了大运河上规模已经相当庞大的商业交通,不仅吸引了商人的注意,而且各级政府官员也不敢掉以轻心,因为他们从总督往下,都要为漕运的中断和延迟负责。

满族旗丁受命驻扎在运河沿线,专门掌控漕运船队。在山东,这些漕粮运输站(卫)位于济宁、东昌、临清和德州。由于大约一万运输工人的出现,这几个县的城市人口都在增加,尤其是在萧条的冬季时分。此外,漕船的行驶还需要从当地人口中临时雇用纤夫和水手。①

运河沿岸的县城自己核定漕粮费用。张秋、阿城和东昌这几个运河港口是当地漕粮(粟米、小麦、大豆)储存和解送的地点,而临清则是整个山东漕粮的主要集中地。这些商品的解送、称重和装载也需要劳动力,而且有

---

① 见哈罗德·欣顿(Harold C. Hinton):《晚清漕运制度》(1965),星斌夫:《大运河——中国的漕运》(1971),以及前一条注释。每年这个时期大约有320万石(一石将近84公斤)粮食被运往北京[关于对这个总数的各种估算的讨论,见魏丕信(Pierre-Etienne Will):《中国18世纪荒政史》,1980,241页]。关于运河上其他货物的运输,见《大清历朝实录·乾隆朝》(以下简称《清高宗实录》——译者)1235.11—13。据《东昌府志》(1808)8.20—21记载,1792年,东昌卫的人口为15 402户,临清卫则为14 235户。宋应星在其《天工开物》(1966)第172—176页中有漕粮船只的插图(图9-1);另见谢天民:《临济三庵史》(1975)。

时会受阻于冬季水路的结冰,所以必须从繁忙的日程表中挤出时间。①

为了保证大运河中有合适的水量来保持交通运输通畅,就必须为调节河水供给做一些复杂的准备。因为水量过多和过少都是常见的问题。在18世纪中期,每年都要进行河道疏浚,每隔一年对河道进行一次小范围的彻底清理。这些工作是由各种私人和公共的资金和劳动力来实施的。②

卫河在临清流入大运河,把山东西部与华北平原的中心以及西北联系起来,它是私人商队和粮船共同的重要航行干道。运载着西南地区贵重金属铜的船队也要依靠卫河和大运河,它们是官员担忧和民众受雇的另一个原因。③

第三条干流大清河对当地更为重要,它在寿张县与大运河相交,并流向山东的海滨。100年后,这条"盐河"变成了黄河的河床,但在这个时期,它的流量不大,不过,它对沿海浅滩生产的山东盐在内陆的分配至关重要。盐的贸易为雇用和额外收入提供了另外的机会。大清河也像其他水路一样,因为是浅河而需要定期疏浚(由盐商们资助)。④

我们可以认定,由于靠近东昌和临清两个城市以及大运河,王伦及其信徒生活和工作的村镇是相对商业化的地方,也是华北"区域中心"的一部分⑤(这肯定是王伦家乡的情况,那里非常靠近运河和该县的商业中心)。运河沿线有庞大的城市人口需要养活,这些城市对邻近乡村生产

---

① 《大清会典事例》(1899)194.1—4。山东漕粮定额由大运河周边六府共同组成。比如在靠近王伦家乡的张秋,有为山东十四县谷物存储做准备的仓库,见《张秋志》(1670)2.4。这一时期对大运河工作的其他有价值的描述,可见于《清高宗实录》675.15—16,663.21,679.15,826.18—19,873.5—6,905.36—37,1019.6—7,1022.21。
② 《嘉庆重修一统志》(1820),184.11。关于疏浚和相关技术,见李约瑟:《中国的科学与文明》(1971)第4卷第三部分,第335—341页。
③ 关于1779年大运河交通的拥挤状况——包括漕运船队、铜斤装运以及皇家差使——的描述,见《清高宗实录》1089.14—15。
④ 《清高宗实录》1253.20—21。
⑤ 见施坚雅:《华北的社会生态和镇压力量——一个有待分析的区域体系结构》(1979),地图3,以及施坚雅:《19世纪中国的区域城市化》(1977),第216—218页。甚至在1843年时,东昌和临清(分别)位列华北地区城市中的第7名和第10名(同上,第238页)。关于临清在该区经济中作用的更多情况,见第二部分。

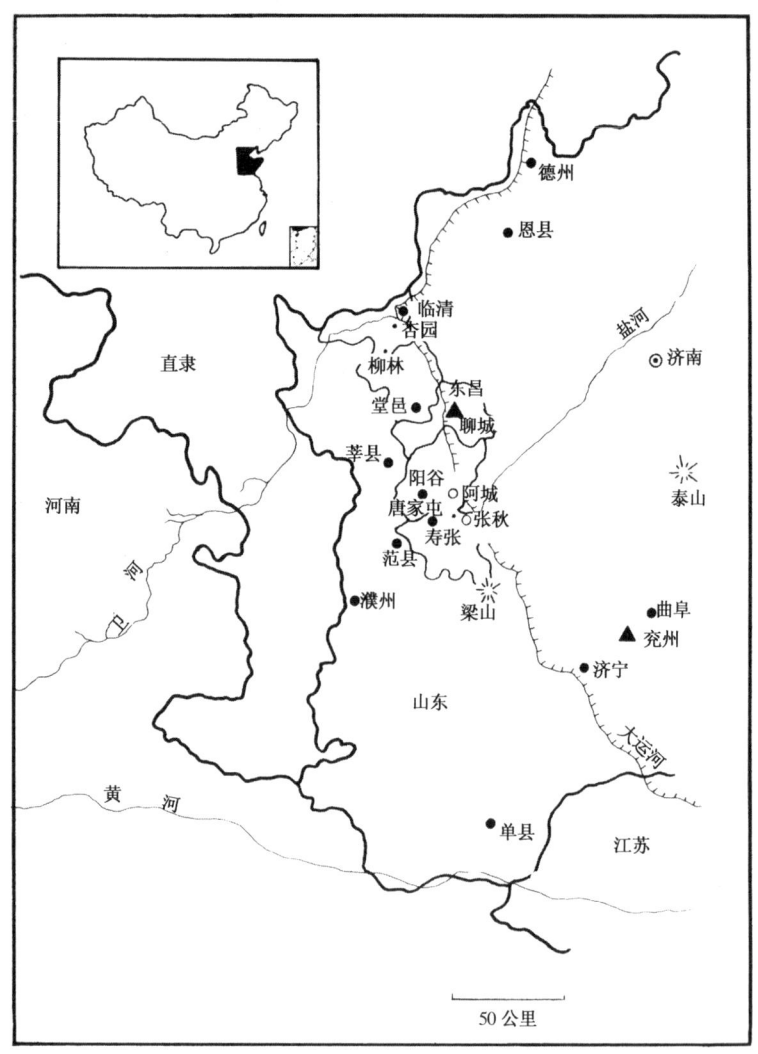

地图1. 华北(约1774)。

的食物和其他商品而言,是一个现成的市场。此外,运河沿线对各种雇用劳动力的定期需要,的确为许多家庭提供了收入,并使得他们的收入来源多样化,同时也把他们捆在了他们不能控制的力量上面。

农民家庭不仅受到市场的机遇和变迁的影响,还要听命于深深影响当地经济的政府举措。为了保证运往京师的漕粮如期到达而不受阻碍,清帝会做好牺牲地方以保全国家利益的准备。例如,在1765年,北京下令改变山东漕粮征集和运载的时节,此举乃朝廷旨在(为照顾其他事情)节省几个月的雇用工人的额外开支。如果诏令得到顺利执行,那就意味着运河沿岸的雇用机会减少,而那些已经依靠这类工作吃饭的劳动力对此基本没有办法。① 与此类似,1776—1772年朝廷在全国范围(轮流)裁撤漕粮费用时,雇用范围被进一步缩减。②

尽管经济衰落的影响不可避免,但是这个地区也从经济回升中受益。而且有证据表明,18世纪见证了缓慢而稳定的物价上涨,它给这个商业化的城市中心带来的利益应该多于危害。此外,尽管人口上有着稳定而不可遏止的增长,但在18世纪70年代迅猛而错乱的社会变革之前,并不存在特别的迹象。③

关于王伦的信徒居住的村庄在中心地等级中的级别,或者关于这个区域中心结构上的差异,我们几乎一无所知。尽管如此,运河上的大城市与相距不远的县城在规模上的差异,看上去却是十分巨大而令人震惊的。在这个时期,临清州城和东昌府城至少都有5万人口,而距其不超过50公里远的寿张、阳谷和堂邑三个县城,好像都只有5 000—7 000人口。事实上这种小规模的人口状况似乎在华北县城中十分典型。④ 因此,临清、东昌及其南边不

---

① 《清高宗实录》743.12。
② 《清高宗实录》752.2—4,尽管这项举措意味着每年只有一个省份不必输送粮食,而且只是付给旗丁水手家庭的薪水减半,但是在运河上做全职或兼职工作的其他人的确暂时受到了这种裁减的影响。不过并没有迹象表明,这些举措与皈依白莲教教派之间有任何联系。
③ 我们将在下面讨论,王伦起义本身是否可以视为这种错乱的证据。关于这个世纪里的宗教,见景甦和罗仑:《清代山东经营地主底社会性质》(1978),第75、78页;马若孟(Ramon Myers):《晚清时期山东的商业化、农业发展与地主行为》(1972),第44—46页;鲍德威(David D. Buck):《中国城市的变化——山东济南的政治和发展,1890—1949》(1978),第13—26页;魏丕信:《中国18世纪荒政史》(1980),第72—73页。
④ 关于临清,景、罗二人估算的人口是"大约十万口",但是他们的译者魏根深(Endymion Wilkinson)注意到这个数字可能太高了,见《清代山东经营地主底社会性质》,第48、264—265页。据说王伦起义结束后,有4万人回到临清(《钦定剿捕临清逆匪纪略》14.23—24)。《嘉庆重修一统志》(1820)184.3—4中说,整个地区的人口,包括另外两个县,是967 911口(或者186 902户),没有计算卫(运输站)中的工人。《乾隆府厅州县图志》(1789)卷16(接下页)

远处的济宁城,会因为其经济中心的地位和人口众多而对周围乡村产生强大的影响。

从农业经济方面来说,山东西部在18世纪及其以后一样,以依靠流动的雇用劳动力和与江南相比的低地租率为特征。18世纪的政府记录(包括与王伦起义有关的),在长、短期雇用劳动力的重要性上,给出了证据。运河沿线和沿岸城市对雇用帮助的需要,补充了农村劳动力的市场(也与之竞争)。在何种程度上存在着调解机构,在劳动力的买卖双方之间充当中间人,目前还不能确定。不过有一点是肯定的:对个人而言,由于缺乏在市场中的影响力,为农民提供的大量工作机会与土地上的劳动力集体过剩相互抵消了。①

关于18世纪山东西部租佃的资料相当缺乏。20世纪的资料——必须审慎地使用——表明了地租率不超过25%,甚至更少。②由于缺乏确凿的证据,基于现有知识来猜测似乎是安全的。我们知道山东西北部的

(续上页)给出的地区"丁"(劳动力服务单位)数是123 401人,关于东昌,见第11页注释⑤。我做过估算,寿张的城市人口是5 000口,堂邑6 000口,阳谷7 000口。在缺乏过硬数据的情况下,我通过运用施坚雅为(1840年)华北定下的城市化率,即大约整个县人口的4.2%,得到了这个数字。行政地位、城墙周长、科举考试定额和文学上的描述都表明,这些小县城与临清、东昌相形见绌。见《兖州府志》(1768)13.83,13.88;《东昌府志》(1808)8.8,以及施坚雅:《19世纪中国的区域城市化》(1977),229页。根据施坚雅关于19世纪中期的数字(那时中国人口已经有了大幅增长),在华北大区,70%的县份的县城人口不到4 000口,这个数字与长江下游地区形成对比,那里只有32%的县份的县城人口不到4 000口,而有67%不到8 000口(华北只有10%)。见《19世纪中国的区域城市化》表6A,第244页。

① 大卫·凯利(David Kelley)的初步研究(《清代漕运水手中的自发结社》,哈佛大学历史系)表明,对漕粮船只而言,旗丁水手是劳动力的承包人。私人交流,1979。
② 施坚雅对地租与大区的中心或边缘位置之间关系的假说表明,靠近大运河都会的区域可能有较高的地租率,见施著《19世纪中国的区域城市化》,第18—24页。另一方面,马若孟(Roman H. Myers)提出,山东20世纪相对较低的地租率可能代表了先前时期的衰落。见《晚清时期山东的商业化、农业发展与地主行为》,第44页。

20世纪40年代早期的南满铁路调查并不包括山东的这一部分。他们关于恩县某村庄(大约在寿张东北150公里,也在运河区内)的资料的摘要,在马若孟《中国农民经济——河北和山东的农业发展,1890—1949》(1970)的第7章中可以看到。另见他的地租率(接下页)

土地是不平均地分配在或多或少并不独立的佃农手中,许多佃农对大土地所有者的依靠,只在有限的程度上表现为正式的土地租佃。实际上在有租佃的地方,租佃并不一定伴随着土地所有的高度集中(像其他地方一样)。我们可能因此期望看到,有着不同生产方式的个体农户之间的关系是疏远的,不是非常宗族化的,相互之间不够亲切。尽管后来玉米、花生、罂粟、白薯和烟草这类新作物开始流传开来,不过18世纪的时候,

---

(续上页)地图,第239页。基于19世纪30年代收集的资料,约翰·洛辛·卜凯(J. L. Buck)的调查表明:临清地租率"高"(定义为超过人口的15%),而堂邑、东昌、阳谷和寿张地租率"中等"(5%—15%)。卜凯给出了堂邑的三组具体数字,算出平均数是:自耕农76.7%、半自耕农17.7%、佃农5.6%,见《中国土地利用:统计资料》(1937),第58页。在堂邑县,93%的租佃者是"伙种"(同上书,第61页)。

出自《中国近代农业史资料》(李文治编,1957)中的数字表明,1912年上海的地租率是13%(69%的自耕农,18%的半自耕农),而19世纪30年代的地租率与卜凯的数据相似(第3卷,第728—730页)。

在关于1900年山东农村阶级结构的证据中,景甦和罗仑二人给出了堂邑县一个村和聊城县(东昌府治)六个村的资料(《清代山东经营地主底社会性质》附录A,第223页):

	堂邑	聊城
地主(超过50亩租出)	4%	5%
达到8个雇工的雇主户	5%	5%
自耕农户	38%	70%
佃户	25%	15%
雇工户	23%	5%

这两位作者最后没有讨论山东西北部,但他们对17、18世纪商业化增长和有差别的农民阶层的总体描画,看上去并未与该地区的其他证据发生龃龉。在讨论18世纪中期华北的地租和土地所有制时,魏丕信也提到在寻找原始资料上的巨大困难,不过的确引起了我们对这一事实的注意:北方地租的存在(不论多么广泛),很可能与一个数量不大而富有、强大的地主阶级的存在并不相关,见魏著《18世纪中国的官僚制度与荒政》,第67—70页。

从明代向前归纳与从20世纪向后一样棘手。明代时,山东西北曾是一片有着许多贵族庄园的区域。关于14世纪时此类庄园的地图,见范德(Edward L. Farmer):《明初两京制度》(1976),第76—77页。范德提到鲁王被封于兖州府,至少到16世纪,它的后代还在那里,见富路特(L. C. Goodrich)和房兆楹(Chaoying Fang)编:《明代名人录》(1976),第460页。一位德王的财产据说包括了分布于东昌府中的将近50万亩田地,其田租由地方官像赋税那样征纳上来。见黄仁宇:《16世纪明代中国的税收和政府财政》(1974),第106—108页。

山东西部农业土地使用的基本结构与20世纪相比并无太大不同。① 农民种植小麦、大麦、粟米、荞麦、棉花、高粱、大豆和其他豆类,它们可以相互轮作,于是就有三次收获,分别在早秋、晚秋和早春。即便在那时,棉花也是重要的经济作物,就像丝一样。但是我们并不真正知道到底什么作物长在哪里,或者在什么程度上,由谁种植,或者为谁生长。② 然而,为了更具体地描画出农业和商业经济的轮廓,研究一下王伦的家乡寿张县是很有必要的。

寿张县位于大运河和卫河之间,大约在临清以南80公里、东昌以南50公里处。该县地处那些分散的丘陵边缘,不过大多数土地是平整而湿润的,其间交错着几条小河,并散布着一些小的季节性的湖泊。这些水路向东流去,汇入大运河中,并在满溢时流入田野之中。大运河是张秋最重要的大道,寿张县东部就是港口镇张秋。张秋横跨大运河,是寿张和其他一些县的仓库,也是一个商业交通中心。在张秋对面,"盐河"汇入大运河,并将大运河、寿张县与省会济南以及山东、直隶的海滨产盐区联系起来。最重要的陆路由北向南穿过寿张,将江苏北部(继而是长江下游)与东昌和临清(继而是北京)沟通起来。③ 寿张本身是一个周长不到3 000米、带有城墙的县城,明代万历年间(1573—1619)统计的全县人口数是37 773人,但在满洲人入关时,由于传染病、逃亡和战争,全县人口锐减到2 200人(在1642—1643年冬天的满族将

---

① 在18世纪时,这些作物中的某些可能已经开始种植了——最肯定的是烟草,不过规模不像20世纪那样大,见卜凯:《中国土地利用:统计资料》,第23—28页。关于18世纪的烟草,见巴罗:《中国纪行》,第504—505页,或《清高宗实录》31934(其中提到1777年时住在该地的一名烟草商贩)。关于18世纪30年代官方对白薯种植的倡导,见《清高宗实录》1232.37—38,1235.1—2,1236.8—9。

② 一般小麦和大麦在春季收获,早秋作物是棉花和豆类,晚秋作物是粟米和大豆。见《清高宗实录》29972—E3,30012—E;《寿张县志》(1717)5.15—16;《嘉庆重修一统志》184.23。关于20世纪30年代堂邑县的资料,见卜凯:《中国土地利用:统计资料》,第71、174、176、192、194、196页。

③ 县里只有5个驿站(作为对比,阳谷有11个,堂邑有9个)。这5个驿站要为15名士兵、4头牲畜和8个人计划预算。《兖州府志》17.22,《东昌府志》6.11。

领阿巴泰征战期间,寿张是这个地区被劫掠的城市之一①)。纳税人口在1648年时上升到9 323人,1736年时到了11 919人,但仍然只是晚明人口数目的1/3(以上数字全部指的是"丁"口数,"丁"是指有劳动能力的男性的术语)。1768年时,全县人口是13 645户(似乎是基于丁的数字)和127 878人。②

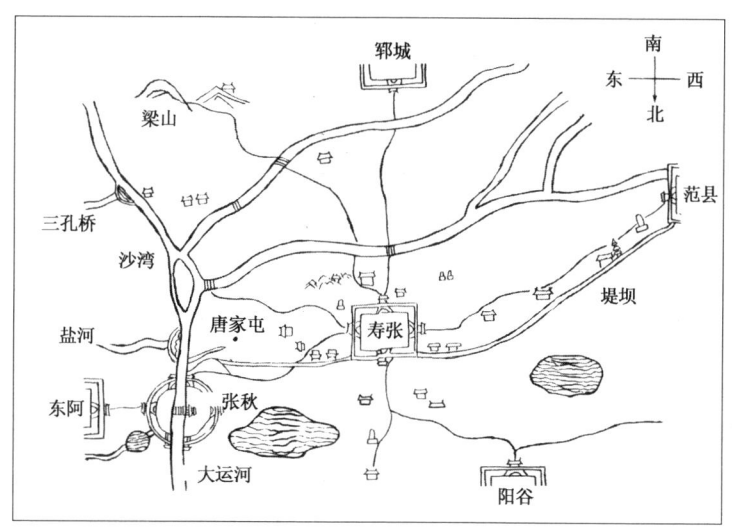

图1. 寿张县。见《寿张县志》(1717)。

寿张的城市人口没有精确的数字,但我们可以估算为大约5 000人。附近运河上的张秋镇也是商人和富豪的家乡,是寿张商业生活的重要中心③,另外12个集镇是该县乡村经济和社会交易的焦点。为了税收目的,该县被划分为12个"里",为了户口登记,34个行政管理村被指定出

---

① 《寿张县志》(1717)7.40;《清太宗实录》64.23—24。关于这次劫掠对山东中南部的郯城县的影响,见史景迁:《王氏之死》(1978),第7、144页。

② 《寿张县志》(1717)5.7;《古今图书集成》(1684)80.47;《兖州府志》13.88;《山东通志》(1736)12.16。关于用"丁"作为人口数字这一问题的经典讨论,见何炳棣:《中国人口研究,1368—1953》(1959)第二章。

③ 《古今图书集成》81.17,81.24;《张秋志》和第13页注释④。

来(即保甲体系),而村庄总数则是这个数字的几倍。① 该县有大约732 000亩耕地(只有1/3被划定为良田),这说明平均每人有5.7亩土地。② 当然,土地的实际分配是另外一回事。

可以这么认为,寿张在农业和商业活动方面是山东西北部的一个普通县份。关于这段时期这些方面的资料并不容易找到,但从该县方志(一部是1717年,一部是1900年)中可能见到这里生产的某些商品。这些产品中的绝大部分显然是在本地消费:粟米(普通品种和狐尾两种)、大麦、荞麦、小麦、大豆、其他品种的豆类、洋葱、韭菜、蒜、茄子、卷心菜、菠菜和萝卜。这些产品可能代表了普通人日常食品的范围。其他产品也根据季节种植,既可自己消费,也可小规模出售,比如李子、桃、杏、石榴、葡萄、枣、苹果、梨和柿子。鸡、鸭、鹅、猪和小河里的鱼也可以蓄养,或吃或卖,蜜蜂也可以养来酿蜜。

其他产品需要某种加工工序,使人想到寿张在18世纪时的本地"工业":豆浆、小麦制成的酵母(酿造用)、芝麻油和芝麻糊、豆腐、豆油、豆饼肥料、培植的瓜种(瓜秧)和养蚕的桑叶。某些药用产品、石灰和石料(建筑用)也能带来其他收益。其他明确的商业产品还包括硝石、蜡、靛蓝、烟草以及最重要的棉花和丝绸,棉花用来制成衬料和布,不同种类的丝绸也有生产和出售。山东是著名的棉花生产中心,很可能也是棉花生意的中心。③

张秋的商业活动更清楚地表明了经济的多样性。在清代早期,最活跃的代理商是制酒商、水手、粮商、水果商和布商。城市中有做这些生意

---

① 《寿张县志》(1717)1.2,1.6,1.7。如果我们假定张秋和寿张的城市人口和为大约8 000人,我们可以估算出,这12个集镇平均每个为大约1 000人服务。作为比较的一个要点,施坚雅"模式"——标准市场群体中有大约8 000人住在大约18个乡村中。尽管是为高于18世纪的人口水平所作的设计,这个模式还是能够推测出,寿张县大约有200个村庄。见施坚雅:《中国农村的市场和社会结构》(1964)第一部分,第33—34页。
② 《古今图书集成》81.1。一亩相当于0.15英亩。
③ 这些产品出自《寿张县志》(1717)5.15—16。关于烟草,见第16页注释①。

图 2. 寿张县景。见《寿张县志》(1717)。

的市场：花、乐器、皮衣、壶罐、纸、香、柴、棉布、木头、石灰、盐、米、枣、洋葱、羊、猪、骡、驴、牛和马车。商店中也出售篮子、陶器、垫子、竹、凉鞋、伞、羊毛、灰、靛蓝、亚麻、姜、蒜和茶叶。①

其他材料也证明了所有这些物品买卖的重要性。与整个地区一样，寿张确实在县内以及该县与运河城市之间，展示出了城乡经济相互依赖程度的特性。尽管目前在这方面没有多少证据，不过这样的假设似乎是安全的：寿张出售劳动力和货物，而且寿张人依靠运河交通受雇为水手、纤夫、疏浚工、水闸工、装卸工和搬运工（运河上所有的工作并非都是高报酬的，然而正如我们下文中要看到的，强迫劳役和政府雇用之间的界限是模糊的）。

寿张县要为大运河上大约 10 公里的堤坝维护担当责任。运河东面的那段堤坝最为脆弱，需要十分当心。每年需要平均 300—400 两银子花在堤坝维护上，这些钱或者劳动力通常是由县官从当地人口中筹集而

---

① 《张秋志》2.7—10，6.3—4。

来。尽管这项责任落到了地方官头上,不过在18世纪以前已经建立起四座堤坝,并以捐助钱款的家族命名,这证明当地绅士一度参与了水利建设。当运河和黄河南段需要维修以及要保持张秋的浮桥维护良好时,该县必须提供柳枝。①

寿张每年派人参与到运河疏浚当中。在工程规模较小的年份中,县里要提供87个人,而在大规模疏浚时则需要161人。这些人会得到工作报酬,但自从这种劳动资金要从捐款中筹集,而不是从县里预算中支出时,很多人就要被迫捐献金钱、物资和劳动。②

山东西北似乎是这样一个地方:尽管有商业化经济,但人口在居住上非常偏僻。这一地区在产生高级功名获得者方面所面临的困难(下面要讨论),并不意味着即使城市居民也有很多财富。稳定的人口增长对资源带来了持续的压力,而该地区又容易遭受自然灾害,因此造成了维持农业剩余方面的真正问题。

如同整个华北平原一样,山东西北持续面临着旱涝灾害的双重威胁。晚春和夏季的雨水缺乏会破坏秋季豆类、粟米、棉花和大豆的收获,而冬季缺乏雨雪则会阻碍小麦的生长。夏末的暴雨经常造成干流堤坝的连续决口,会毁掉秋季的收成并延迟冬小麦的种植。对于运河西面和卫河南面的县份而言,临近这两条河还意味着水灾比旱灾更为频繁。寿张和附近县份的方志证实了这样的状况:间歇短暂的灾害频频由暴雨、泛滥或者决堤引起(见表1)。

---

① 寿张要为沙湾和三孔桥间的堤坝负责,见图一,见《张秋志》3.6—7;《寿张县志》(1717) 5.13—14,《兖州府志》18.18—19,以及其中各种各样的地图。1717年《寿张县志》中(5.14)称赞了当时在任知县的不寻常举措,因为他自己出资支付堤坝维护费用,并且"不会因为一名(未付薪的)工人或者半个铜板而压迫百姓"。
② 疏浚工人薪酬的官价根据工作不同而从1 200—8 000钱不等,例如那28个在某水闸上工作的人,每人付给2 200钱。报酬充足与否(假设已经支付),明显取决于花在工作上的时间。如果疏浚用了一个月,那么每个人的报酬可能只够每日的口粮。《寿张县志》(1717)5.13—14。

表1 寿张县自然灾害(1644—1774)

年份	自然灾害
1650	决堤;洪水,大水连续17个月不退
1657	暴雨
1663	春季:严重干旱
1702	整月的暴雨
1703	春季:严重的洪水,饥民食树,饿殍遍野
1708	歉收
1716	秋季:暴雨,歉收
1726	洪水
1745	饥荒
1747	大饥荒
1748	饥荒
1750	决堤

资料来源:《寿张县志》(1900)10.4—7。

造成水灾频繁的原因显而易见。在平坦的华北平原上,降雨会改变大运河和河流的水位,这些河流向大运河给水,少则仅能浮起船只,多则使河水漫溢出河岸并流入两岸低地。一段时期的暴雨会淹没平原,填满浅浅的河渠和小溪,泛滥于田中的积水无从排泄。洪水严重时,堤坝容易决口,或者大水会在田地里潴留数月。对运河的持续维护、频繁疏浚和堤坝维修,可以防止中等雨量所造成的大规模灾害,但坏天气的力量无法从根本上加以控制。政府的赈粮、拨款或者赋税的蠲免、缓征等形式的赈济,只能减轻贫困而不能加以根除。如果我们仔细研究王伦起义之前的10年,尤其是18世纪70年代的早期,我们会更具体地看到这个由反复发作的水灾、减税和正常的收成相混杂的结构。

在这段时期,政府密切关注着运河的维护(尤其是在清帝经过该地的屡次巡游期间),每年的淤泥清理和对堤坝的持续监督,很可能减少了坏天气的危害。尽管如此,暴雨还是导致了运河在1762、1766、1770、1771年夏天的泛滥。1770年的洪水是最严重的。在山东西南的30个县份,大雨导致河流暴涨,积水淹没了田野,并持续6个月排泄不畅。在其他困难的年份里,赋税(1770年春天已经对赋税加以蠲免,以庆祝皇帝的60岁生日)会延迟到秋天征收,并分发粮食作为赈济,拨出钱款给被毁之家作维修之用。在春季,更多的钱粮发下来以使人们能度过春荒——即两次收获之间"青黄不接"的绝望时光。在其他年份,地方官员给皇帝的奏报中声称收成是充足的,但在1772年间,粮食价格确实表现出轻微的上涨,尽管政府在抛售囤粮以使粮食价格下降方面做出了努力。①

尽管18世纪60年代和70年代里没有饥荒,但也存在饥饿和贫困。实际上山东西北的每个县——不仅仅是王伦及其追随者所在的县份——都受到了这些相同的灾害的影响。此外,山东西北只是该省频繁遭受自然灾害的几个地方之一,而且也不是最易受灾的地方。尽管如此,这种平均三年一次歉收的生态明显地阻碍了私人和公共剩余的积累,阻碍了这个地区变得富有,也破坏了民众的安全感。然而在物质存

---

① 《清高宗实录》671.1,675.111—12,675.15,676.8,678.1—2,682.10,727.1—2,752.2—4,765.14—5,766.8,766.10—11,771.15,776.2,777.23,850.3,868.1—2,870.9,872.4,879.2,888.13,889.33,892.15,901.11—12,901.24,903.37—38,907.15—17,919.13—15,944.32—33;《阳谷县志》(1942)9.26。用《清实录》中记载的赈灾例子作为资料的首要来源,还存在着明显的局限性。不过,这些记载比大多数方志的记载要详细得多,比如寿张县志中没有列出1750—1774年有自然灾害。尽管许多自然灾害从未上报给皇帝是有可能的,不过我个人对乾隆朝的感觉是:就华北而言,这样的疏漏是不寻常的。关于对这一时期的饥荒和饥荒赈济出色而细致的讨论,尤其是对1743—1744年的直隶饥荒,见魏丕信:《18世纪中国的官僚制度与荒政》。魏丕信把雍正朝和乾隆早期称为"饥荒赈济的黄金时代"(第169页),并且强调了乾隆朝有很多为赈济目的而供政府支配的财政资源(第254页)。1743—1744年给出的赈济的规模十分巨大,绝对是田赋的三倍(第137页)。

1762年时,寿张并未得到赈济资金,1766—1772年间,那些输送漕粮的省份得到了轮流免征的机会(见第13页注释②)。在1770年和1771年的春天,皇帝对山东省农业经济的正常运作信心十足,于是下令特别购买多余的山东小麦,装运到北京以补充首都的粮食供给。他坚持让山东巡抚密切关注那些地方的粮食价格,一旦需要,小麦将被收购以防止地方官员压低价格(河南也有类似的购买情形)。这些粮食的收购正是在运河沿线运费最低的那些县份进行。巡抚奏称,粮食收购未对价格造成影响(至少是马上的影响),见《清高宗实录》856.14—15,859.9—10,884.4—5,884.10—11。关于政府稳定物价措施的更多资料,见全汉升和理查德·克劳斯(Richard R. Kraus):《清代中叶的米粮市场和贸易:一篇关于价格史的论文》(1975),第28—39页。

量较少的时候,价格上升的影响减轻了赋税负担,而且甚至使那些依靠现金买卖为收入来源的农民受益。①

政府参与到山东西北经济的重要性很是明显,不仅仅体现在政府组织漕粮运输、水路维护工程、开展赈济和稳定粮价的干预上,也体现在其他各种各样的活动方面,包括提供工作机会、影响价格和影响市场需求。皇帝出巡、军事征战以及更加平常的赋税征收和资助地方政府,也为中央直接对地方社会和经济施加影响提供了途径。

清代田赋的相对减轻是众所周知的,而且多数证据表明:在18世纪,田赋和其他赋税得到了有效的征收而不存在不能控制的滥用职权。②18世纪的山东是一个高税收、税收有盈余的省份。在寿张县,每年的地丁税(土地税和人头税)大约为16 230两白银。该县大约要负担2 000两漕粮税(与运河沿线其他县份相同),这些钱在地丁税之外另付。③ 因

---

① 全汉升和理查德·克劳斯:《清代中叶的米粮市场和贸易:一篇关于价格史的论文》(1975);王业键:《中华帝国的田赋,1750—1911》(1973),第6章;王业键:《对中国田赋征收的估算,1753和1908年》(1973),第27—28页。
② 王业键:《中华帝国的田赋,1750—1911》,第26—31、61—72页。他认为额外的苛捐杂税"一般都在惯例范围之内"(第72页)。
③ 不同的史料给出了不同的寿张县税率,我用的是《满汉爵秩全本》(1764)3.126中提供的那些数字,该书是一本按年记录的官员名录,其数字在时间上与王伦起义最为接近,而且与其他地方给出的数字相当一致。关于其他的史料,见《古今图书集成》(1684)81.1;《寿张县志》(1717)5.1—2,(1900)4.1—2;《山东通志》(1736)12.16。
　　寿张核定的地丁税是14 168两白银,100两杂税和1 140石粮食,这其中所有的粮食和大约200两白银是核定的漕粮征费(以及相关费用)。大约1万两白银上缴国库,剩下的留作地方开支。在1774年9月,大约2 000两银子作为税收征纳上来,并放在县衙门中等待解运,见《钦定剿捕临清逆匪纪略》15.2—5。
　　按照王业键《中华帝国的田赋,1750—1911》第102页中每石1.5两银子的比率,我将粮食换算成白银,得到的总收入是15 246两银子。王业键的比率对无米区来说可能有点高,不过在计算1774年寿张的粮食损失时,当地官员把比率定在每石0.8两(《钦定剿捕临清逆匪纪略》15.2—5),而在1779年时,清帝将每石1两的比率定为山东南部可以接受的市场价格,见《清高宗实录》1087.22。
　　寿张的税率是每丁0.088两,每亩良田0.03两,与郯城县(山东省的一个贫困地区,在寿张东南)每丁0.12两和每亩0.15两相比,寿张的税率是很低的。郯城的总税收是14 140两,与寿张很接近,但是这个数字在17世纪80年代时被提高了,而且还是从半数规模的人口中进行征收(史景迁:《王氏之死》,第38—40页)。与其他地区进一步对比:安徽(接下页)

此,127 800 的人口(1768 年时)平均每人要支付 0.12 两。①

虽然(或者可能是因为)正式的赋税很低,但是乾隆朝时蠲免和缓征的形式,以及对征收欠款失败的准许,都是平常的政府表示。1762、1765、1766、1770 和 1771 年时(在各种不同季节里),寿张都获得某种形式的暂停征税。② 尽管上缴中央政府的那部分未能征收的赋税数目庞大,但是通常只有为数不多的税收留在县里支付日常花费,这一事实可能意味着地方服务并未由于此类蠲免而遭受困难。对普通人而言,既然已经有了较低税率,他就更会把这类举措(当然假设他注意到了这类举措)视为皇帝仁善的表示,而不是视为经济利益的来源。

中央政府的税收对寿张这样的地方的影响,最终取决于非常规的苛捐杂税的存在,税收负担的实际分布,以及对于与这些要求相关的可用农业剩余的最后分析。正如我们所见,所有这些都是困难的问题,要从

(续上页)桐城县的税率是每丁 0.1 两,每亩 0.05 石,只比寿张略高一点,见希拉里·贝蒂(Hilary Beattie):《中国的土地与世族:明清两代安徽省桐城县的个案研究》(1979),第 69 页。寿张的额定漕粮与其人口一样,是运河沿线最少的县份之一,见《张秋志》2.4(根据王业键的估算)。1753 年山东所有地方的地丁税合计大约是 530 万两。以 1771 年 2 600 万的人口数字来计算,全省范围粗略的平均税率是每人 0.2 两,见王业键:《中华帝国的田赋,1750—1911》,第 70、78、98—101 页。因此,从所有的对比来看,寿张县的税率是很低的。

① 因为大约 40%的人口在 16 岁以下(见下文),所以一个更有意义的比率是每对夫妇 0.42 两白银。山东巡抚在给皇帝的奏折中呈送了一份黄册,其中包含着 1771 年全省人口的数字,并给出了如下的人口分类:成年男子 7 961 748 人,成年女子 7 035 283 人,男童 5 673 520 人,女童 4 992 248 人,总计 25 999 569 人,见《清高宗实录》15 366。关于一些男女和年龄比率的数字,见何炳棣:《中国人口研究》,第 57—62 页。相比之下,山东 1789 年的丁额是 2 698 736 人,见《乾隆府厅州县图志》卷 14—16。

② 因为洪水,1762 年的税收征收延缓到第二年,而且没有收回的五府(包括山东西北的大约 60 个县份)的赋税和贷款——大约是 63 000 两——获得了蠲免。1765 年,因为皇帝南巡,运河毗邻诸县的赋税获得蠲免。1766 年,乾隆帝效仿其祖父康熙在其执政 30 年的举措,蠲免山东所有的漕粮税费。1770 年春,因为乾隆帝 60 岁大寿,税收再次蠲免,剩下的税额又因为秋季的洪水而推迟征收。1771 年,因为洪水和另外一次南巡,50%的赋税再次蠲免,剩余部分也延迟征收,见《清高宗实录》727.1—2,728.8,752.2—4。

关于拖欠,见《清高宗实录》1004.29,关于 1776 年蠲免的赋税,包括 47 000 石米、26 000 石大豆和 1 613 两白银,是由山东 11 个县份欠下的(包括寿张、聊城、堂邑和临清)。1785 年皇帝在全国范围内蠲免自 1775 年甚至更早时候就未达到的耗羡,见《清高宗实录》1236.13—14。

中发掘资料。然而,研究苛捐杂税的一些可能的来源是有可能的。

影响山东西部人民额外钱粮和劳役的一个重要原因(如果不是最重要的),是大运河和黄河的洪水。此类危机造成了对资源的需求,尤其在黄河上开展重要维修工作的需求是巨大的,吞食着方圆几里的乡村中的钱财和劳动力。例如在1781年,从山东西部单独召集了1万劳力到河南东北的黄河堤坝决口处工作。因为山东西南一带经常受到这类洪水的影响,所以山东省要经常核定堤坝维修和疏浚的费用。①

其他形式的帝国行为、常规税收和劳役一起对地方公众产生了严重的经济影响。乾隆帝正如他的先辈一样,当他召集随从出巡的时候,也对山东西北的经济产生了直接影响。巡游长江下游、泰山和孔庙都要从大运河上经过。1774年之前,乾隆帝有五次经过山东西北:1748、1751、1763、1765和1771年。乾隆帝通常是待在运河御舟,但是1763年从长江下游回銮时,他在临清作过短暂停留。1765年时乾隆帝冒险来到东昌府治,并在行将离开之前,登上城中一座名塔。②

因为在时间上接近1774年起义,我们可以更仔细地研究一下1771年乾隆帝的出巡。乾隆帝对他母亲的敬爱是众所周知的,在太后80岁大寿时,他通过带她到山东中西部巡游来为她祝寿。皇帝一行在二月底(农历)离开北京,并在两个月后返回。一行人乘坐12艘大船沿运河旅行,一直到直隶和山东边界的德州,然后经过陆路到泰山(皇帝和普通人都喜欢的旅游胜地),然后到了曲阜的孔庙。最后,皇帝和太后从临清再次乘船,从运河穿过丘陵和平原北上,经过寿张、阳谷、东昌和堂邑,并穿过临清北行,回到北京。③

对当地的绅士、官员和商人而言,即使一次小型的皇帝出巡也是耗

---

① 《清高宗实录》1142.24—25,1181.5—7。
② 萧一山:《清代通志》(1962)2:68—71;《东昌府志》1.1;《清高宗实录》917.10—11。
③ 《清高宗实录》850.3,866.17和878—82。出巡从乾隆36/2/3持续到4/7,并且在三月中旬(1774年4月)经过了临清南部地区。关于乾隆对母亲的敬爱,见甘哈罗(Harold L. Kahn):《乾隆眼中的君主政体——乾隆朝的印象和现实》第5章。

费巨资的时机,而且花费的一部分必定转移到当地人民头上。另一方面,出巡经过的那些直隶和山东的府县都受到了各种各样的皇帝恩典,包括大规模的罪犯减刑、对老人的特别赏赐、奖励沿途士兵和水手以及蠲免赋税。此外,在春荒期间皇帝一行经过华北平原出巡,会从国库中拿出一大笔钱花费在食物、住宿和水路交通上,从而在最需要的时节对当地经济产生刺激和影响。乾隆帝频繁地在华北地区巡游(山东、山西、河南和直隶),作为一位密切关注地方经济的统治者,如果此类旅行对人民是明显削弱性的重负,那他应该不会持续每两年一次的出巡。此外,1771年乾隆出巡的证据显示,出巡长江下游富庶之地的铺张排场并没有在北方通行。①

尽管皇帝巡游看起来像一次侵略,华北平原的人民也很容易见到真正的军事远征,因为从北京周围和关外地区派出的士兵要前往帝国的其他地方作战时,华北是必经之地。实际上,在1770—1774年期间,大规模的军事行动正在进行中,而这种行动自40年代以来就没有明显的中断。1766—1771年间,清廷对缅甸进行了一系列的远征,1771年四川西部金川地区的民族起义也耗费了代价不菲的7年时间。包括士兵、马匹和车辆的军队经过时,必然会给当地经济带来负担。不过他们的行军路线并不经过山东,而是直接从北京穿过直隶和河南南下。② 所以他们对山东西北的影响可能只是间接的,以对运输、劳动力和食物的需求增长的形式出现。知道未开化的民族正在遥远的边疆挑战皇帝的权威,而且镇压的困难已经被证明,这一点所产生的心理影响是难以估算的。另一

---

① 《清高宗实录》878.4—879.19。1771年江南绅士甚至在乾隆尚未到达该地时的情绪高涨和巨额开支,与山东绅士缺席此类活动(至少是缺乏提及他们的任何资料)形成鲜明对比。关于这方面的例子,见《清高宗实录》857.9—11。乾隆帝在1776年巡游时,山东地方精英有了更多的活动,见《清高宗实录》1005.19—20,1006.16—18。
② 关于征讨的费用,见《清代名人传略》,第7—8页。关于征讨的路线和减轻负担的方法,见《清高宗实录》803.8—10,804,805,828.26—27,854.21—22。临清县志中不正确地提出,因为金川之战,"许多地区失守",见《临清县志》(1934),5.10。

方面,这样的运动已经持续了好几十年,对新疆的征服、缅甸意料中的战败以及四川前线的稳定,证明了中国的力量,促成了帝国的扩张,而且可能只是增加了王朝的威信和权威。①

从总体上研究山东西北地区时,该区经济领域力量的焦点是大运河和运河城市,这一点是显而易见的。由于比较紧密地联结着都会区域和城市化的江南,并受到这些地区的刺激和控制,大运河干流提供了华北区域圈经济回升的可能。华北区域圈由帝国的花费、国外白银大量流入和江南经济增长而激发形成,并一直持续到19世纪初。② 然而,华北区域中心外的其他地方,即小城市、城镇和乡村不但分享了该区域整体的增长,同时也受到小的波动的很大影响。它们不仅要依靠每年的收获,也要依靠中心城市和中央政府劳动力和商品买主的改变。此外,经济的脉动——某些季节的道路不通、漕运的每年往返、水位的升降以及不同作物的一系列收获——形成了一年之内在缺乏和充足之间不稳定的变动。贫困的边缘地区可能无法自给自足,所以农村区域中心与更高的中心紧密地联系在一起,而这种依靠对它们意味着两个可能:机遇和脆弱。

尽管有地形和运输、贸易体系上的重要性,清政府自己有能力重构地方社会结构。处在华北平原紧密交接的经济网络的顶端,通过有差别地分配权力,清朝政府强行设计了直接影响社会和经济的地方和军事管理机构。

地方行政管理的结点是县城、府治和山东中部的省会济南。地图2显示了1774年相关府县的边界。山东运河沿线地区大约可以视为一个明显的经济区域,被划分在三个州府之中。③ 由于地理和经济位置,阳谷

---

① 参见王伦关于"鬼家"(夷人?)在北京叛乱的隐语(上引《清代名人传略》,第65页)。
② 施坚雅:《华北的社会生态和镇压力量——一个有待分析的区域体系结构》(1979),第10—15页。
③ 两个道台分别对山东西部负责,并直接向巡抚汇报。关于这个地区,参见景甦、罗伦:《清代山东经营地主底社会性质》,第156页。施坚雅:《社会生态和华北的镇压力量——一个有待分析的区域结构》(1977),第342—343页。

和寿张县可以包括到东昌或泰安府中,来代替兖州府。兖州府杂乱地铺展着,包含了 13 个县和一个散州,其府治在距西南很远的地方。带城墙的商业城镇张秋横跨大运河,对张秋的管理由两府三县负责。① 这些府的边界可能反映了这样的事实:正如施坚雅提到的,行政区域划分的一个功能,就是通过把谋取功名的富人的能量引向竞争的科举体系网络,

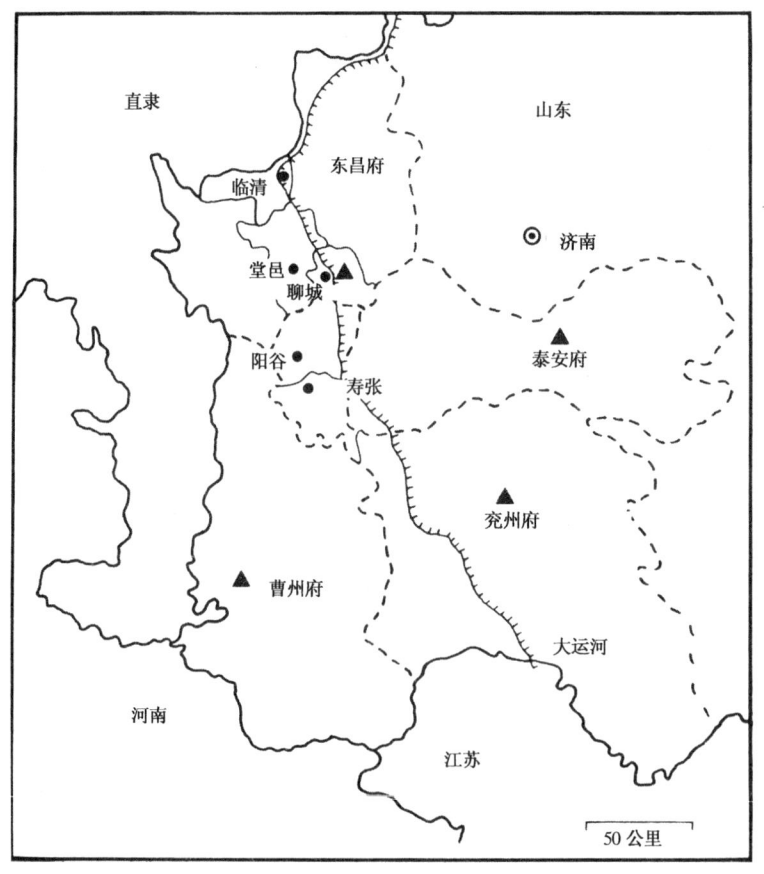

地图 2. 行政区划(约 1774)。

---

① 负共同管理之责的是寿张、阳谷(在西部)和东阿(在东部),见《张秋志》。山东中部的盐河则在泰安府的管辖之下,直到它在张秋附近汇入大运河。

来打破经济体系的力量。①

尽管每个省都被划分为标准的行政单位,不过同一等级的所有单位在中央政府眼里并不是相等的。"选调"(post designations)把可以用来给予一个特定职位的任命类型以及该职位经常遇到的问题的性质进行分类,并且总体上反映了该职位在官僚体系中的重要性的水平。对山东西部县份和毗邻的直隶的官员选调,使得与大运河相关的经济和军事的重要性突显出来,因为正是在这些地区才能看到表明商业和行政重要性的职官,以及必需配备具有管理经验的吏员的官僚机构。寿张和山东、直隶省内地处运河西部的其他县份一样,被给予了比较低级的职位。②除了这个正常的地方政府之外,山东西北地方社会还受到其他三种政府力量结构的影响,其一为官盐专卖机构,其二为水利管理机构,其三则是军事防卫机构。

与山东省其他地方一样,王伦生活的地方属山东盐区,这个区域还包括毗邻的河南、安徽和江苏的一部分(直隶省全部和河南北部部分在长芦盐区内)。在行政上,山东盐区的主管官员是一位居住在济南府的盐道。③ 山东和长芦盐区的盐都是通过海边产盐区蒸发海水获得的。尽管《清实录》中相关奏报缺乏,我们还是能从这一时期的情况得出结论:

---

① 济宁(1774年某时)和临清(1776年)成为直隶州,(每个州)管辖附近的三个县。东昌和兖州府的规模明显地被缩小了。这两个主要的运河城市(及其地方精英)因此获得了更多的直接进入中心的特权(并受到控制?),以及(朝廷)对其在区域中的经济和战略重要性的明确认可,见《济宁直隶州志》(1859)1.15;《临清州志》877。

② 施坚雅在《城市和地方体系的等级》一章中解释了"选调"一词,第314—317、321—323、330、335—336页,我使用了他的翻译。这里引用的18世纪的官员名称,出自《乾隆府厅州县图志》(1789)卷14—16。寿张县令是一个具备两种选调特性的低级职官:冲和难。阳谷县令则是一个完整的具备四种选调特性的职官(冲、繁、疲、难,相当令人不解),堂邑县令、临清知州和聊城县令都是具备三种特性的职官(均为冲、繁、难)。山东西部有21个职官(包括知府、知县),其中只有七个是具备三种特性或更多特性的职官,其余的只有两个、一个甚至没有职官特性(一般称为"简"——译者按)。聊城县在1769年升级(《清高宗实录》839.4),寿张县于1780年通过加上"繁"而升为具备三种特性的职官,据说因为要关注堤坝、水闸和河岸诸事。很有可能的是近来县里叛乱的爆发影响了这个决定(《清高宗实录》1120.5—6)。

③ 《大清会典事例》(1818)178.16—17。

通过山东西部在长芦和山东两个盐区之间夹带私盐(存在明显价格差异的时候是有很大利润的)的现象,尽管确实存在,但并非十分猖獗。① 山东盐区的重要行政中心在该省的东部,而对合法贸易而言,连接着产盐海滩和运河沿岸城市的水路是最为重要的。

华北和长江下游河流网络的管理分别掌握在三个独立的行政单位中,这三者关注的是大运河和连接着大运河的那些河流。运河北段河道包括直隶省的那些河道,由直隶总督负责,直隶总督兼任北河河道总督,驻于直隶中部。东河河道包括山东和河南的河道,尤其是大运河和黄河,由另外一位驻守在山东济宁的河道总督负责。南河河道包括长江下游的河流和淮河体系,尤其是大运河的南段部分,由驻守于江苏的漕运总督负责。②

大量满洲旗丁水手永久驻守在漕运站所("卫"或低一级的"所"),以掌控漕运船队。尽管这些卫所是在山东大运河沿线,它们却是在漕运总督的监管之下,而漕运总督的驻地与此相距甚远。因此,济宁、东昌、临清和德州很大部分的城市人口(尤其是满人)并不在该省官僚机构的管辖之下。在山东,这个漕运管理机制聚焦于大运河本身、漕船、漕粮、漕粮交付装运的地区以及漕船每年来去的地区。山东西北的运河沿线县份因为自己要纳粮,也通过来自南方的运输、运河港口和在运河体系中作为重要交点的城市,而被同时卷入。③

东河河道以济宁为中心,由四位巡漕御史分管。其中有一位负责大运河并管辖山东西北,是四者中最大的一个,下辖 58 名官吏和 1 支漕

---

① 相比之下,因为淮北地区靠近山东南部以及江苏、安徽和河南的共同边界,并在两个北方盐区与南边的两淮盐区之间的范围之内,所以在私盐贩运、地下联系网络、武装保护以及人们预期的成功走私贸易所伴有的官员受贿等方面,《清实录》中存在着几乎是连续的证据(关于这个地区后来的更多情况,见裴宜理:《华北的叛乱者与革命者,1845—1945》,1980)。

　　王伦的一个徒弟归太被描述成各种角色:衙役、马贩子和私盐贩子。他能很容易地成为这三种人。据说因为夹带私盐,他被堂邑县衙门拘捕并治罪,但他在口供中并没有说明这些私盐来自哪里或是要贩到哪里。《东案口供》49—50,《清高宗实录》988.10,俞蛟 5.6—7。
② 《大清会典事例》(1899)901.1—5,这三者的名称分别是河道总督、河东河道总督、漕运总督。
③ 见第11页注释③。

标。这位巡漕御史下辖6厅(各由六品官充任),每厅都负责运河的一个特定部分。每厅下辖5汛,其雇员负责河务,汛中还有一些士兵。6厅中的4个在兖州府,另外2个在东昌府。①

因此,在与大运河有关的事情上,尤其是疏浚和维护堤岸,所有的决定都是由向河东河道总督(而不是知府、知县)负责的官员做出。这些工作的行政中心是济宁。因为卫河、大运河以及它们的各条支流不仅是一个互相连接的体系的一部分,也要经受水位的频繁波动,并且这一体系对皇帝而言至关重要,所以皇帝自身积极参与协调各个地方的决定——因为北河河道、东河河道、漕运机构以及河南、直隶、山东省在管辖权上出现重叠。

东河河道不仅仅是一个负责河道的民事机构网络,它也拥有自己的军事机制。河道总督有大约3 000名士兵受其个人节制,其中大部分驻扎在济宁,一小部分则部署在兖州府的运河沿线。②

除了守卫河道的士兵以外,还有驻扎于华北各地的满汉士兵。军队的安排多寡不等,当然也不是随心所欲的,它以非常特殊的方式有效地建立了清朝军事力量的影响,这两点是非常清楚的。施坚雅分析过这个地区的士兵部署,并指出华北地区半数的普通县份完全没有绿营部队,还有很多县份只有很少的队伍。他声称这个区域的内部中心以相对稀疏的军事分布为特征(与边缘地区形成对比),在靠近都会的地区集中了一批驻防部队。③下面我们不妨浏览一下山东西北由满洲旗兵和汉族绿营构成的军事力量的分布。

因为要补充北京和北方地区大量集中的旗兵,所以华北的满洲旗兵只在大城市中驻守(见地图3)。这些营兵,包括骑兵和专门受过使用火

---

① 另外三个东河河道巡漕御史负责河南的黄河、其他河南河流和山东西南的河流(包括黄河的一部分)。18世纪20年代时,作为一次整体改组的一部分,河南和山东的河道合并到一起,由一个总督监管,见《大清会典事例》(1818)124.9,(1899)901.1—5;《东昌府志》5.17。在清前期,来自工部的一名官员被安置在张秋,负责监管大运河上天津以南的建设工程,见《张秋志》5.1。
② 《大清会典事例》(1818)170.29—30,(1899)901.3;《兖州府志》17.4—5。
③ 施坚雅:《社会生态和华北的镇压力量——一个有待分析的区域结构》,第48—55页。

枪和弓箭训练的人,随时准备应急。它们的指挥机构独立于省级行政制度之外,由皇帝直接监管。①

与之相似,由汉人组成的绿营部队也通过不与文官官僚机构平行的指挥体系来部署。地图3展示了1764年山东西部的镇、协和营。该省最高军事长官是巡抚,他还兼任提督并节制驻守于济南的两个营

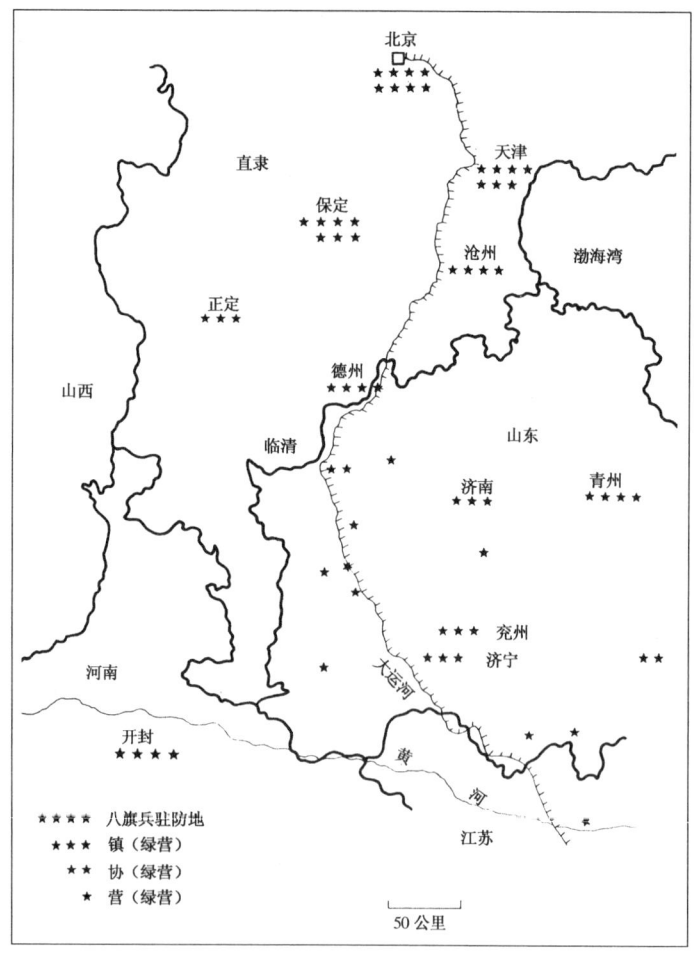

地图3. 山东西部的防务。见《大清会典事例》(1764)。

---

① 这些士兵驻守在直隶的保定(460人)、天津(3 572人,其中有480人在沧州)和山东的德州(500人)以及河南的开封(820人),见《大清会典事例》(1818)170.3—11。

(916 人)。两名总兵分管山东全省防务,其中一位节制登州镇以及驻扎于山东东部的大约 8 000 名官兵。另外一位是兖州镇总兵,驻守在兖州府治,直接统辖两个营,并且负责两个协和另外十个营(合计 87 名官员和 7 612 名士兵),这些官兵驻守在山东西部的各个地区。这些协和营中的每一个都进一步分驻在一个更广大的区域当中,而这个区域与地方行政区划的界线并不相同。① 尽管营的统兵官(游击)最终是通过总兵向巡抚负责,但是军事指挥机构的级别并不与文官职官平行。

正如施坚雅曾经提出的,实际上,山东西北和直隶的大多数县份的营级以下防务很完善。高级武官和大量集中的士兵(即 50 人以上)特别设在主要的运输线上,以及有经济和军事重要性的城市中心。然而,我们应该注意到这一点:即使只有很少绿营兵的县份,也都会在更高一级军事单位的 50 公里以内。因此,从寿张到临清之间通道的防务相对薄弱,但是附近运河上的较大城市并非如此,而且通往北京的路线也有重兵把守。②

考虑到华北的军事力量分布,须知国家对武器的控制程度是十分重要的。火炮、枪、弓箭甚至是马匹,几乎全部掌握在军事机构手中。普通人只能持有日常生活所需的那类刀具,他可以很容易地制作出一支矛,也很可能得到一匹快马,但是在 18 世纪的华北地区,这些已经是极限了。对于清政府控制百姓的立场而言,通过实施禁止私有武器的法律和建立完善的行政秩序、从而使得民间自卫不必存在的方法,来维持这种有效的控制是至关重要的(开始于 19 世纪早期华北农民武装的出现,带来了背离这种控制的根本性转变)。

尽管士兵的分布是由法令规定的,不过任何时候的实际部署当然都是有所不同的,而且会随着时间改变。偶尔还会有不同的部队被指派出去(这是很有可能的,例如 18 世纪 70 年代由于镇压四川金川叛乱的持

---

① 《大清会典事例》(1764)63.29。
② 施坚雅:《社会生态和华北的镇压力量——一个有待分析的区域结构》地图 4 以及相关讨论。

续,驻防华北大城市地区的旗兵损耗不少,削弱了首都的防守。不过能召集起2 500名旗兵前往镇压王伦起义的情况表明,上述的削弱并不是什么严重的问题)。此外,在清朝建立之后华北长期和平的年代里,在武装部队的纸上部署与实际存在上,很可能存在一种差异增长的趋势。这种差异不仅体现在服役士兵的数量上,也体现在军事战备的水平上。

文官官僚机构同样有其时间节奏。经济生活和大运河的管理(官员尤其关注后者)都随季节而变化,并且在运输流量的向北与向南、疏浚间歇与重建间歇、漕粮的称量时期与装载时期之间转换。每过三年(好像在二月份),所有的地方官吏要经受一次人事审查,上级会对他们在工作中的表现加以测评(实际上是由中央机构组织进行——译者)。在这种时候,他们会有更多积极的行动来清理未能如期完成的法律和税收事务。[1] 官僚机构中的某些人员和地方上层人士被迫参与这一年度的和三年一轮的科举考试,并通常在秋天时到达各府治和省会(秋闱——译者)。纳税人、征税人和地主都在春季和秋收之际集中了他们的精力。而且,诸如洪水、干旱、行政丑闻以及紧急军事等周期性的危机,当然会形成官僚活动紧张的时期。对从事这些职业的官员来说,他们往往会被从官署中抽调到现场,或者被关闭起来做文书工作,所以地方官吏有他们自己的活动和休息的周期。

我们现在来研究一下清代寿张县衙门的情况,作为地方政府运作的例证。寿张县面积不大,纵横大约30公里,向东南延伸45公里。县城、运河港口张秋和阳谷县都在其东南角附近,而且彼此紧密地挨在一起。不过这个城市群在行政上被划分在不同的辖区中。南部边界的延伸当然旨在将该县最著名的路标梁山纳入县中。梁山因为章回小说《水浒传》中的"梁山泊"——即宋江等一百零八位逃犯兄弟的容身处——而出

---

[1] 1770、1773和1776年时均有这种"大计"审核。关于后者的结果,见《清高宗实录》1003.12—14。关于这些评定的更多情况,见约翰·沃特:《中华帝国晚期的地方行政官员》(1972),第174—176、267页。

名。宋朝时期,梁山附近地区是大片水洼,而且很难进入,不过自从15世纪以来,梁山仅仅只是山东中西部凸起于华北平原的诸多低山之一了。这座"山"本身不到200米高。①

在18世纪,寿张县通常有全额的地方官员:知县、教谕、训导、主簿和典史。根据定额,大约有200名当地人依附于衙门并被衙门雇为门房、差役、守卫和马夫等。②

县里武官的地位远高于文官。寿张是一个营、227名绿营兵的驻地,他们驻守在城里,由一名游击和一名千总节制,其中有93名驻守于大运河上的张秋,另有93名驻于梁山。除了节制自己的部下和张秋的士兵,寿张营游击还要负责在附近阳谷县驻扎的由35名士兵组成的小队。梁山营在官制上有别于它所在的寿张县,它与寿张营一样,直接向兖州总兵负责。县里的民事和军事管理机构是分开的。事实上,正如前面提到的,其他士兵作为东河河道的一部分,也被部署在寿张县。大运河上有两个守卫站,一个在河湾(有45人),另一个在张秋(有66人)。这些单位在军事和地方官制上同样是独立的。③

尽管通过只是强调精英领导更加合乎规范方面的材料来揭示地方行政的实际情况是不可能的,但是,了解寿张县官员出身的某些背景还是有可能的。由于寿张的官位较低,寿张县的知县由吏部任命,而且不必拥有经验。我们因此可以预期,比起那些更重要的职官中的有经验者,这些官员的行事会显得有些效率低下(尽管不会更加腐败)。

自从清朝建立以来的130年里,寿张县先后有30名知县(平均4.3年

---

① 双翼:《梁山与梁山英雄》(1975),第205—215页。第209页中有一张1962年的照片。也见理查德·艾尔文(Richard G. Irvin):《一部中国小说的发展——〈水浒传〉》(1966),第16—18页。
② 《寿张县志》(1717)5.8—10。寿张只有代理知县或同知,而这两者都不是清朝大多数县份的情况。见瞿同祖:《清代中国地方政府》(1962),第10—12页。
③ 清朝原来指派了一队300名士兵的分队到梁山营,来加强该地区一度显得重要的防卫,而且县志中也有例证显示,梁山是一个设防完备的地点。后来清朝很快就发现300人的数目是没有必要的,于是把规模逐渐缩减了,见《兖州县志》17.4—5,17.8—10。

一任),而自1736年乾隆帝登基以来,先后历经10任。从他们的背景来看,他们已经很好地达到了清政府为地方官员设定的标准(为科举考试而学习是否是对公共服务有益的训练存在着很大的争议)。10任中的2名是科举顶端的进士(最高科举等级的拥有者),另外8名是举人(二等科举功名拥有者),其中2名举人是满人,其他6名是汉人。① 教谕(自1736年以来曾有7名上任)实际上不大出众:3名举人和4名贡生。县志中列举的这段时期的训导全是贡生,这些人中的很大部分来自山东,尤其是济南。②

这一时期的武官的背景与我们所预期的相似。自1736年以来,节制寿张营的4人中的3人是武进士或举人出身,而且在其他三个职位上的人至少有一半是举人以上的出身。因此,尽管武官有很高的等级,但是文官任命者也都具有同等或更高的学位资格。③

寿张地方政府的运作质量因为王伦起义的爆发而成为一个突出的问题,这是毫不令人意外的。确实,乾隆帝最先想到的问题就是,是不是寿张知县太过贪婪、残忍,百姓心生怨恨,然后就投身于叛乱之中的呢。乾隆继续想:产生麻烦或许是由于知县缺乏处理公共事务的技能。后来当一名被捕的叛乱者提出,正是由于寿张知县试图逮捕王伦才引发了叛乱,乾隆帝马上就推测:"或该县平昔贪虐不堪,苛扰闾阎",从而扩大了指控。不过其他叛乱者和一名当地人后来证明事实恰好相反,该任寿张知县"是一名好官"。这项证据和税收所得未被叛乱者毁坏的事实,又使乾隆确信王伦起义的首要原因并非是弊政。④

正如我们将要看到的,王伦自己与寿张和阳谷的衙门雇员关系密

---

① 这10位知县分别是在1736、1742、1747、1748、1750、1757、1761、1763、1766和1772年上任的。《寿张县志》(1900)5.7—9。关于知县所获功名的平均状况,见瞿同祖:《清代中国地方政府》,第20页,和约翰·沃特(John Watt):《中华帝国晚期的地方行政官员》,第26—27页。
② 《寿张县志》(1717)4.23,《寿张县志》(1900)5.26,5.32。
③ 《寿张县志》(1900)5.34,5.36—37。
④ 《钦定剿捕临清逆匪纪略》1.5,1.16;《军机档·乾隆》29784。一名叛乱者的假指控"因年岁歉收,地方官额外加征,以致激变"也受到了调查并被发现是毫无根据的,见《清高宗实录》968.4—8。

切,他曾在阳谷作过胥吏。这些交往显示王伦背后有某种保护,而且尽管他们的关系可能并不完全融洽,但是王伦和他的追随者作为一个群体,尤其容易受到一位腐败或苛刻的知县的指控,似乎也是不大可能的。他们更可能与一位好官发生冲突,而县志中的确因为1774年时在雇员中"清除腐败"而表扬了当任知县。①

由于叛乱者的供词和皇帝指派官员的调查结果相合,乾隆帝确信山东地方政府没有腐败。后来对国泰——一名镶白旗满人,1772年始任山东布政使,1778年始任巡抚——的调查表明,更高的省级官僚机构中存在某些问题。1782年,朝廷对国泰提出了一系列指控,包括指控他在镇压王伦起义开始时参与非法挪用省内资金,而这些指控的结果是国泰被赐自裁。自此国泰被宣称为声名狼藉的皇帝宠臣和珅的同伙,和珅最后(1799年乾隆死后)被指控弄权舞弊和结党营私。尽管是和珅负责调查1782年对国泰的指控,不过大家都认为他已经尽可能地保护了国泰。②

作为1774年的山东布政使,国泰在镇压王伦起义期间确实可以找到机会挪用公款。不过国泰在此时已经与和珅相熟是不大可能的,并且他们之间的结党——如果存在——肯定开始于更晚的时候。③ 因此,尽管省级官员中的腐败可能已经在山东开始了,但没有理由在1774年前把它们与寿张县,或者与山东西北的任何一个县联系在一起。

从总体上研究一下山东西北的政治和军事力量结构,可以很清楚地

---

① 《寿张县志》(1900)2.10—11;《东案档》第219—220页,乾隆39/9/25。
② 对山东官僚机构的调查是由大学士舒赫德和新总督杨景素负责。《钦定剿捕临清逆匪纪略》9.6—7)关于国泰,见《山东通志》(1915)第74卷,《清高宗实录》1154.6,1156.18—19,1160.19—20,《清代名人传略》(1967),第288—290页。
③ 1772年和珅在其22岁时成为御前侍卫,而且直到1775年末,他才被64岁的乾隆帝(他母亲刚去世)首次注意到,然后开始了他的掌权之路。起义期间的领班军机大臣为敏中,尽管不像和珅后来那样有权势,但也没有一尘不染的声誉。《清代名人传略》(1967),第288—290、942—944页。

　　叛乱开始时,国泰先到德州负责后勤和取得供应,后来他负责审讯某些被逮捕的叛乱者(《钦定剿捕临清逆匪纪略》1.16—17,2.6—7,2.9)。因为和珅是《钦定剿捕临清逆匪纪略》的编纂者之一,而且后来担任证据编辑,所以他当时很有可能阻止了我们看到国泰的真实行为。

看到力量集中在几个关键城市上。济南、兖州、东昌、济宁和次要一点的曹州,全都拥有好几层文武官员,以及常设性军事营汛。大运河本身就排满了拥有自己的职责、士兵和职员的官员,并且构成属于自己的力量领域。施坚雅曾经提出,在像华北这样人口密集的区域中心里,行政单位包括区域之广和官员质量之高,会导致能量集中在赋税征收上,而不涉及其他形式的"社会管理",并且能够提供其他服务的任务则落到地方精英的头上。① 在受王伦起义影响的这个地区里,我们可以看到这一模式,在这个地区里,大运河需要官员持续关注,府的辖区很大,而且我们不会预期赋税的征收会徒劳无获。是否在繁忙的官员未能提供的社会服务上,同时有地方精英的明显参与,我们下面就要转入对这个问题的研究。在研究了山东西北地区的经济和政治状况的各个方面之后,我们现在来看一下非官方力量的拥有者以及他们的力量来源。

尽管位于华北城市化和商业化的中心地带,但是山东西北地区在财富和重要性上,不能与大运河南端的长江下游水稻生长区域中的富裕城市相比。土地占有方面的粗略数据资料并不能表明,18世纪时大土地私有的存在可以支持这个地区拥有大量的地主阶层,而且正如我们已经看到的,该地区人口的大多数看起来是小自耕农。重建土地租用体系,会是一种决定地方精英力量和资源的方式,不过也存在另外的指标。一个明显的基准是这个地区在文武科举体系中产生获胜者的能力。培养年轻人,使其受到足够的教育以考取(或者有足够的财富来购买)科举功名的能力,影响了一个社群对中央任命地方官和一般来讲更大的官僚体制的杠杆作用,而且这种能力应该与地方生产剩余的程度和地方精英的力量有关。

那些通过了所有的三级竞争的士子,也就是考取过生员(府级)、举人(省级)和进士(国家级)的人,可以有望在国家公署中任职,并有机会

---

① 施坚雅:《社会生态和华北的镇压力量——一个有待分析的区域结构》,第46—48页。

在自己的家乡社群中运用自己的权力或影响。获得进士和举人功名的士子,以及叫做"贡生"的小部分生员,通常被当代分析者一起纳入"上层精英"的文官体系之中。尽管其社会地位比起与其职位相当的文官来说要低,但是两种高级武举功名的考取者同样有权进入国家公署,而且因此可以被视为上层精英的一部分。他们所有人都是潜在的官员,其影响可以延伸到他们的家乡之外。那些只能通过府试,即只能获得普通"生员"地位的人,或者那些获得了"监生"头衔却不能通过更高级别考试的人,尽管是有功名者的大多数,却被视为"下层精英",因为他们的权力通常还达不到省级。①

要明白山东西北角地方精英的力量或弱点,我们就要首先从该地区在清朝的第一个世纪中产生的"上层精英"方面,来研究一下该地区的情况,然后再转向对王伦家乡寿张县的地方精英的更细致的研究。

对高级文科功名获得者数目的统计表明,山东西部 11 个县在 1774 年前的 40 年里,没有一个出过 8 名以上的进士和举人,而且大多数县少于 4 人。大运河东边的县和山东西南角的那些县(还有毗邻的直隶省的许多县)显示了同样低的数目。相比之下,运河城市东昌在这个时期拥有 20 名高级功名者,而济宁有 26 名(其中 16 名是进士)。如果考虑到武科高级功名获得者,数目会有些不同,不过总体状况还是一样的。②

都会县、商业中心和科举成功之间的联系,对作为一个整体的中国一直适用。而且在这种情况下,在学术成就上,大的运河城市远优于周边地区,这一点是很清楚的。詹姆斯·帕森斯曾说明,在明朝期间小县

---

① 何炳棣:《明清社会史论,1368—1911》(1962),第 27—28 页;张仲礼:《中国绅士——关于其在 19 世纪中国社会中作用的研究》(1955),第 6—8、26—27 页;宫崎市定:《中国的科举考试地狱》(1976),第 102—106 页。
② 寿张在这个时期产生了 7 名高级武科功名拥有者,阳谷的数字相同,临清 19 个,济宁 28 个。这些数字出自《山东通志》(1915)卷 94—95,98—101,107—108。关于直隶省的情况,见《直隶通志》(1910)卷 40,42—43。1717 年的《寿张县志》列举的功名拥有者比省志中多,不过为了比较目的,我采用了后一种。狄德满(R. G. Tiedemann,伦敦大学亚非研究院)进一步的研究表明,在 19 世纪,山东西北地区在科举考试的竞争中接连失败(私人交流,1979)。

城与大城市之间的差异在山东已经存在,而且他还认为那是山东西部没有"政治重要性"。不过我们应该得到提醒:即使是大运河城市,财富与科举成功也仅仅是相关的。正如希拉里·贝蒂展示的,安徽桐城县(不是一个都会县)在每次省级会试中通常能产生五六个举人,而且单独在雍正朝的13年里产生了15个进士。何炳棣引证长江下游的其他县,它们产生的进士数字是济宁的4倍、寿张的10—20倍。①

在这个生产学者官员的全国范围竞争中,寿张县的不成功是毫无争议的。自从清朝建立以来,寿张只有3个人获得过进士,最近一个是在1676年。寿张县在省级会试中的记录仅仅稍微好一点:除了那3个考到进士的人以外,在一个多世纪里,只有10个人考取了举人,而且没有一个升任到高级官僚机构中。如果我们研究一下18世纪70年代寿张县的情况就会发现,高级功名拥有者的缺乏甚至更令人震惊。如果用张仲礼的标准来估算功名持有者的平均年龄和预期寿命,我们会发现可能仅存在一位在世者——一名举人——可以被视为这个最高社会阶层的一部分。② 这段时期里作为低级生员的精华,即获得贡生地位的87人中(大部分是通过自动提升才获得,而不是特别的努力),只有11人可能生活在18世纪70年代。③

---

① 施坚雅曾估算,17%的更高一级行政和商业中心城市,产生了清朝所有进士数字的1/2到2/3,见《中华帝国晚期的流动策略》(1976),第343页。关于明朝的情况,见詹姆斯·帕森斯(James R. Parsons):《明代官僚政治——背后力量之方方面面》(1969),第188—195页。关于桐城的情况,见希拉里·贝蒂:《中国的土地与世族:明清两代安徽省桐城县研究》,第39、50页。桐城在清代产生了150名进士和至少500举人。何炳棣的数字不具有准确的可比性,他举出了几对县城,它们在整个清代(267年)里产生了他所断定的庞大数目的进士(163—756)(《明清社会史论,1368—1911》,第254页)。同时参见第103页注释①。
② 《山东通志》(1915)卷94,98,100;《寿张县志》(1900)卷6。这两种史料之间有出入。关于计算,见张仲礼:《中国绅士——关于其在19世纪中国社会中作用的研究》,第122—125页。对举人功名的竞争非常激烈:1741年时超过11 000人参加了山东会试,只有93名通过,见《清高宗实录》148.5,《山东通志》(1915)卷100—101。
③ 根据法律,寿张(与其他同等规模的县一样)获许每两年提升一名生员为贡生。在这一时期,有57人是这样成为贡生的。有11人是通过皇帝的恩典而获得这个功名的,13人是通过特别挑选获得的,还有6名是因为在举人考试中接近成功。还有一些人(我们还没有列出)是通过捐纳成为贡生的,见《寿张县志》(1717)6.17—20,《寿张县志》(1900)卷6。

尽管他们的威望很可能比文职功名者低,但是那些在武举考试中获得进士和举人等级的人,也可以算作上层精英的一部分。不过在这些功名方面,寿张县仍然不是很突出。在清朝时,寿张曾有4名武进士,其中1名可能是生活于18世纪70年代,武举人则有9名,其中2名可能生活于当时。没有一个人曾在国家领域中有突出表现。①

如果寿张的上层绅士只是一个很小的群体,那么下层绅士呢?不幸的是,我们关于这个等级的精英人数方面的资料很少,他们花钱捐得"监生"名号,从而能够参加省级考试。另一方面,正常生员的数目是额定的,因此县里可以保证有一定数目的功名拥有者。寿张的功名追求者们来到兖州府治,与来自邻近大城市的县份和靠近曲阜(孔府、孔子的后代所在地)的人竞争,自然处于不利地位。武举考试每三年举行一次,县里的名额有10个,更有威望的文科考试则是每三年两次,县里的名额是12个(这些人的名字就不知道了)。根据张仲礼的研究,我们可以估算,在18世纪70年代,寿张有大约100名武科功名拥有者和250名文科功名拥有者在世。②

因此,在1774年的时候,整个寿张县大约有350名功名拥有者(其中可能有100名是监生)在世。但是这些人里只有15名是上层精英的成员,而且只有一人曾有机会进入国家机构。该县人口大约为12.7万人。虽然如此,精英和他们的亲属占了总人口的2.2%,上层精英则只占了零点零几个百分比。③

---

① 见第40页注释②。
② 关于捐纳功名的不完全资料表明,18世纪时,每3名常规贡生至少会附加1名捐纳者,而且类似的比率一般都可能继续适用。250多名科举生员中,前20名获得最优秀考分者(叫做"廪生")和下面20名次优秀者(叫做"增生")被允许进入寿张县学。前者可以得到少量薪金,后者则得到提升的优先权,见第40页注释②。以及《兖州府志》13.88;张仲礼:《中国绅士——关于其在19世纪中国社会中作用的研究》,第17—18页。
③ 正如我们将要看到的,出自王伦起义的证据支持了这样的地区写照,当地最高级别的精英分子也只是相对较低功名的拥有者。关于这次叛乱的记录里以任何方式提到的那些功名拥有者之中,有3名武举人、8名武生、11文生和6名监生。

通过一般假设,他们每人平均拥有8人规模的家庭,我可能过多地估算了精英的规模。

寿张人担任过的最高文职是四品的苏松道台(在江苏),是由1676年的那位进士担任,另外一名是一位知府(也在清初)。不过自从那时起,大多数成功的当地人只担任过知县(七品)、教谕(八品)和各种主簿,尤其是教谕。在1786年府志中有过传记的大多数寿张人,都是在半个世纪前处于鼎盛时期,而且这些人中没有一个获得过比贡生更高的功名。①

寿张县中在科举考试中最著名的成功家族是明代一位三品官员刘英能(音)的后代,在18世纪一共出了五名贡生和一名二品武官。在科举考试成功和官僚关系方面上,寿张的地方精英似乎不仅不见成效,而且自从清初以来就处于衰落状态。②

该县不存在同时拥有功名和官位的家族,或是能够影响知县地位和权力的家族,意味着知县拥有更大的权力。在18世纪中期,可以说,寿张官员的地位高于绅士家族,甚至连教谕之类官员也发现,很少有家族能出一个与其级别相当的人物。尽管我们对那些从商业和土地财富中获得权势的家族所知甚少,不过很明显的是,他们不能将其经济资源转

---

① 《兖州府志》23.55—88,《寿张县志》(1900)卷7—8。
② 明朝时期,刘英能(音)的儿子通过了乡试,并由于皇恩而成为贡生。第三代中有一个孙子同样通过了乡试(顺治朝时),不过仅仅是通过自动递补而成为贡生。尽管如此,他被任命为直隶肥乡县的七品知县,并且在那里著成一部农书。他的两个儿子都是贡生,其中一个在附近的夏津县作了教谕。第五代的刘兰从(音)通过了乡试,成为贡生,后来担任过知县。他的兄弟选了一条不同的路,在1735时通过武科乡试,考取了武举人。第六代的刘凤(音)同样成了生员和贡生,但是从未接到任何任命。一位堂兄刘旭(音)在军事上获得了很大的成功:1742年时考取武举人,从参将升到总兵,并负责福建省的一个镇。他最终被赐予高级御前侍卫的品级。这是这个家族获得的最高品级,而刘家在18世纪中期以后就没有了获得科举成功的杰出子孙。到王伦起义时,这个家族在县里仍然有一些声望和资源,见《寿张县志》(1900)卷6多处和7.6。

其他杰出的家族包括王翰举(音)——康熙时的生员——据推测其祖先也多次取得科举成功。另外一个王姓家族是一位明朝御史的后代,他是1613年的进士,但他的子孙却一直没能升到生员以上。另外一个王姓群体在清朝前期和中期时的几代人都考取了生员,但是没有人做过官。其中有两名成员在守卫寿张抵抗王伦进攻时战死,见《寿张县志》(1717)7.17,7.35;《寿张县志》(1900)7.7—8。关于那两个死去的王姓成员的情况,参见第83页。

将这几个家族与安徽省桐城县的一些成功的世家做些比较,寿张精英的影响范围之小非常明显,参见希拉里·贝蒂:《中国的土地与世族:明清两代安徽省桐城县研究》,尤其是第四章。

变为代表声望的功名。家族和社群因此只有很少的力量来保护其自身对抗国家的要求(正当的或不正当的)。当然他们没有介入地方政府的力量,不过贝蒂曾令人信服地证明了安徽省桐城县的精英曾运用过这种力量。①

在18世纪,寿张精英家族的社会、政治力量的其他指标也没有展示出在国家和社会之间展开协调的状况,或者展示出活跃的群体领导。大多数为县里贞节妇女所树立的纪念牌坊都是明朝时候的,而且到1700年时大都废弃了。我通过对寿张家族的检索未能找到族谱。地方志是在1670年(张秋)和1717年(寿张)编写的(在地方官员的领导下),但是从此就没有再编写过,一直到20世纪。②

---

① 毗邻的阳谷县的两大事件可能证明了这种国家事务。1771年,该县下层精英的两名成员(一位王姓生员和一位雷姓监生)试图通过召集一群人,要求针对某些土地主人的劳役加以豁免,以反抗地方知县。他们甚至有一块石匾,上面刻着永久免役和拒绝担负类似提供马车等服务的声明。王姓生员也负责这里的某些土地,它们一度属于一位明朝的王公,也就没有如实征税。在国家的同意下,这些问题得到了和平解决,而当后来对"罪魁祸首"加以复审时,课刑却更加严厉,见《清高宗实录》894.22—23。

1781年,也是在阳谷,有几个人拒绝遵令前往河南做疏浚黄河河道的徭役。当这些人因为反抗而被关押起来时,一名生员和一名武生张贴了通告并组织一群人袭击了衙门,将那些人释放了出来,并且捣毁了负责徭役事务的书吏的办公处所。很明显,他们在其处理上没有其他更有效的影响形式,不过显然代表了一些民众反对徭役的义愤。知县以逮捕所有相关人员的方式做出了回应,后来皇帝对严厉惩罚加以大力支持,并且亲自在马上要处死的领导者(包括功名拥有者)的名字上打勾,见《清高宗实录》1142.24—25,1142.27—28,1142.30—32,1143.18—19,1179.14—15。按规定,每征30两粮税就要征一名劳役。

关于另外一件涉及1770年阳谷县农业税征收的事件,见《清高宗实录》872.14。关于安徽,见希拉里·贝蒂:《中国的土地与世族:明清两代安徽省桐城县研究》,尤其是第三章。相比之下,阳谷县精英代表其民众支持者成功协商的能力,显然留下某些值得探讨的东西。

② 1717年列出的18处牌坊(大多建于明朝)中的10处已经废弃,见《寿张县志》(1717)2.5。赐予贞节妇女牌匾是性质相同的社会事件,但是即使是与附近的阳谷或堂邑相比(7比21和25),也很少有寿张家族能成功申请到这类牌匾,见《嘉庆重修一统志》167.19—27。

谱谍学:多贺秋五郎:《宗谱的研究》(1960)。

地方志:《张秋志》(1670)和《寿张县志》(1717)。

参与县志修撰最高级别的绅士是生员。关于比较,应该注意到阳谷和寿张同样是在18世纪前10年编写了他们的最后一部方志。但济宁则在1673、1778、1840、1859和1926年都有编写,而且东昌(与其"附郭"城市聊城一起)在1600、1663、1777、1808和1910年也都有编写。见朱士嘉:《中国地方志综录》(1935)。

代表社群的绅士活动同样没有影响力。当时不存在私人资助的学术机构,而且在17世纪80年代的时候,社区学校(私塾——译者)已经破败不堪。地方志中记录,18世纪时没有绅士协助河流和堤坝的维护,而且在18世纪20年代以后,也没有大的堤岸维修工程。县里只有两座12个房间的房屋(一座始建于清朝早期),是建来为穷困的老人提供救济和住所的。15个小的社仓在乡村中建起,不过我们不知道它们是否维持下去。①

寿张县中剩余资源和绅士领导的缺乏,也反映在民间宗教的习俗方面和它们可能被决定的范围之内。县志中提到的大多数庙宇在1774年时已经破旧,而且1644年王朝鼎革之后只有很少得到了集体赞助的整修。城隍庙——通常是第一个得到官方支持的地方庙宇——在17世纪60年代近十年的时间里得到了缓慢的修复。17世纪80年代在一位有魄力的知县任职时,出现了整修的高潮(城墙、孔庙、城隍庙和关帝庙都得到了修复)。而孔庙在18世纪前十年时再次花费了五年时间来整修。县城里重要的关帝庙曾经得到修复,并在1736和1752年时在知县的指示下再次整修。尽管不由国家资助的小神庙的建造和重建不必在方志中提起,但是我们能够预期,官方赞助的努力会是社群发起和支持这类

---

① 关于学校,见《嘉庆重修一统志》165.7。政府经营的县学(为功名候选人所设)在明代早期就建立了,并有184亩土地提供支持,见《寿张县志》5.15,《古今图书集成》(1864)80.30。罗友枝(Evelyn S. Rawski)在《清代中国的教育和民众文化》(1979)第70—72页中给出了其他学校土地捐赠的数字。

有几处晚明或清初修筑的堤坝以某些家族命名,可以推测这些家族曾在建设过程中十分活跃,而且跨越重要河流的桥梁有时也以某些家族命名,见《兖州府志》18.18—19和地图,《寿张县志》(1717)5.13。

关于粮仓,见《兖州府志》4.34—36。县里当然有政府经营的普通粮仓(一个在县城,另一个在张秋用来储存漕粮)。1764—1766年间,一项全省范围的调查显示,从整体上看,山东私人经营的社仓没能积累起大量的库存以防将来之需。参见全汉升和理查德·克劳斯:《清代中叶米粮市场和贸易:一篇关于价格史的论文》33—35页;《清高宗实录》1130.28。

工程建造和维修的晴雨表。①

　　当然寿张县也有宗教人士,像道教的道士、佛教的和尚和尼姑以及各种各样的算命先生、巫婆和术士。② 从后来的记录推断,我们可以假设这里存在定期的宗教节日,即以每座庙的主神的生日为节庆,以及到县外更大的庙宇朝拜,也可能前往110公里外泰山上的朝拜场所。具有讽刺意味的是,正因为王伦起义,我们才可能明白异端传统,而比起日常生活的普通权威,王伦更愿意皈依于异端传统。无论如何,这些宗教活动都不存在具有强大的精英阶层领导的迹象。

　　如果从知县或清廷的角度来看,寿张精英表现得并不出色,那么记住这一点是很重要的:在普通村民眼中却不一定如此。比起其他90%的人口,数百个特权家族在地方缙绅和官方眼里看来有很大的特权(不管他们看起来有多么不满)。不知道有多少功名拥有者和商人居住于寿张和张秋的城区内,所以很难估算这群人与大多数人口之间的遥远距离,

---

① 《寿张县志》(1717)4.8和地图,《寿张县志》(1900)2.10—12和地图,《古今图书集成》81.24。这里也有11座寺和3座纪念祠。我们对18世纪中国民间宗教习俗的知识如此粗略,以至于很难做出有意义的比较,但是17世纪的《古今图书集成》(81.24)中列举的寿张及其周边的寺庙显示了相似的数字和名字。我找到了这个县中的41座庙宇的名字,其中30个在县城里或附近地区,而实际数字肯定比这个要多。萧公权对19世纪晚期100多个华北村庄中的寺庙(以及居民人口)给出了数字,见萧著《19世纪中国乡村》(1960),第17—19页)。这些数据表明平均每100人就拥有一座庙。萧公权来自定州(直隶)的资料显示了每16户有一座庙宇的更高比率。另见西德尼·甘博(Sydney Gamble):《定县——一个华北农村社区》(1968)第4、399页和地图5。

② 1751年时,山东省官方登记有19 489名佛教和道教的和尚、尼姑和道士。利用1771年的全省人口数字和1768年的寿张人口数字,并假设寿张县的僧道数字与省中登记的数字成同样比例,那么我们可以估算出寿张登记的宗教人士大约是100名男女。如果这个数字大致正确,那么似乎白莲教非正统的世俗宗教生活至少是同样流行的。

　　这里可能也有一些皈依基督教的人,在18世纪的前20年里,这个地区(尤其是在临清、东昌、堂邑和阳谷)有耶稣会和圣方济各会的传教士在此传教。见荣振华(Joseph Dehergne):《1770年前后在华北的传教——对传教士分布的研究》(1955),第255、266、268、270页。我要感谢卜凯和狄德满唤起我对这些传教士的注意。

不过可以接受的是,清代精英倾向于与乡村建立密切联系。①

如果把山东西北地区发挥力量优势的地方精英视为一个整体,我们就可以再次看到大运河城市的相关优势。像寿张这样县份的地方精英,一般对地方官员或大城市精英(很可能)只有很小的影响,不可能把更古老的社会服务制度带入 18 世纪,而且几乎没有什么机制能使他们在国家和社会之间充当中间人。尽管关于法律争端调解、寺庙财产经营、税收经纪、逃税、操控徭役定额、地租安排、贿赂官方雇员和市场商品控制方面的证据全都非常缺乏,但是没有数据表明存在一个被社会广泛接受的精英制度,这一事实似乎暗示着同样缺乏一种对更加不宜公开和非正式安排的发展。如果地方政府到了不能为当地人提供服务的程度,那么很有可能就没人可以做到了。寿张这样的县份缺乏发展动力,无法扩张社会机制,这些县对政府倡议和管治的依靠,以及对其他地方官方活动的密切关注,可能会形成一种权力真空,并可能被像白莲教这样不太权威的团体填补。换句话说,"在中心地区,(对政府权力的)主要威胁在于社会主要因素的联合行动,而在边缘地区则在于异端因素的发动"这个观点,并非意指异端群体可能没有发现在"主要因素"组织得很差的中心地区起事也同样容易。② 在我们对王伦教派如何轻松地在这个中心地区找到生长空间做出归纳之前,研究白莲教派和起义的空间分布的其他案例是很有必要的。

总之,在 18 世纪 70 年代的山东西北,王伦家乡所在的地区呈现出的状况是一个商业化但不富裕的地区,有一些大的城市和很多更小的城

---

① 施坚雅:《导言——中国社会中的城乡》(1977),尤其是第 265—267 页。1670 年的《张秋志》提到,这个城镇是出了官员的家族在变富以后搬迁去的地方(1.9)。

王伦本身肯定不是普通乡民的典型,不过他与精英之间的个人联系、而非他与普通邻居的联系,可能阐明了他的个人经历。当然他通过衙门差役的工作而有权进入官场,这对一般乡民而言并不普通。不过王伦所在的村庄临近张秋的市场和商业机构,在作为整体的区域里更为典型。1774 年之前,没有精英成员住在王伦所在村庄的迹象,不过 18 年后有一家(远亲)在下一代中出了一名生员。《上谕档》423—424,乾隆 57/6/24。

② 施坚雅:《城市和地方体系的等级》,第 308 页。

市、城镇和市场,它们通过陆路彼此联系,并和其他区域联结在一起,而且因为水路运输,它们在某种程度上更有南方的特征。尽管市场很容易产生波动,但是在18世纪中期,这个地区在整体上似乎经历了缓慢的经济增长,而不是迅猛莫测的改变。乡村社会容易受到频繁发生的自然灾害影响,而且定期的灾害使得剩余很难积累起来。地方精英是相对并不出色和势力可能较弱的中间人。中央政府的手臂只是缓慢而谨慎地越过帝国的边缘地区,带着很大的力量轻松地伸向山东西北。由于地处皇帝出行的范围之内,而且靠近对首都福利至关重要的水路,这个地区可能同时从来自皇帝的例行关注和干预中受害和获益。

寿张和它的邻居与传统叛乱滋生地的模式大不相同,而且自从17世纪开始,这里就没有发生大的动乱。这些地区在经济或行政上都是微不足道的,而且它们没有显示出一般社会骚乱的征兆——地方土匪、无能的官僚或者行政上的疏忽。这些地区在18世纪70年代尽管绝非不适合叛乱,但也并不"适宜"叛乱。在这个地区不均衡和缓慢变化的社会、军事、政治和经济力量领域方面,我们能更好地解释异端和叛乱的出现。这样一种环境为宗教教派和民众运动的非传统利益的有组织表达提供了空间。当它发生时,这样的环境也使得对激进的教派主义的相对迅速的镇压有了可能。

我们现在就转向对王伦的细致研究,看一看他是怎样成为一位宗教领袖,并如何拥有生活于该地区城镇和乡村大量信徒的广泛网络的。

教　派

王伦就住在寿张县的一个小村庄,该村位于大运河畔张秋镇以西9公里处。在明朝年间(16世纪初),王伦的远祖与一户姓党的人家(王伦所在的村庄就叫党家店)从山西南部搬迁而来。九代以后,两支王家远亲仍在党家店生活。有一个时期,王伦的父亲看起来人丁兴旺。他有六个子女,第一个是女儿,随后是四个儿子,最后又生了一个女儿。在 1770 年代,其子女的年龄在 20 岁到 50 岁之间。女儿已经出嫁到附近的地方,儿子们也相继娶妻,但令人失望的是,儿子们都没有生下男孩。王伦的父亲大约就在此时去世,其遗孀已经七十出头,仍与她的儿子住在未分家的家庭中。王家的日子过得相当不错:共有 158 亩土地(合 24 英亩),由四个儿子和一个长工一起耕作,一大家子住着 15 间瓦房。①

王伦为长子,1774 年,他有 40 来岁,他的妻子比他大几岁,没有生育,眼睛也快瞎了。王伦本人的长相也不怎么样,身材偏矮,还不到五英尺,体型粗壮而略为笨拙,四方形脸盘,呈灰色,脸上全是麻子,胡子约有六英寸长。②

可能正是由于王伦身材方面的原因,才促使他注意自己的身体锻炼,刻意增强力量,培养顽强精神,同时还掌握了徒手搏斗的技艺。这一点是很令人感兴趣的。我们知道,他还不到 20 岁的时候,就已经精通武艺,并且终生不懈地坚持练习。1751 年,他开始与一个来自邻县并曾在他家干过活的木匠学习拳术和剑术(开始是以木棍代剑),学的大概是八卦派的招式。王伦后来为了自卫,又学会飞毛腿功夫,并能挥舞双刀。为了强身健体,他还跟随师父学习打坐运气,这也是传统拳术的一部分。他还学会念诵特殊的咒语(但从来没有被详细说明过),学会"炼气"之

---

① 后来财产的估价为 924 两,房屋估价为 28 两。见《东案口供》11—12,51,71—78;《宫中档·乾隆》29892,30136,30210;《钦定剿捕临清逆匪纪略》4.12,11.1—3,13.38—40,14.26—30,16.1—5,16.44—45;《东案档》237,乾隆 39/11/2;《上谕档》269—270,乾隆 56/6/2;同上 423—424,乾隆 57/6/24;《清高宗实录》974.17;中国人民大学清史所等编:《康雍乾时期城乡人民反抗斗争资料》,第 770—772 页。

由于这次起义,王伦家族几乎被斩草除根。男丁或是在造反时被杀,或是在后来被处决,财产被没收,妇女则被发配。王伦的父亲、祖父和曾祖父的坟墓被两次刨挖,先是鞭尸,然后锉骨扬灰。另外至少还有七名男性亲戚(大部分住在党家店)被捕,虽然他们与王伦的关系很远(见上引材料)。

关于党家店的位置,见《张秋志》1.12 及地图。

② 一份造反者的材料声称王伦高四尺。清代一尺相当于近代的 12.6 英寸。《宫中档·乾隆》29849。

术。此外,王伦还被传授了"不吃饭"术,每日只饮一瓯清水,就可以多日不吃东西——练得十天不吃饭为"小功",要是能练到惊人的八十一天不吃饭就是"大功"了。①

王伦在闲暇之时努力掌握这些武艺,并且开始吸收那些佩服他、希望向他学艺的人为徒。在以后的几年里,他教一些人拳棒,教另一些人炼气,这样,他通过招收徒弟逐渐形成一个教派。有一段时期,王伦在离他家乡不远的阳谷县衙当差役,但他似乎越来越依靠为人治病和教派活动的收入。在众多徒弟的邀请下,他来往于城镇、集市和村庄之间,给他们及其亲友治病——特别是治疗皮肤病和中魔。受他治疗、帮助过的男女就成了他的徒弟,向他学习延年之术,然后他们再转传别人。王伦被他的数量日增的信徒尊为"教主",他们的礼物给他提供了收入。那些追随王伦的人被认为已经"入道"。除了新入教的弟子要向其师父叩头这个规矩外,其他入会仪式的记载没有流传下来。②

王伦所学习和传授的都是白莲教传统的一套技艺、思想和组织形式。这个教派自16世纪后期以来,就已经蔓延于华北的广大城市和乡村。后来在审讯中,王伦的徒弟把他们所传的教只是简单地说成"白莲教",因此在政府的文献中也始终认定是白莲教。王伦及其徒弟通常只是称作"教"或"道"。但是有一个叛乱的目击者曾指出这个教派被人称为"清水教",这个名称与饮了一杯特殊的水之后可以不吃饭的法术有

---

① 关于拳术,见《钦定剿捕临清逆匪纪略》10.18—22,15.15—17;《东案口供》13—15。八卦拳是与白莲教传统有关的许多武术中的一种,见韩书瑞:《1813年八卦教起义》,第88、313页。八卦拳名号系王伦的徒弟起的。关于"清水教"之名,源自俞蛟的《临清寇略》5.3。关于其他,见《东案口供》13—15,21—23;《宫中档·乾隆》30282,31943;潘相:《邪教戒》8.30。关于稍后时期的白莲教咒语以及它们打坐运气的一般讨论,见韩书瑞:《1813年八卦教起义》,第24—29页,以及欧大年:《民间佛教》,第190—192页。

　　王伦在后来把他的徒弟分为两拨,练习打坐运气的"文场"弟子和练习拳棒武术的"武场"弟子(《东案口供》1—5)。文场武场之分虽然不是白莲教信徒独有的,但却是他们的普遍做法,见韩书瑞上引著作116、323页。
② 《东案口供》29—30,71—78;《宫中档·乾隆》29848,31934;《钦定剿捕临清逆匪纪略》16.38—39。俞蛟说王伦的衙役之职是被革除的(5.3)。

关。曾经有一批人使用了清水教的名称,于1770年代初期曾经在山东西部的濮州活动,王伦可能与他们有关系。① 但王伦后来并没有与原先的教派保持密切的联系。

我们知道王伦信奉无生老母,这是白莲教的主神,但王伦称之为无生父母。他每天做礼拜,在他家的院子或空屋中叩头九次。关于对天行礼如仪的原因,他解释说,天就是无生父母,必须敬之礼之②(叛乱期间,王伦的一个女弟子被称为无生老母)。文献中没有提到王伦拥有或使用过什么经卷,尽管他确实引用过口头流传下来的经文语句。

他的徒弟还传说王伦"敬奉真武"。除了王伦家中有一个神龛外,尚不清楚这一信仰还有什么东西流传下来,也不清楚它与白莲教的活动有什么关系(如果有关系的话)。真武大帝是主宰北方的神仙,在华北地区有很多人敬奉,他以威猛和具有驱除恶鬼的能力著称;人们在过去和现在都认为,中魔可能与他有关系。王伦确实经常做奇异之梦,据说他能"召神鬼"。他的朋友和徒弟樊伟和尚因为会"过阴"并帮助王伦解梦而被人称奇。③

关于白莲教活动对王伦这样的人的吸引力,人们只能加以猜测,甚

---

① 俞蛟:《临清寇略》5.3—4;《宫中档·乾隆》29786,29854,29848。

    清水教的名称与一个名王中的人有关,他是八卦教主要一支的震卦教(震卦按八卦方位属东方——译者)的首领,又是单县刘氏家族的刘省过(八卦教教主——译者)的徒弟。刘氏曾经使用过收元教的名称,十年后干脆自称清水教。王伦和刘氏在宗教活动时使用了"清水"、"收元"或其他类似的名词,说明这中间存在着我看到的原始材料中没有说清楚的各种联系。见《军机档·乾隆》16267,16429;《清高宗实录》908.7—8;《宫中档·乾隆》41738,41883,54353;韩书瑞:《18世纪华北的教派家族体系》(1979年);韩书瑞:《中华帝国后期白莲教的传播》(1981年)。

    潘相声称,在清水教中,人们(向无生老母?)供一杯清水,为的是祈福免劫(《邪教戒》8.29)。1803年,有人看到一名白莲教首领正襟危坐,面前插着一枝香,摆着一杯清水,正在用手缓慢地扇着水(我们不知道他在干什么,因为当时一名武将目睹此景,就立刻下令向他开枪)。《上谕档》31118,嘉庆8/3/28。

② 《东案口供》1—5,21—23。

③ 俞蛟上引文章5.3—4;《东案口供》29—30,71—78;《东案档》274,乾隆39/11/9。

    真武又称"玄武"或"玄天上帝",见杨庆堃:《中国社会中的宗教》,第152—155页。寿张至少有两个真武庙,一个靠近梁山,一个在寿张城北不到一公里处(离王家不远)。

至有人假定,以其"富农"出身和长子地位的背景完全可能使他在社会上和政治上倾向于谨小慎微。不幸的是,现有的材料使我们不能清楚地描绘王伦的个性,我们只能根据他作为师父和郎中的成就来猜测他的个人魅力和外在的力量,根据他甘愿冒险的顽强意志来猜测他的野心和说服他冒险的力量。但推动他叛乱的真实思想是什么仍然捉摸不定。虽然作为一个教派首领有利可图,但是王伦并不贫困,他似乎也不仅仅是(或者主要是)因为贪财而去做一个教派首领。王伦虽然身材矮小,但由于长期习武,体格壮健,力气过人,因而他就利用他的突出能力去当一名拳师并大量收徒来闯名声,并且还利用教派组织来使他的成就长期保持下去。作为全家没有儿子、本人又无子女的长兄,王伦利用教派广结干亲。他有时把招收的新徒弟认为干儿子和干女儿,最后大约认了20个干儿女。他的兄弟们也学他的样。[①] 随着这个"家庭"的不断扩大,王伦在当地的社会地位自然也就提高了。虽然他的家庭地位和他本人与衙门差役的来往已经在一定程度使王伦在其乡邻之中享有威信,但值得注意的是,他宁可另辟蹊径,为自己树立新的宗教权威——虽然这样做会带来危险。必须记住,白莲教各教派素来被官方视为异端邪教,只要入教,按照法律就要受到惩处。

不管出于什么理由,王伦并没有往一条当农民或衙役的现成路途走下去,而是选择把他的雄心和才能应用于其他地方,并且宁可在上层社会与民间组织以及传统之间充当另一种中间人以谋生计。作为一位教主——特别是没有比他更高的师父可以听命的教主——他掌握着神秘的知识并向其徒众传播,为其徒众协调教派组织与外部世界的关系。那些半文盲、对上层社会有一定了解(但他们并非这个社会的正式成员)的

[①]《东案口供》1—5,11—15,21—23,29—30,41,71—78。

埃里克·沃尔夫曾说过,富农"作为其他劳动者的雇主、债主和国家机器挑选出来的权贵,与外界权势者联合起来行使权力",因此不可能造反,这与"经常流动"的中农或贫农不同,见《20世纪的农民战争》(1969),第291页。这种解释的方法看来不怎么适用于王伦的情况。

人喜欢在反政府运动中(不仅仅在中国)担任领导角色的癖好很早就受到人们的注意,而王伦可能就是西尔维亚·瑟鲁普所说的那类人物,他们"部分地靠引导其追随者沉溺于辩论似懂非懂的思想而壮大起来",并且"靠着与正统竞争"获得了地位。① 但是我们千万不要把上面所说的协调和领导的诱惑力估计过高。白莲教师父的角色不但可以提供出人头地和操纵别人的权力,其持久不衰的吸引力还来自他们给某些人提供了一整套生活的意义,而这些意义在后者看来是各种正统的中国文化中所没有的。王伦及其追随者看来已经从精通炼气、医病和武术等本领中获得了极大的个人满足,而且他们甘愿冒着被告发的风险搞"异端邪教",也确实证明他们在入教之后过得一天更比一天惬意的状况。

尽管我们只能叫出为数不多的王伦徒弟的姓名,但是对其教派的组织以及教徒的组成进行一些概括还是可能的。② 从组织上说,这个教派的构成似乎并不是十分紧密(虽然关于其组织是松散还是紧密的证据非常之少)。我们没有找到关于王伦及其弟子集会的材料。有一个材料的确提到从徒弟处收钱然后通过师徒系统往上转送给王伦的情况。③ 就我们所知,王伦并不想寻找已经存在的教派组织,也不想让它们与他自己的教派发生联系。看起来他只是满足于为自己树立一个新型的、为他人谋求福利的人物形象以及创立他自己的集团而已。

王伦本人所收的徒弟不少于26人,其所属教派至少传有师徒五代,开始以白莲教组织特有的不平衡形式发展起来。他的信徒来自华北地区的10个县:山东的寿张、临清、汶上、恩县、堂邑、馆陶和阳谷,河南的遂平和太康,直隶的威县(参见地图4)。除了河南中部的徒弟外,其他徒弟都住在王伦住所周围150公里以内。有些是女徒弟,但绝大部分是男

---

① 西尔维亚·瑟鲁普:《关于会议讨论的报告》,收于其《在起作用的千禧年幻想》(1962),第21—22页。
② 在我看到的原始资料中有134个教徒的姓名。我们将在下面看到,王伦在发动叛乱之前至少能动员600人。对王伦教派构成情况的概括,是根据这134人的全部有关材料得出的。
③《宫中档·乾隆》31934。

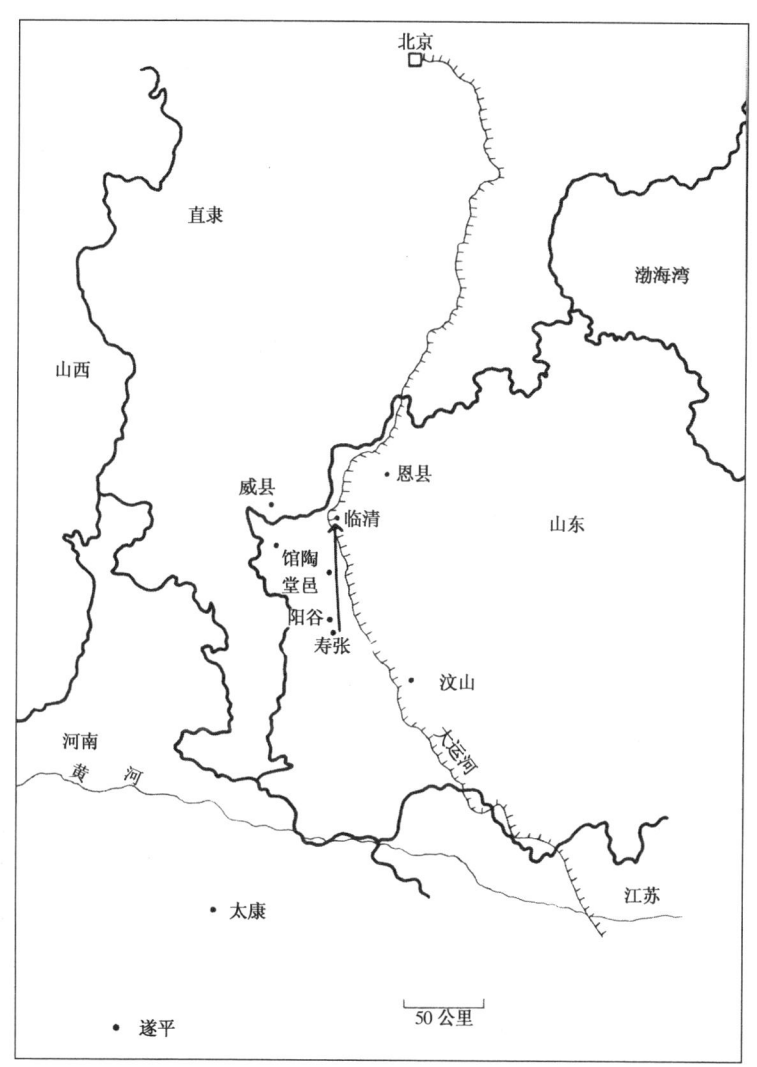

地图 4. 王伦的教派和起义,图示教徒分布点和起义进展的路线。

人。总计大约有两三百人。

就像大部分白莲教派的师父那样,王伦很快就把其教派的利益让其家庭成员分享。他的三个弟弟、一个连襟以及(有人推断)他们的妻子都入了教。王伦还教他家里的雇工炼气。

为了说明这个教派在时间上和地理上的传播情况,让我们不妨先看一个事例。早些时候,王伦曾经收过一个名叫孟灿的人为徒,学习武艺。孟灿比王伦年长,是同县人,为人凶猛,脾气暴烈。孟灿拜王伦为师后,不久就精于拳脚功夫。大约在1771年,孟灿与几个赌友发生争吵,一怒之下,他出手把另一个人打死。为了逃避缉拿,他丢下妻女南下数年。他一直逃到河南中部的太康县(离家大约275公里),在那里与其姐夫一家住在一起。他向其姐夫的弟弟传授咒语、炼气术和八卦拳,此人又教给他侄子,侄子又转传给自己的表兄弟(名张柏路,年28岁)。甚至在孟灿离开河南之后,张柏路仍然继续演练拳术,打坐运气,并且传授给他的亲友。在入教的人中,有张柏路的哥哥,此人是小贩,其妻的娘家在遂平县(也在河南)东南60公里。张柏路在遂平摆起比武擂台,并将对手一一打败,后来这些人都成了他的徒弟并"入了道"。这样,王伦的拳棒武术和气功体系就发展到了河南。同样,没有材料说明这些河南的信徒定期集会。此外,王伦与这些人的联系也是松散的,看来他也没有前去访问过他们。①

对王伦信徒背景的分析提出了一些问题。后来被当局审讯的大部分人都没有提到具体的职业,但是没有人说自己以种地为生,所以确定这些人中的大部分以务农为业很可能是想当然的。可是,他们在后来的审讯中所提到的职业和生意也确实包括了在这个地区帮助做农活的长工和短工,还有沟通城乡、连接农民和士绅的小商人。王伦的徒弟中有一个走江湖的女戏子和一个雇工,还有车把式以及出售鱼、豆腐干和马匹的贩子。有七个和尚,其中几个依附于县城外面的小庙。有一个徒弟的弟弟开了一家油铺。少数人可能贩过私盐。有一人来自寿张的一个大家庭,经营钱铺,经常出入于衙门。②

---

① 孟灿与河南的关系在文献中有详细记载。另一方面,俞蛟对孟灿到河南的说明则是不可信的,见《东案口供》29—30,71—78;《宫中档·乾隆》30252,30282,30294;俞蛟上引文章5.15—18。
② 《宫中档·乾隆》30210,30252,31934;《钦定剿捕临清逆匪纪略》15.19—20;《东案口供》7—8,21—23;《清高宗实录》968.35—36,988.10;俞蛟上引文章5.15—18。

可能是在王伦当衙役的时候招收的六名徒弟在堂邑、临清和寿张的县衙门当差。这些人中的大部分(有四人)当民壮一类的差使,其职责主要是护卫和保镖。有两个徒弟当胥吏(一个是书吏,另一个是仓书);至少有两人识字,完全能够列表和记录姓名。有一个自称武生员,他之所以入教,可能是出于对武术的爱好,以及因为自己未能通过清朝的低级科举考试而产生了不满。①

关于王伦的女徒弟的情况,因为官方材料很少记录,大部分都无名无姓,默默无闻,其中只有一个名叫乌三娘的人比较突出,这是一个有冲劲的女戏子。俞蛟(他的文章《临清寇略》提供了一些详情)称,乌三娘二十来岁,长得体面标致,精于拳术、走绳和杂技。她的本领甚至超过了她的丈夫——一个江湖戏班里的摔跤手。两人在山东、河南和湖北等省过着流浪生活,靠表演摔跤和打斗为生。乌三娘因为患了皮肤病,得以与王伦认识。他帮着把她的病治好,不收分文,甚至借钱给她,这样做表面上是出于一种义气。乌三娘的丈夫死后,她就住到王伦那里,名义上当他的"干女儿",实际上是情妇。她后来引进了12名过去是她朋友的妇女,投身于王伦的运动之中。②

王伦最有成就的徒弟是34岁的王经隆,他住在堂邑县的张四孤庄,该村离他师父的住所约80公里。王经隆不但是王伦的徒弟,而且在1771年因身体健壮并能写字而成了他的干儿子。王经隆向同村中的和周围农村(包括临清、恩县和馆陶的人)的亲戚邻居积极传教。他的信徒

---

① 《上谕档》79—84,乾隆 39/10/8;《东案口供》49—50,71—78;《钦定剿捕临清逆匪纪略》13.17—18,15.18—19,16.38—39。那些差役中,两人为民壮,一人为壮头,一人为壮役。关于这些名词的详细内容,见瞿同祖:《清代中国的地方政府》。在寿张县衙门,有 50 名正式的民壮,每人每年得饷银 6.2 两,见《寿张县志》(1717)5.10。
② 俞蛟上引著作,5.18;潘相:《邪教戒》8.30。译者按,俞蛟《临清寇略》原文为:(乌三娘)年二十许,娟媚多姿,而有膂力,工技击。其夫某,能为角觝戏,俗所称"走马卖械"者也。尝与三娘挟技走楚豫间,以糊口,而三娘技实过其夫,尝患疡,遇王伦治之而愈,不受值,且助以赀。三娘感其惠,愿为义女。夫卒,遂依于其家。王伦破寿张诸邑,三娘皆从,而更招致其当日同卖械者十余人,王伦皆呼为女,而实与同卧起,如妻妾。

虽然数以百计,但分处各地,他本人没有巩固的"根据地",甚至在他自己的村子中也没有。①

总之,被王伦及其教义所吸引的这批信徒,与参加其他白莲教教派的信徒看起来没有多大区别。② 与1813年的八卦教一样,王伦的教派成员包括了文盲和半文盲,男女老少都有;其成员所从事职业的种类也是一样,也是整个华北流动的"农民"所具有的。王伦创立的教派显然不受正统士绅的控制。就这方面而言,它与其他白莲教组织一样,在清代社会里也是比较突出的。这个教派是在个人和宇宙秩序之间直接进行协调的民间组织,因此就借用了一些通常被国家和儒家精英分子所垄断的职能(后来王伦想把士绅中人吸收进来,但是要按照他的条件,而不是他们的条件)。

另一方面,我们也不能说有什么其他阶层控制了这个教派或成了它的代表。在教派内部,各个社会阶层即使不是互相对抗,其利益也不是一致的:普通农民家庭与放债人和地方衙门的代理人,独身的和尚和走江湖的女戏子,商品、农产品的买主和卖主,有地的人和无地的人都聚集在一起。由于每个教徒既可能是师父,也可能是徒弟(实际情况常常如此),所以不容易在这个教派内部分离出一个具有领导地位的社会阶层。几十个积极领导起义的男女,其职业和生活方式是各式各样的,这正是整个教派的特点。如果在这个教派以外还有什么社会体系能够把这些个人聚集起来的话,那我还没有找到它们。③

同样,尽管我们也可以想象出吸引每个人入教的种种个人原因,但有关材料却提不出整个集团所共有的经济方面或其他方面的共同苦难,

---

① 《东案口供》1—5。关于恩县和馆陶信徒的情况,见《东案口供》71—78;《宫中档·乾隆》30117;《清高宗实录》968.14—16;《东案档》107—108,乾隆39/10/10;《钦定剿捕临清逆匪纪略》8.11—14,12.15—17,16.11—12。
② 见韩书瑞:《1813年八卦教起义》,第38—39,300—303页。
③ 要进一步了解信徒们的相同之处,参见我的论文《中华帝国后期白莲教教旨的传播》,第42—43页。

而我也不相信探求不满因素对这项研究会产生什么成果。我们也许应该注意西尔维亚·瑟鲁普的警告:要防止把"近代对向望和无保障这类主题的迷恋"扩大到我们对千禧年运动的解释中去。① 白莲教教派之能够吸引人,似乎也仅仅只是18世纪中国人口中的一个很小比例,而且教徒并非总是处在贫穷边缘的人——虽然妇女在教派内部能找到的地位的确比她们通常在教派外面可能找到的要高。我比较同意查尔斯·蒂利的假设②,从更加肯定的角度把这类社会运动看成是一些个人企图创造和追求集体利益和目标的行动,这些利益和目标既是经济的或政治的,又是宗教的,而且在其他组织中是不能很快取得的。

是什么力量促使这一批形形色色的人通过师徒关系与王伦联系在一起了呢？他肯定给了他们一个神秘传统中的作为内部成员的特殊地位,而在这个传统中隐藏着一种绝不止是暗示的活生生的危险。他也许已经在一定程度上给了他们性的自由(或者至少是给了了机会),这种自由也不是这个社会所鼓励的。但对于那些需要出人头地或者只是需要为了放荡的生活而寻找掩护的人来说,这些白莲教活动就不仅仅是巫术了。用于自卫的武术的实用性,不吃饭的能力以及运用打坐运气之法达到防病治病的效果都有着十分重要的用处。把接受控制和练武作为求生之道来加以强调,有力地说明了农民生活的不稳定性以及对饥饿、疾病和肉体受伤害的真正恐惧。除了依靠教派之外,个人无法依靠任何其他组织进入这种控制系统,传教师傅这种反复的强调,说明农民希望在一个他常常受摆布的世界中成为一个自给自足的人,一个自立之人。③

作为一个社会体系,这一教派还可以用来扩大一个人对外界的联系,可是,我们必须知道,王伦信徒的活动空间已经远远超出了普通农民

---

① 瑟鲁普:《在起作用的千禧年幻想》,第17页。
② 查尔斯·蒂利:《从动员到革命》(1978)各处。
③ 孔飞力对白莲教的象征以及暴力、饥饿和咒语控制在这些教派中的地位作了评述,对此我表示感谢。

以集市为中心的小型社会。的确,从这个教派比较容易地在一大片地区传播开来这件事可以看出,华北普通农民的具有地理上的流动性特点和广泛的职业和婚姻关系——至少地处某个地区中心的农民是这样的。对那些自己的空间受到严密限制的人(例如妇女)以及对行止非常的人来说,这个教派都提供了一整套新的交往关系和一个补充性的社会组织。在经济上和社会关系上,华北地区的村庄对外部世界往往是非常开放的,这个事实对于说明白莲教各教派为什么有号召力实际上是很重要的。自16世纪以来,这些宗教组织的传播甚至可以看成是一种逐渐面向更为流动的、更加商业化的社会的反应,看成是某些人对于从中寻找新的社会安定形式的期待。应该承认,这个教派是一个组织非常松散的集体,这是因为只有一小批信徒而不是整个群体定期集会或居住在一地。虽然存在着一个封闭性社会集体的可能,但可能更加重要的是,这个教派进而形成了一个教徒身处其中、相互之间容易辨认的和扩大的社会体系。

  白莲教各教派还为某种社会地位的变动提供了途径,虽然这种途径不那么正规。一个人在教派中的地位可以靠自己的努力得到改善,例如精通特殊的技艺,掌握教派的启示(在其他情况下还涉及识字、撰写经卷等文化传统),就很有可能运用这些技艺和启示来吸收追随者,从而形成一个信徒网络。由于性别、年龄、贫困、迟钝和噩运使那些想通过成功的事业,或者想沿着科举功名和官宦途径的传统显赫道路向上攀爬的人的希望破灭,对他们来说,教派的组织是另一条可供选择的出路,况且,在18世纪的寿张,上面所说的这些传统上的发迹途径也许是不那么明显地走得通的。在这个新的社会集团中,人们找到了新的地位,反之,该集团极力一步步地模仿高级文化,创造教派自己的收入来源,培养自己的精英人物。

  白莲教教派的思想和社会体系还必须与佛教、道教和其他民间宗教组织的思想和社会体系开展竞争。对于那些精于治病或指示休咎的人、有虔诚宗教思想的人、愿意云游四方的人或者只是想标新立异的人来说,当道士、和尚或尼姑是稳定的职业,这些职业提供了识字和分享高深文字传统的机会。另一方面,独居生活的隐晦(和不方便),与鬼神相通(如道家的天师)的魔力进行危险的密切接触、需要长期的训练以及不能过一种有规律的社会生活等缺点可能使得这些职业显得枯燥乏味,不那么吸引人了。[①] 然而,寺庙的祭祀和乡村演剧的确为他们模仿、营造出自己的渠道,使他们能够通灵、治病算命,并且不断重新取得社会集体意识。但是这类通灵之术都是由其他组织作为媒介,这些组织在各个地区的分布往往是不平衡的,但在乡村一级可能仍受少数宗族的支配,在城镇受工商业和政府官员的支配。在有些地方,白莲教教派则具有明显的竞争力。不幸的是,这方面的证据暗示的只是通过宗教组织表现出来的乡村竞争(王经隆的事例就是这种情况的最好的例子,但仍然不是很明确的)。衙门雇员的形象素来被人们看做是贪污、邪恶和堕落的角色,他们也都被这种教义所吸引,这个事实不但说明他们对通灵、超度感兴趣,而且说明他们被排斥于更受人尊敬的民众宗教生活以外。因此,白莲教教派的吸引力可能毫不奇怪地反映了这样一个事实,即传统的宗教无法满足每一个人,某些个人或集团没有完全被吸收进城乡民间宗教组织的控制范围之内,或者干脆就是被拒之于门外。更使人感兴趣的是,这类教派吸引力的增长可以说明上面所说的这些情况正在趋向恶化。

另一方面,迄今还没有任何证据证明这一时期民间教派和正统宗教之间存在着敌对关系。寺庙没有被抵制或受到攻击,也没有规定(就我所知)禁止教徒去寺庙进香朝拜,或是禁止他们参加本村或邻近村镇的节庆活动,或是禁止他们召请其他宗教人士。的确,我们已经注意到,佛门和尚显然发现,参加类似于王伦为教主的这类教派与他们的事业并不

[①] 关于教派生活中相对具有吸引力的比较详细的情况,见欧大年的《中国社会中的民间宗教教派的选择》。

会发生冲突,甚至可以成为他们事业的一个必要的补充。

从加入其教派而向信徒们提供好处这一点来说,王伦似乎属于白莲教教派师父中的典型,他的徒弟是典型的教徒。可是白莲教各教派确实表现得多种多样,我们可以先离开主题去考虑一下这个比较重要的问题。

观察清代教派的一个办法,就是根据它们可以对比的类型来加以分析,这些教派既有比较注重集会形式、内心虔诚的类型,也有比较注意个人行动、注重功利的类型。我发现,前一种类型的特点是着重于祭祀和诵经的集会,坚持吃斋,遵守佛门戒律,比较熟悉流传的教派经卷。这些教派使凡人可能过上类似和尚道士的生活。在第二种类型中,师父很少会见到聚集一起的徒弟,他传授打坐运气和拳棒武术等功夫,以增强体质和自卫能力,在举行仪式时并不依靠宗教经卷。在念经型教派中,信徒们的生活重心在于教派活动,并且被亲密的个人之间的关系联结在一起;在打坐运气型教派中,其组织更具等级性,更加散漫,教派(的集体)活动在信徒生活中只占较小的部分。虽然这些类型之间的差别有时是模糊不清的,但在18世纪中,大部分教派可以在这种或那种类型的教义中找到渊源。① 根据上述条件来考虑,王伦的教派显然是属于注重武术和炼气这一类,我们必须根据这些条件,来考虑他们的活动特征。

王伦及其信徒们的行为方式实为秘密崇拜和灵活组织的典型,这种崇拜和组织方式成为一切秘密教派的特点,并且使它们能够向广阔的地区发展,同时能够保护自己不受清政府的查拿。王伦在1770年代的活动也戏剧性地证明了政府对白莲教煽动力的恐惧不无道理。但这类组织是如何转向暴力叛乱的呢?

王伦大约在起义前三年开始谈到"千年王国"②有可能来临。他的一

---

① 这些类型不但经过分析可以看出不同,而且在组织上也各具特点。教派的名称通常反映了教派活动。关于更详细的情况,见我的论文《中华帝国后期白莲教教旨的传播》。
② 译者按,原文为 millennial era(千年王国),从中文话语来看,最好理解为"末劫"。

个密友说,他早就蓄意谋反了。另一人也证实,王伦想谋反的念头,至今已有三年,他常说要"明道"。1771—1774年间(如果不是更早的话),王伦教派中教徒人数一直在增加,这样就给了王伦行动的动力。1774年夏季,如果把受教于王伦的徒弟及其亲戚都计算在内的话,王伦的组织已有500—1 000人了。① 如果说白莲教教派生活对王伦的吸引力还能被人略知一二的话,他造反的个人动机就更是令人捉摸不透了。

  王伦在他父亲去世、自己成为一家之主后不久,他才开始大规模地发展自己的教派。是不是就像后来清朝官员推断的那样,王伦此时无人管教,因而可以不受父母权威的约束而专断独行呢?② 他是不是原本就有抱负,同时受到了传统中国那种表面上很普遍的思想——即一个与众不同的人如果怀有崇高的目标,就可能领导一次成功的起义——的鼓励呢?寿张县毕竟曾经是最著名的侠盗据点。王伦不但居住在宋代梁山泊英雄的活动根据地附近,而且故事中也有一个名王伦的人与梁山泊有关。迟至1640年,地方上的土匪还盘踞在那一带山间。③ 1771年的清帝南巡也可能煽起了王伦的野心。乾隆帝一行还真在他住地附近的运河上呆了三个晚上。乾隆帝这次显示财富和权势的行动(在过去20年中还有六次)是否会对王伦这类人产生影响,从而加深了他对有权者和无权者进行对比的觉悟呢?④

  我们已经注意到,王伦所创立的教派所在地区很容易受到大运河贸

---

① 《东案口供》1—5,9—10。有几个人供认,在造反前的三四年里,王伦的徒弟已经难以计数。我在文中叙述的情况与此相符,但仍没有足够的证据加以证实。
② 《宫中档·乾隆》29892;《钦定剿捕临清逆匪纪略》14.27—30。
③ 关于小说中王伦的被人唾弃的性格,见该书第10章和第18章。根据理查德·欧文的意见(见他的《中国小说沿革考》第202页),小说中的王伦是根据在1040年代活动的山东造反者的真实生活塑造的。
④ 乾隆帝的南巡颇为悠闲,从济宁到德州这一段运河,280公里的路程花了十天。他们在张秋附近逗留了一夜,第二夜呆在阳谷县境,下一夜呆在堂邑,接着又呆在临清正南面。即使有些人没有到运河边观看大龙舟,或是到大路上观看达官显宦赶路的情况,他们也肯定听到了皇帝出巡的盛况。见《清高宗实录》880—881。《南巡盛典》(1882年)5.9—12中有这段运河的图。

易动荡的影响,同时经常遭受秋涝之灾。是否有一种加重的经济灾难使得造反的领袖很容易招徕自己的追随者呢?清政府虽然不会把破坏性的水灾解释为王朝崩溃的凶兆,但往往会认为灾难引起的种种失调乃是造成叛乱的似乎言之成理的解释。我们已经知道,这个地区的农民生活肯定是不算稳定的,在起义的前十年间还发生过解雇运河河工的事件和间歇性的涝灾。可是从各方面来说,这些因素并没有造成不寻常的或巨大的灾难。虽然人口的增长正在使资源负担着缓慢而沉重的压力,但经济增长的趋势还没有结束。

1774 年也不是一个特别糟糕的年景。在王伦起义期间,当一位御史指控地方官员隐瞒歉收情况,造成大量呼天不应的饥民,并使之追随王伦起事,乾隆皇帝尽管有些怀疑,还是下令立即展开调查。山东、河南和直隶诸省的巡抚在调查了当年天气和收成情况后奏称,山东有少数县份春季雨水不足,但它们并不在王伦家乡附近(而且这些地方后来也的确下了雨)。至于王伦的家乡寿张县,当地的一个生员被传唤对这一问题作证时说:虽然今年寿张下雨稍晚,但四五月间下了雨,我们收成过半,各村都有存粮,……没有饥荒,……肇事者实乃邪教,而非饥民。清帝注意到,叛乱发生时很少有粮仓被造反者所破,因为他们并不缺粮,而造反者所经过的村庄,粮食菜蔬也很丰足,说明他们没有刻意抢粮。造反首领在北京接受审讯时也说,当年收成充足。① 王伦起义缺少群众支持,这

---

① 指控是由在工部任职的一位御史提出的。钦差大臣舒赫德、都御史阿思哈以及新任山东巡抚开展了这次调查。关于这些事情的概述,见《清高宗实录》969.10—15,以及 968.4—8,1051.3—4;《钦定剿捕临清逆匪纪略》4.6—9,14.27—36;《东案口供》59—60;《宫中档·乾隆》30001,30012。

通常向清帝上报的收成是以理想年景(一般是达不到的)的几成来计算的。因此,八九成被认为是特别好的收成,甚至五成也是足年。见《清高宗实录》884.4—5。

自然灾害也是世界上将要发生大事的征兆,如果王伦曾经寻求其他来自天上的信息来指引他,也许他会受到 1769 年出现的两颗彗星的鼓舞,第一颗出现于阴历七月,第二颗出现于三个月以后。钦天监把彗星的出现解释为胜利结束西南征讨的象征,但王伦本来可以毫不费劲地把它们与连续两年的秋涝联系起来,说成是劫运来临的征兆。见《清高宗实录》844.4—5。

有助于证实,这次起义尽管有着经济苦难的背景,但是普通民众还不至于产生造反的意愿,故而没有一份造反者的供词能够说明在生活遭到威胁与参加王伦教派或是参加起义之间有什么联系。

为了说明王伦发动千禧年运动的原因,我不是简单地着眼于一个更大的社会中所发生的变化,相反,我发现,重新研究白莲教各教派自身的历史和变动状况很有益处。例如,在1774年前的六年间,已经发生多起针对白莲教案件的审讯。如果王伦知道这些事情的话,这些案件对他和他的信徒们有影响吗?

当然,白莲教教派在清代几乎持续不断地被官府查获、审讯,在1774年以前的数年也不例外。自1768年以后,每年至少有一个教派被调查,其中最重要的有以下几起:1768年的河南省的收元教;1769年江苏省的一批吃斋团体,其中包括长生教;1771—1772年,由王忠顺在湖北布道的白阳教;1772年,刘省过和王中的震卦教。①

在1768年末至1769年初被调查的长生教,欧大年已经相当详细地做过论述。② 这个注重集会的教派自明末以来就已存在,早在1727年就已经被告发过,这时又首当其冲地被清当局详细调查,该教创始人汪长生的信徒们建造了各种容纳他们活动的房屋——斋堂、寺院和老年人的住所。他们聚在一起念经、烧香和吃斋。虽然在他们的斋堂里保存着一份具有煽动性质的经卷《应劫经》,但没有证据说明这个集团与任何暴力活动有牵连。此外,与这个教派有关的师徒关系体系和斋堂,似乎也只是局限于长江下游地区,主要是在江浙两省。

1772年发现的两个教派都是在北方,是两个非常庞大而且重要的教派体系的一部分。这些追查导致了两名著名教主家族诸多成员及其徒

---

① 关于收元教,见《宫中档·乾隆》2455,48327,57053;《清高宗实录》845.27—28。关于长生教,见《宫中档·乾隆》24036。关于王忠顺之案,见《清高宗实录》897.52—53,899.51。关于刘省过之案,见《清高宗实录》904.3—4,906.23—24,908.7—8;《宫中档·乾隆》41659,54353。这些年里还有一些较小的案件上报清廷。
② 欧大年:《民间佛教》,第7—11页。

弟的被捕，两名教主所在的家族都有着长期传教的历史和庞大的传教网络，而最为引人注目的是，官府还逮捕了非常有资格担当千禧年运动领导权威的人物。北京东面的滦州石佛口王氏家族，自16世纪后期以来就一直在进行白莲教的传教活动（其教派属于念经一类），他们的经卷声称弥勒佛将降生于王家。山东单县的刘氏担当教主的历史比较短，但他们似乎与清初发展炼气的教派以及18世纪时在教派中加练武术的活动有密切关系。同样重要的是，刘氏家族在他们的徒弟中以宣称弥勒佛将降生至刘家而著称。我不知道还有哪一个家族同样有着要求领导千禧年运动的权利。就在清廷大力查拿的这一年中，两个家族的成员纷纷被从家中带走，他们的生命也处于危险之中。

王忠顺是石佛口王氏家族一个积极的传教者，他在1771—1772年冬天的被捕又导致了他的父亲、叔伯父和许多徒弟的被捕。刘氏家族的长辈刘省过和他五个儿子的被捕，同样也引起了其家族和教派中的许多人被捕或被放逐。与小教派的被查获不一样，1772年的这些案件有着重大而持久的影响。① 所以认为信徒们开始担心与这些家族有关的弥勒佛降世的诺言，似乎并不牵强附会。

清廷对刘省过教派的追查对王伦的影响最为直接。刘省过的徒弟王中住在离寿张不到50公里的地方，他也使用了清水教的名称，像他的许多徒弟一样，他也在这时被捕了。这些追查显然没有深入到王伦的教派之中，但他肯定会通过教派关系或他在衙门当差的徒弟所传递的小道消息，知道了调查之事。政府的查问一般会使教派活动暂时停止，但是王伦却反其道而行之，并没有停止传教。可能是王伦意识到了教派领导的危机，才促使他依靠声称自己是先知而重新树立权威，以此来扩大他的教派势力。

---

① 我的《18世纪华北的教派家族体系》一文对我现在正在着手进行的关于邪教家族体系的长篇研究作了初步讨论。

但是,被俘的王伦信徒在审讯者问起叛乱的"原因"时供认,起义并不是因为对国家和地方精英人物的不满,也不是因为饥饿和教徒弟兄的被捕。他们指出,叛乱之发动乃是教派的千禧年思想和王伦富有成效的传教效果所产生的动力造成的。

对一个信徒不断增加的教派领袖来说,他的徒弟可能会期待(他自己也希望)把他的成就转化成更加公开而受到尊敬的形式。王伦通过组织、扩张其教派,开始创立新的社会集体,这件事情本身就产生了一种动力。有几次,教徒们提到,该教派的发展是王伦走向叛乱的一个重要原因。但是,我们没有看到大力发展教派串联的情况,而串联正是八卦教领袖林清在1810年起义前开展活动的特点。王伦传教活动的增加虽然很值得注意,但其规模要节制得多。①

在传统中国,一个成功的从事宗教的人可能利用其信徒的增多而主持兴建一座新庙;一座香火兴旺的寺庙可以扩大、翻新和美化内部器物。但是当时处于非法和半秘密状态的白莲教教派又是如何花销其钱财的呢?② 念经的教派,特别是那些远离皇帝的念经型教派(如长生教),在负担得起的时候的确兴建起了堂和庙。在19和20世纪,当政府被迫注意更加重大的事情而放松了对于教派公开活动的压制时,这些堂变得更加普及。政府监视程度的改变以及宗教活动的变化表明,在晚清,尤其是在华南地区,白莲教集会的力量有渗入传统制度的倾向。

但是,清前期华北地区的情况又是如何的呢?人们是否可以这样来认识——在这个精英人物能量小而政府力量强的地区,白莲教各教派的一个特有问题就是:那些想把他们的成就持久化和固定化的种种企图更会经常地被发现和遭到挫折?在以炼气为主的教派中,教徒们居住在分

---

① 林清也提到了教派内部的发展是促使他作出决定的因素,他供认:后来相信我的人越来越多,因我贪图富贵荣华,遂有了谋反的念头。见韩书瑞:《1813年八卦教起义》,第187页。
② 我从戴维·乔丹未发表的文章《怎样成为一个中国的通灵术士》(1977)得到启发,对此我表示感谢。关于这种没落制度问题的更多情况,见欧大年:《中国社会中的民间宗教教派的选择》。

散的乡村,属于一个共同体系中的那些人常常互不认识,信徒们的集会很少,因此为各种宗教目的而建造寺庙善堂是不切实际的。如果一个像王伦那样的民间教派师父不利用他增长的财富去建造一个集合其徒众的公共善堂,那么还能有其他什么可供选择的发展路线呢?有一个在教派经卷中完全允许的选择是把有成效的传教解释成神佛的恩宠和具有历史意义的征兆,然后再开始把某个人的教派长期集结起来,再在超自然力量的帮助下,创造出一个无生老母的信徒都能聚集在一起的世界。众望所归的、地位崇高的师父容易遭到逮捕和惩处的极大可能性、内有末劫预言的宗教经卷的缺乏(因随时都可能被官府没收和销毁),以及制造富有说服力的千禧年运动理论的相对困难,都减少了促使任何师父令人信服地去组织一次起义的可能性。但是很少再有其他方式来体现随着信徒的增加而产生的团结意识和共同信仰。

对于一个在白莲教传统中重视千禧年运动并且相当成功地利用这种运动来吸引大批信徒的白莲教师父来说,存在着一种内在的危险。他可能会成为自己的动听辞藻的俘虏,受到其热诚信徒的压力而把其含糊的预言转化为更为确切的未来的诺言,进而谋划着采取与其特殊地位和神的恩宠权利相符合的大胆行动。他的希望和野心受到一批虔诚信徒的鼓舞。在这种情况下,王伦很可能会不由自主地安排出新时期降临的时间表,并详尽细致地去描绘未来美好生活的蓝图。

如果我们看一下清代白莲教所利用的"集体行动的贮藏所"(*the repertory of collective*,这是蒂利的术语),就可从运动发现缺乏不同的行动方式的现象非常显著。[①] 除了期待一个预言中的新世界的来临而揭竿而起和暗中建造寺庙或斋堂之外,白莲教教派还进行了其他什么形式的集团活动呢?虽然考虑到他们相信自己有权不受约束地信奉他们的非法宗教,因而白莲教社会对自己所关心的事物的公开表达方式只有这些

---

① 查尔斯·蒂利:《从动员到革命》,特别是第153页以后。

极少数的形式是不足为奇的,但是他们的集体行动的贮藏所仍然是非常有限的。由于在17世纪后期和18世纪初期,这些教派一般都缺乏尚武的行动,我们甚至可以因为王伦重新选择了千禧年运动并且使这个运动蔓延开来而给他记上一功。

一个叛乱中的教派在某些方面比一个继续正常活动的教派强大得多,因而更能保护其教徒。教派成员集结于某一个地方,人力和物力的集中,集体力量专注于劝人入教和扩大教派的活动——这些都使教派能更有准备地去竞争和求取生存,而且这些行为在正常状况下是不可能做到的。通过要求其信徒把个人利益完全服从于教派追求的目标,王伦可以集中、扩大信徒们的集体力量。通过强调其教派的积极作用,王伦还赋予这个集团一种更加明确的完成历史目标的认识,并且重新规定了这个集团与制造教徒生命的力量的关系。我认为,我们不要因为王伦千禧年运动的失败就错误地假定这样的行动过程是愚蠢而不合理的。

迄今为止,我们虽然已经讨论了王伦起义的许多背景,但是最后还有一个构成白莲教传统一部分的重要因素,与这个传统一样,它是18世纪华北城乡社会的长期特征——即白莲教的千禧年意识形态(millenarian ideology)①,它预言,在神佛的指引下,极乐世界将降临人世,暴力不可避免并迫在眉睫。王伦确实利用了这种思想(但我们又怎么能知道他本人是否"真正"相信它呢?),并以这种思想来解释现在,构想未来,敦促他的徒弟们起来造反。许多徒弟证明了他们信仰的力量。这些思想不管是教派经卷的内容或是口头传播的,它们的存在并不会自动引起造反。绝不会这样。王伦发动的运动之所以非同寻常,只是因为它是在一个很长时期里华北地区爆发的第一次暴力行动。不过这些思想作为容易激发狂热和行动决心的宗教传统的一部分,是不能低估的。不管是哪些因素的结合触发了1774年王伦为期一个月的暴动,如果没有这些白

---

① 译者按,实际上,从中文话语来理解,这里的"千禧年意识形态"最好说成是"千禧年宇宙观"。

莲教教义,起义是不会发生的。

关于启示和千禧年说法的白莲教经卷大量存在的情况,已经在其他著作中相当详细地讨论过①,这里只需要概述一下王伦传播的这种千禧年之说。清代传播的白莲教主张,历史发展要经历三大劫,由一劫转向另一劫称为"运劫"。运劫之时会发生严重的灾难,同时无生老母会指派一位神佛降临人世。清代的白莲教教派都在等待第三劫(白阳劫)的来临,它以弥勒佛的降临("三行法会"中的最后一次——译者)为标志。按照民间的说法,"劫"特指灾难时期("灾劫"),即每个时期终止时出现的启示阶段。

在1770年代初,王伦预言不久的将来会发生这些事件,并告诉他的徒弟们不久将有四十五天的劫数,神仙也不能逃脱(就是说其他神仙也不能提供保护)。有一个人说这将是杀人之劫,另一个人说将有大风大雨,有些徒弟说将会出现"黑风劫",这种苦难将持续"七七"(四十九)天。在此期间,遭遇灾劫之人都将死亡和失踪②(清代其他的教派师父则预言天下大乱、大风和黑暗)。

王伦答应在这种恐怖和毁灭之中加以拯救。他说:要度过劫难,必须不吃饭;只有入道者和炼气不食之人才能逃脱。他们并不把希望寄托在民间宗教中的普通神仙身上,而是放在掌握王伦传授的技艺和加入他的教派方面,特别是饮清水和戒饮食方面。还有的则说,人们必须远离家乡,躲过七七四十九天,才能得救。③

王伦引了两句口头流传的教派谶语,来说明在宇宙发生的这些事件

---

① 见欧大年:《民间佛教》(1972年),或韩书瑞:《1813年八卦教起义》,第9—18页。
② 《东案口供》1—5;潘相:《邪教戒》8.30。王经隆等人提出劫难要持续四十五天(《东案口供》57—58),俞蛟说是四十九天(《临清寇略》5.13—14),魏源说有四十天大劫(《圣武记》8.41)。
  "七七"一般指丧葬后的四十九天,这时灵魂从人间转到另一个世界;在此期内每隔七天,僧道们就要祭祀以加速灵魂转移。因此,教徒们可能已经了解这段时期是界限期。见芮马丁(Emily Ahern):《中国农村的死者崇拜》(1973年),第220—228页。
③ 《东案口供》1—5,59—60;俞蛟上引文章5.3—4。

中他自己的作用,这两句谶语是:

> 七十二家开黄道,专等一家来收元。

"收元"思想是白莲教信仰的基础,并且常常在它的经卷中被详细地阐述。它指的是无生老母与其尘世间的儿女之间一种久经许愿的精神和肉体的再结合。"七十二家"大概是指白莲教组织中的众多传教支派。黄色自然是指帝王专用之色。"一家"可能指王伦之家或是由他领导的教派。"开道"是指教徒们为了迎接千年盛世的降临而加以准备的普遍说法。①

王伦向其徒弟们宣称,他将负责"收元",同时声称自己为人们所长期期待的、掌握真正教义的教主。他说他是"收元之主",即真紫微星下凡。在白莲教思想体系中,紫微星是被(无生老母)派遣下凡、引凡人进入新劫的弥勒佛的隐晦称呼。②

---

① 《东案口供》1—5。"收元"也作"收源"、"收圆"。关于这种思想的详细情况,见欧大年的《民间佛教》,第137—138、144页。关于其他词句,见韩书瑞的《1813年八卦教起义》15—16页,104页。1814年一名黄洋教教徒供称,他的师父说,黄洋教之外,还有三十六个小教和七十二支旁门。见《教匪案》12。

② 《东案口供》71—78。薛爱华(Edward Schafer)称紫微星座为"半径约为15度的周极星座",见其所著《唐代对星象的认识》(1977)。薛爱华和理查德·马瑟(Richard Mather,他在1978年的一篇书评中评述过此事)都着重指出紫微星座围绕和保护北极星及其有关的神仙(包括人世的天子)。

白莲教的首领们断断续续地提到了紫微星。下面将谈论其中的两次。紫微星与弥勒佛之间的关系——这可能是教派严守的秘密——在另一个案例中有所说明。雍正时期,在对江西省一个黄姓教徒的调查中,官员们两次奏称,黄是"弥勒佛紫微星"。《宫中档·雍正》7450,9700。

1737年,有一个名叫韩德荣的人自称系紫微星下凡,为"收元祖师"。韩是山西人,但他的教派与山东西南地区的刘氏有联系。《史料旬刊》B.100—101;《清高宗实录》309.42—44。1822年,河南东部一个白莲教造反者自称"治劫祖师",封其子为紫微星。《清实录·道光》(以下称《清宣宗实录》)39.18—19。

关于紫微星下凡起作用这种信仰的威力可以从1729年北京地区流传的一个谣言中看出(可能与上面谈的黄姓教徒的案子有关)。谣言说钦天监发现紫微星已在福建下凡。谣言继续说,根据这个报告,清帝下令把三至九岁的男童全部处死。《宫中档·雍正》6299。关于白莲教信仰中有关紫微星的其他参考材科,见欧大年:《民间佛教》第157、244页;《上谕档》317—325,嘉庆22/9/24。

在没有经卷的情况下,为了使自己的说法更加可信,王伦进一步说明他的历史作用已经被神的启示所规定。他的朋友樊伟和尚以"过阴"之法(是否会见了无生老母?)到了天上,在那里得知了王伦的真身。为了证实这个梦幻,王伦宣称他做了一个梦,梦见自己是龙,将来富贵无穷。① 在民间文化中,紫微星(它围绕着北斗星旋转)和龙在传统上都与最高统治者有关系。

这种荣誉不但被许愿给了王伦,而且也许给了他的信徒们。他开始叫他们为此做好准备。从他的徒弟和亲戚中,他挑选了自己所"中意"的人,进一步封他们为他的"义子"。他挑了整整 18 个人——大部分人年龄太大,他实在当不了他们的生身之父。可能选 18 名义子的目的纯粹是出于组织上的考虑,是重新组织教派活动的一部分,因为这些人即将变成"尚师"。但是王伦的目标可能是要进一步实现他的教派预言。至少在一份教派经卷中有"十八子明道"这样一句话。这几个字也可以作多种解释:前三个字可以组成"李"字,此姓长期以来就与造反的领导和宗教的权威有关系(所以 1813 年八卦教领袖林清引用了这句话,并把它解释为"李姓将明道")。这三个字也可以按字面意思解释为 18 个儿子。王伦的行动表明他知道这句预言,在解释"十八子明道"前,即已决定将他的徒弟变成实现这个预言的"儿子"。②

---

① 《东案口供》71—78。关于过阴去与无生老母联系的例子,见韩书瑞:《1813 年八卦教起义》,第 28 页。关于王伦的梦,见《东案档》275,乾隆 39/11/9。

　　俞蛟想象出一段王伦与樊伟之间更为乏味的对话。据称,樊伟尝语王伦曰:"予阅人多矣,莫有如君者! 即若辈位至督抚,衣锦食肉,能生杀人,亦徒拥虚名;按其才与貌,终出君下。予为君擘画,十年当为君,姓上加白字,毋自弃也。"俞蛟认为,王伦的造反思想来自樊伟(5.18)。

　　1774 年时,樊伟三十一岁,寿张县人,父母双亡,他自述在青年时离家当和尚。但根据俞蛟的记载:"(樊伟)自幼犷悍无赖,好博,负多不能偿,为其徒窘辱,匿王伦家。久之,髡其顶,名为僧,而无师傅,所为多不法。逞其私智,妄谈天文谶纬,以惑众。"他曾经学过"过阴"之法,另外王伦还教他运气和不吃饭术。两人显然是亲密朋友,樊伟可能积极地参与了起义的计划。又见《东案口供》13—15。

② 关于"义子",见《东案口供》1—5,11—12,41。关于李姓的启示,见韩书瑞:《1813 年八卦教起义》,第 15、112 页。

对于其他信徒,王伦则发明了一套职官制度,这些都会使他们取得通常不能掌握的权力和威信。王伦的亲属有特殊的荣誉,他们被授予诸如"王"和"宫院"的称号。

王伦在加强了信徒们对即将来临的灾难的恐惧心理,并且答应他们在"新劫"时期加以封赏之后,又向他们保证,虽然他们将受到劫难的考验,但他们会在起事过程中得到保护。对格斗、炼气、饮"清水"和不吃饭等技艺的掌握以及入教,是取得生存的关键。信徒们必须聚集在一起形成一个集体,同时预期有一个长时期的"过劫"时期,所以要先吃肉来做准备。①

白莲教各教派在向千禧年过渡时所发挥的作用并不是被动消极的,可惜的是,对历史学家来说,它很少被清楚地叙述过。一系列委婉之词掩盖了信徒们的真实计划和希望。其他的白莲教造反者使用了"应劫"和"明道"等词。王伦也谈到了"显道"和"进道"。②

信徒们通过他们的行动才清楚了"明道"是什么意思。王伦的信徒们显然是事到临头才知道他们将参加通常被认为是造反的行动。有一人供认,在预期的灾难即将来临的前一天,王伦派人来叫他去王家吃肉以过劫……。他到了王伦住处,王提到了造反,说将在深夜起事。③

起义,即建立他们自己的天下和白莲教正统的企图,被认为是必须参与暴力行动的,这时教义中"武"的一面就派上了大用场。为了使他的信徒们在即将来临的暴力行动中有所准备,王伦利用了白莲教传统,先是教念咒语,这样就不怕火枪了。王伦还告诉他的信徒们,他有一种魔法,能使他们刀枪不入。如果与敌交战,念了咒后……就不怕火枪与刀剑。这个咒语是:

千手挡万手遮,青龙白虎来护着;

---

① 《东案口供》1—5,7—8。
② 《东案口供》9—10。
③ 《东案口供》7—8。

求天天助，求地地灵；

　　枪炮不过火，何人敢挡我。①

　　王伦还告诉他们在战斗中前进时要高呼"祭刀"，这实际上是在宣布他们是(无生老母)的祭具。信徒们在暴力行动时都会系上红色或白色的腰带以显示自己的身份，他们都得到指示，要准备好简单的武器，以保证战胜不信教的敌人。②

　　使用咒语，再结合徒手格斗和使用棍棒刀剑的武艺，给王伦集团带来了不怕火枪利刃的名声，这种名声会使人想起一个多世纪以后活跃于同一地区的"神佛"后代义和拳和红枪会③，这些信徒们在劫数中求生以及安全稳妥地创建自己集体的能力的大小，完全取决于两种求生武器之间很不平等(在我们看来)的对抗的结果，这就是练成强壮体格、打坐、请神援助等宗教技艺去对抗18世纪中国的骑马射手、长矛、鸟枪和火炮等军事技术。但教徒中除了最有文化的人以外，似乎都认为这种对抗并不是不平等的，因为大部分人相信他们能依靠神的力量取得魔法，尽管这只有短暂的一刹那。不断说服人们相信神佛的保证和保护——如"枪炮不过火"——的主张，实际上证明了他们对近代火药的长期恐惧心理。可能是由于清朝当局垄断了火药武器而使农民产生了孤立无援的感觉，这种情况反而帮助了白莲教的师父们吸收信徒，这些师父答应传授求生

---

① 《东案口供》1—5。
② 《东案口供》1—8。
③ 就我所知，最早在王伦起义的同时，恩县方面就提到了义和拳的名字。该县位于与王伦有联系的地区以北不远。1774年，有一个李浩然的师傅，在那里教授拳术和打坐运气达六年之久，收徒入教，至于教名，他既称白莲教，又叫义和拳(可能专门指拳术而言)。人们还没有弄清这个集团与王伦的关系。1778年，由人指控一个冠县人(冠县位于山东西部)与义和拳有勾结。指控最后被撤销，但起诉人声称他是在十年前在元城和冠县第一次听到这个名称的。在这些地方，这一名称是指师徒相传的武术形式。见《宫中档·乾隆》30177，37050，37240，37352，37394；《清高宗实录》1072.28—29。关于这些关系的更多情况，见李世瑜：《义和团源流试探》(1979)。拳术可能最先成为山东西部白莲教炼气型教派传统的一部分。

的秘密,他们似乎生来就期待着暴力行动。①

当然,对王伦和那些听信他关于劫难即将来临的预言的人来说,掌握这个传统的武艺和魔法是他们投入暴力事业的不可缺少的先决条件。但是由于注意力已经集中在求取生存的问题上,向有组织的暴力行动的过渡,对参加造反的人来说,可能并不像近代观察者所认为的那样激动人心。所有那些本领事实上都与王伦提出的,并被其信徒们接受的千禧年预言联系在了一起,而且被这些预言弄得更有目的性。但是,最后还是要依靠他们的即将出现一个全新的美好世界的信仰,而且愿意在现在和将来为这个信仰冒险、牺牲的意志,才能在1774年秋季鼓动和动员这些善男信女走向战场。

(译者按,关于"教派"这一节,此前有一个译本,见杨品泉:《一七七四年王伦起义的教派》,载《中国农民战争史论丛》第四辑,河南人民出版社,1982年,第622—643页。我们在翻译过程中,部分参考了该译本)

---

① 由于16世纪后期因为新式火枪火炮传进中国而产生的社会的和心理的影响还没有详细地论述过。但我毫不奇怪地认为,因为这些武器而引起的不断增强的危险感和孤立无援感可能已经促进了明末白莲教的武术传统,这种传统在几百年后振振有词地声称具有有效地保护人们不受可怕的火药武器伤害的能力。火枪的不可靠的性能可能使魔法似乎成为防身的一种必然手段。见哈罗德·卡恩:《皇帝眼中的帝制》,第139—140页。据说,衙门中的民壮(有些加入了王伦的教派)也受过使用火枪的训练。见《清高宗实录》760.8—9。内森·席文(Nathan Sivin)就火药武器及其与中国民间宗教的关系等问题作了一些有益的评论,对此我表示感谢。

第二部分 叛 乱

发 动

1773年秋天,王伦四处散播说他梦见自己是一条龙。与此同时,他挑选了18名精壮男子做教派师傅和他的义子。1774年春天,即将发生劫难的流言加剧了紧张气愤。四月份时①,王伦的一名义子带来一件丝制袍子,将其作为礼物送给王伦的弟弟,并向王伦汇报了自己传教收徒的成绩。他开列出了他所收徒弟的名单,这可能是记录所有王伦信徒(也可能是他们的捐献)名单的一个组成部分。到了五月份,寿张城附近有流言说,清水教教主正在召集徒弟,加以训练。

六月间,王伦散布消息说,樊伟和尚得到上天的启示:王伦是"收元之主、真紫微星"——也就是说,王伦是弥勒佛化身。据两个皈依者说:"众徒弟闻说,坚信不疑,追随左右",甚且"人益信服"。七月间,他们为即将到来的起事制定了更加详细的计划。王伦与他的义子以及亲信徒弟会面,商讨策略。本月里,或许就是在这次会面中,王伦暗示说,新的

---

① 译者按,本章月份、日期均用中文数字,以示农历之意。

灾劫即将到来，很可能就在十月，并且说："八月之后，有四十五天大劫，从了我都可免得。"①

八月中旬，王伦暗示说，他已经得知北京发生了暴乱，意思是说灾难临头，为时不远。他说道："有鬼家反了"（我不清楚王伦说这话是什么意思）。一名以前去过北京的徒弟拿到了足够的盘缠，被派去打探情况。②与此同时，白莲教常见的起事模式再次出现，对于王伦的活动和意图，清政府已经有所风闻。王伦也在此时做好了起义准备，为了避免被捕，他提前发动了教徒。

如果回顾一下其他白莲教教派的起义，我们就会发现，政府通常是在准备期的最后阶段才有所发现，这实在是一种内在的危险。越来越频繁的聚会，甚至简单的武器、服装的准备，以及关于启示和叛乱的谣言，所有这些都使得保密变得很困难，而此时正是最需要保密的时刻，最终结果必然是戏剧性地加大了地方官员获知风声的可能。德·格鲁特讨论了政府监管与白莲教起义之间的联系，他认为是政府的迫害才导致了正义的反抗。③ 高延确信王伦起义"一定是"因为宗教迫害引发的。1774年八月，当地县衙确实开始对教派进行调查并准备实施逮捕。但是，王伦也确实是在几年前就开始了他的新时代计划，并一直在政府没有发觉的情况下秘密进行着。到1774年春，其活动已经进入了一个高潮阶段。政府采取的措施促使教派成员提前行动起来，以防止该计划在最后时刻

---

① 引文引自《东案口供》49—50。其他则参见《东案口供》52,71—78;《宫中档·乾隆》31934;《钦定剿捕临清逆匪纪略》14.27—30,15.18—19;《东案档》275,乾隆 39/11/9;俞蛟 5.3;潘相:《邪教戒》8.30。
② 《东案口供》49—50。
③ 高延写道:"迫害自然会激起自卫。如果自卫集团是一种有着教首和狂热信徒的有组织的宗教，而且他们都准备好牺牲和殉教，那么自卫可能很容易地变成公开的武装起义。……如果没有严肃的理由，没有民族会武装反抗其统治者。……所以我们只能得出结论:1774年的宗教起义之前，肯定存在一个充满恐怖主义、痛苦和烦恼的恐怖时代。……在那个时代里，数百名无辜信徒被悬赏缉拿，并像危险的野兽一样被捉住。"《中国的宗派主义和宗教迫害》，第297 页。

被取消或推迟。害怕受到逮捕和惩罚的心理可能也在引起信徒们的强烈反应上起了作用。因此,政府查拿是起义发动的一个因素,不过这并不在政府的设想和计划之内。①

1774年夏,寿张知县了解到这一异端教派正在聚集练功并图谋造反。一位崔姓生员(生员是最低一级的科举功名持有者)告发了他们。一位县城居民的供词表明,当时,王伦的造反意图已经众所周知,他说:"今年八月二十以后,街坊乡邻都在谈论白莲教要造反的事。"尽管寿张县的民事和军事机构都知道有些异常之事正在酝酿之中,但他们并未立即采取措施。此时恰逢秋收大忙季节,政府官员也正在为其他事情奔忙。知县沈齐义得到确切消息,附近阳谷县的民众也多有加入该教派的情况,他试图等待机会,一网打尽所有罪犯。其间,他致函阳谷知县,希望得到邻县的帮助,可是,此时阳谷知县正在省会(正如许多其他地方官员一样)帮忙监督三年一次的举人考试。因此,沈知县此时唯一可以做的就是签发逮捕令,等阳谷知县一回来就采取行动。②

但是沈知县并不知道,要进行逮捕的消息很快就传到了王伦耳中。寿张县衙的民壮刘焕是王伦教派的成员(因为王伦曾医好他妻子的病),他就住在县衙对过,并且参与了此次起义的谋划。八月二十四日,或者在此前后,刘焕听说了知县签发逮捕令之事,于是径直去王伦家通报(针对衙役和叛乱者的勾结情形,一位政府官员后来哀叹道:"所有衙役都入了王伦邪教。"他的说法很可能夸大了王伦的影响,因为并不是所有衙役

---

① 清廷自己也声称,正是逮捕加速了起义。见《钦定剿捕临清逆匪纪略》14.27—30。1813年林清、李文成领导的八卦教起义前夕发生的事件与此类似,这种情形在其他教派起事中也有。见韩书瑞:《千禧年叛乱》第三部分。
② 崔是一位生员的儿子,他出生于先前没有高级功名拥有者的家族。《寿张县志》(1900)7.9,7.25。居民的证供在《东案档》279—81,乾隆39/11/9。关于其他:《宫中档·乾隆》29845,29848;《东案口供》13—15;俞蛟5.3。

都加入了,不过那些参与者无疑是起了很大作用的)。①

一听到这个消息,王伦立即召集他的亲信会商对策。他告诉他们:"我听说有人告发我们为邪教,衙门里想把我们捉了去,看来我们应当先下手为强。"一名亲身经历其事的信徒解释道:"因为知道好歹都是一死,他们就联络上其他人,定在八月二十八日起事。"王伦将起义时间定在子夜,并预测道:"二十八日有风雨,是时正好动手。"为了转移知县的注意力,王伦在县衙中的同伙在当晚可能请了戏班来唱戏,并备有酒食等物。②

从二十四日到二十八日,他们相继采取了一些重大措施。寿张县以外的教派成员都得到了起义通知。有人被派往河南送信,让河南的教派成员速来寿张支援(然而最终没有人来)。魏县(直隶)和汶上(寿张县东南70公里)两县的信徒得到命令,均于二十八日启程。所有信徒都要带上刀、剑等家伙到他们的师傅那里集合。③ 起义进攻的第一个目标就是离王伦家最近的寿张县城。

到了二十八日晚,这些反叛之人基本上准备就绪。就在此时,可能是为了消除最后的恐惧,王伦特别向部下骨干封赐了新职位,并指示他的徒弟们在战斗中念咒语,以使他们能避开官军的枪炮。而当局在此时仍未采取行动。

起义中要发动的最大最重要的一队是王经隆的随众,他们散布于堂

---

① 《钦定剿捕临清逆匪纪略》12.15—16,15.18—19;《东案口供》11—15,59—60;《宫中档·乾隆》29927;《上谕档》79—84,乾隆39/10/8。我知道曾加入教派的寿张职员只有刘焕、一名仓书、一名民壮和一名吏。
② 《东案口供》9—10(关于王伦);《钦定剿捕临清逆匪纪略》14.27—30(同上);《宫中档·乾隆》29845("无论如何都是死");俞蛟5.4(唱戏)(译者按,俞蛟《临清寇略》云:"召优在衙前演戏,椎牛醵饮")。我坚持认为叛乱可能是更加危险的事业,而且更可能引向死亡。对教派成员的判刑,最严重的通常是流放,而且甚至当信徒被指控图谋叛乱时,也只有首领可能会被处死。另一方面,很多风险和花费都与处在政府监禁之下有关,所以许多人选择掌握主动并把赌注押在叛乱上,这一点并不令人吃惊。
③ 《东案口供》9—10,47—48,57—58;《宫中档·乾隆》30144,31934;《钦定剿捕临清逆匪纪略》16.12—13。

邑县北部,离王伦家大约有80公里远。到1774年夏,王经隆已组织起大约四百人(包括妇女和儿童),并且所有人都准备参与他师傅的起义。王经隆本人是这样描述叛乱的最后准备的:

> 到八月二十五日,王伦差孟灿来对我说,定于二十八日半夜子时起手显道,已放我为正元帅,叫我传集众人同往寿张接应。我就传集了平日认识入道的四百多人,叫他们各带小刀一把,到我庄上吃肉过劫。众人到了庄上,我说王伦是真紫微星,就要显道了,同你们往寿张县迎接。我就率领众人,先在本庄将素日有仇的刘四家放火杀害,起手往寿张迎接王伦。……一路抢劫,逼人顺从。①

到二十八日的时候,大多数人都准备妥当,尽管很多人可能还没有意识到,他们的生活将会发生怎样剧烈的变化,他们的新经历将会有怎样的不同。二十八日这天,恰如王伦所预言,天气十分恶劣,风大雨急,为起义的初期铺垫了一个戏剧般的背景。在党家店,也就是王伦的家乡,整整一天,人人都处于焦急的等待中。组织党家店和附近地区信徒的任务被分配给两个人,一个是樊伟和尚,另一个是名叫阎吉仁的王伦义子。两人都被封为"大元帅"。他们已经通知了七八十人(显然全是男人),告诉他们带上刀和棍棒,并在二十八日晚上晚些时候赶往寿张县城。②

在寿张县城,清军绿营指挥官和知县一样,也听到了教派活动的流言,于是在二十八日那天派人到乡间巡查,但是他们"没有发现任何动静,一切正常"。管带绿营的二把手此时正在大运河岸的张秋忙碌,他和

---

① 这段比较长的引文是王经隆在《东案口供》1—5和57—58两段中的陈述的结合。王经隆一次将他的团队的规模估计为"四百人",另一次估算为"四百多人"。其他叛乱者将他的团队规模描述为"三百到四百"和"五百到六百"。见《东案口供》1—5,9—10,21—23,57—58;《钦定剿捕临清逆匪纪略》14.27—30。
② 那天在渤海湾一带有一场台风。《钦定剿捕临清逆匪纪略》14.27—30;《东案口供》13—15,17—19。

很多人正在发送回空粮船南行。那晚,至少有 70 名士兵在城内当值,其余人(不多于 160 人,或许更少)被指令留在乡间(哪里呢?)。城内大约有 40 名士兵加上衙门捕快被安排驻守于每个城门,其余人则待在靠近西门的营房处。① 正如我们所知,寿张不是一个大城(大概有 5 000 居民),它的方形城墙有四个门,而且城墙的完好部分约有 8 米左右的高度。几百名士兵负责该城——对守卫一个普通县城来说已经是异乎寻常地多了——然而事实证明,这些士兵根本应付不了叛乱者迅猛而集中的攻击。

临近子夜时分,白莲教信徒终于离开了他们的家和村庄,几个小时后,他们在寿张城南门外集合起来。樊伟和阎吉仁是负责人,王伦则待在家里。正如事先安排的那样,他们在大门外与 12 个教派成员会合,这些人住在城内,由衙役刘焕领导(当晚很可能正是刘焕当值)。靠近南门的部分城墙很低,提供了从外面进入的通道。刘焕翻墙进去,然后前往城门那里,为他的弟兄们打开了城门。那天一名受命在城门一带巡逻的衙役不属于教中之人,(事后)他说道:"他们一冲进来就开始杀人,我只好躲到了城壕里。"那天当值的士兵和衙役人数远远超过叛乱者,但是他们没能或者根本就没阻止叛乱者入城(至少有两名士兵最后干脆加入了叛乱者)。无论如何,清水教得以在没有发出任何警报的情况下进入了城内。现在他们确实准备就绪。他们配备了简单的武器,带着火把照路,头上缠着白布以便于辨认。此时已接近四更,黎明即将来临。②

一名士兵——实际上是叛乱头子阎吉仁的亲戚——冲进其上司的营房,该指挥官即满人游击赶福。赶福刚刚度过了颇有压力的一天,他忙着在城里城外巡查,几个小时前才回到住处。他被叛乱者居然能够进

---

① 寿张指挥官可能从他的一名手下那里听说了关于教派的流言,那人是教派头目的兄弟(或堂兄弟)。参见上文的第 80 页。《东案档》279—81,乾隆 39/11/9;《钦定剿捕临清逆匪纪略》15.21。
② 此处引用出自《宫中档·乾隆》30281。关于其他,《东案口供》13—15,17—19;《宫中档·乾隆》29748,29845;《钦定剿捕临清逆匪纪略》15.7—10,15.26—28。

城的消息惊醒,还没有来得及穿好衣服,一队王伦的人马就已经冲进了他的营房。赶福和一名随从(正是他后来讲述了这个故事)跑到衙门后堂,从后堂的墙缝中溜出,然后赶紧跑到附近的城西。当时大约有30名士兵驻守在衙门内,其中7名跟着他们逃走了。

图3. 寿张营游击衙门。见《寿张县志》(1717)。

与此同时,叛乱者进入了游击衙门,抓获并杀死了报信者。当他们闯入军备库时(显然是要毁坏武器),寿张守军的一名二把手——千总——前来给予他的上级以迟到的援助。孙千总带领12名士兵与叛乱者展开搏斗,但是寡不敌众,于是留下大火燃烧着的衙门和县城逃跑了。赶福和仆人此时已经抵达城墙并爬了上去,在那里徒劳地喊着来人帮助。他们回头看到了燃烧着的建筑物冒着浓烟,城墙的其他地方驻守着一队队的叛乱者。于是他们爬下了城墙,步行前往邻近的阳谷县城。阳谷在寿张东北方向,有12公里远。他们希望从驻扎在阳谷的绿营那里得到援助。孙千总也怀着同样的希望匆匆赶往西南方向的范县(大约有20公里远)。大约在同一时刻,两名寿张士兵也目睹了叛乱者攻入城中的情形,根本无法阻止,只好带着消息南下,消息依次上报,最终(在四天后)通过兖州总兵传到总督那里。①

在此之前,叛军主力径直进入了坐落在该城西北角的寿张知县衙署。沈知县可能也提前得到了职员的警告,穿戴整齐地坐在县署大堂等候叛乱者。当他看到火把下缠着头巾并武装起来的叛乱者,沈知县坚持自己的立场并谴责他们。他们把他抓了起来,反绑双手,但是并没有立即杀了他。相反,他们要求他入道,顺从命令,要他从此反对朝廷并接受教派权威。已经入教的胥吏和差役支持新来的叛乱者,并催促他们的长官与王伦联手,但是,沈知县"喊骂不依"。因此,几名叛乱者就在大堂上将他乱刀刺死。做完之后,王伦的一名义子宣称沈齐义是一名好官,"我们找来两张毯子,裹住尸身,(后来)又把他埋在衙门里。"沈的一名仆人也被杀了,但是知县的其他亲眷(可能有知县的兄弟)受到叛乱者显示出来的武力影响,在劝说之下加入了叛乱。②

---

① 《东案档》279—81,乾隆39/11/9;《东案口供》121—23;《宫中档·乾隆》29706,29748;《钦定剿捕临清逆匪纪略》15.21,15.39—42;《兖州府志》13.83。
② 沈齐义是浙江人,已在寿张任职三年。《寿张县志》(1900,5.9)之类方志在此类事情的立场上总是站在死难官员的立场上的,称他"诚实、有同情心、勤勉和谨慎"。后来一项官方调查表明他是"好官",而且叛乱者似乎也同意这种看法。沈齐义的两个女儿得知他被杀后,也自缢而死(《嘉庆重修一统志》167.6;《清高宗实录》103.25)。正如我们将要看到的,几年后,寿张建了一座祠堂来纪念他。译者按,作者所说"在此类事情的立场上总是站在死难官员的立场上的"(原文直译是县志作者"立场偏颇",考虑到与下文不太吻合,改为现状。实际上,她在此处的叙述暗含了另外一层意思,即沈知县预防不周,查拿不力,也是受到了俞蛟《临清寇略》中一段评论的影响:"夫县令职司民社,贵能劳来抚字,而尤贵摘奸发伏。乃奸民煽乱于下不能察,甚至胥役舞弄肘腋间,亦梦梦而无觉。及风闻已确,复不能急于消弭扑灭。方且邻邑行文,机事不密,身殉而民社随之,邑宰如此,朝廷亦安赖哉?")。
　　关于袭击沈知县的史料:《东案档》121—23,乾隆39/10/11;《东案口供》13—15;《钦定剿捕临清逆匪纪略》15.7—10;《上谕档》79—84,乾隆39/10/8;《清高宗实录》968.19—21;俞蛟5.2,5.4,5.17;《寿张县志》(1900)5.9。关于沈齐义兄弟的信息很诱人,但实际上并不存在。

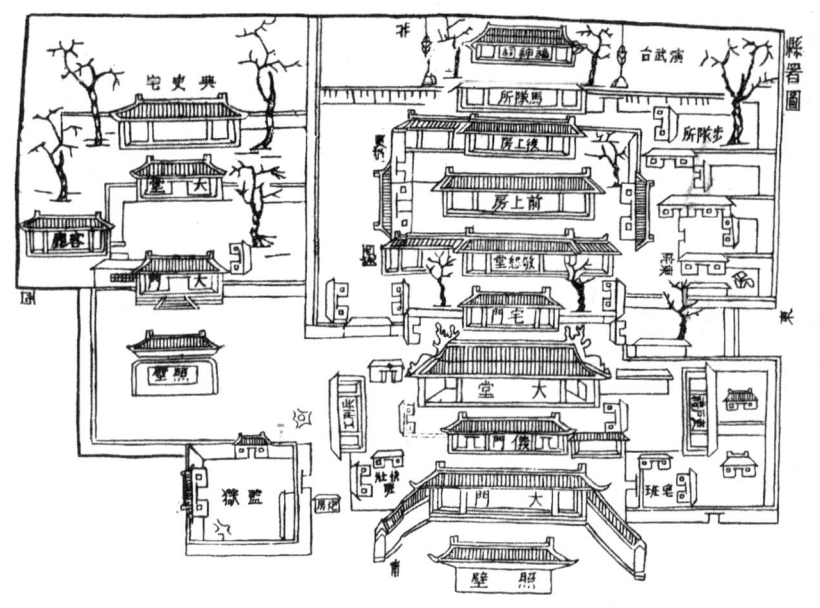

图 4. 寿张县衙门。见《寿张县志》(1717)。

最坏的事情结束了,叛乱群体前往县库,并且打开了它。他们拿到了银锭但丝毫未动印信。监狱也同样被打开了,叛乱者打开了囚犯的镣铐并邀请他们一道加入。①

到早晨为止,叛乱者控制了整座城市。声气相通的朋友亲故(例如住在城东南台寺的三个和尚,他们是樊伟的徒弟)都接到通知并加入了叛乱者的行列。另一方面,衙门守卫刘焕自知事情闹大了,起意潜逃。据他妻子供称:"天未明的时节,刘焕慌忙回来,叫关上门,拉着我说:我帮着他们杀了县官,劫了库,这事做得大了,官兵必来剿杀,我只好往远

---

① 樊伟供认曾拿过 1 000 两银子(显然是大概估算)。叛乱者离开寿张几天后,一名巡抚到来,并报告说丢了 800 两银子。但是根据一个月后的调查(在我看来很可疑)显示,将近 3 500 两银子不翼而飞。《东案口供》13—15;《钦定剿捕临清逆匪纪略》15.2—5;《宫中档·乾隆》29784,29845;秦震钧 2.41。

其中一名犯人自从 1763 年就被监禁在寿张,他在某种疯病发作时杀了人,于是被投进监狱。现在,11 年后,他在叛乱者占领寿张期间加入其中,并在城墙上担当守卫。他后来逃走并向官府自首,官府宣布他已经痊愈并释放了他。《钦定剿捕临清逆匪纪略》16.24—26。

处躲几时,也顾不得你了。到了天明,他就走了。"

一些叛乱者被指派守门巡街,其余人被派去劝说寿张居民加入白莲教起义。一位居民(不久前刚捐了官)后来描述了叛乱者的行为:"挨门挨户,杀人放火。本人自顾不暇,一名反贼在我背上刺了一刀,又把我绑了起来。"钱庄老板王维全在叛乱者入城时曾经帮助过他们,此时便趁机报复自己的一个亲戚。后来他供称:"因与族兄王任有仇,便杀了王任和他的儿媳。"县学生员王鸣岗则和他侄子一刀拿起武器抵抗叛乱者,并遭到了杀害。类似的遭遇在后来几天时间里一直持续着。比如叛乱者直到后来才发现教谕和训导一直躲藏在他们的衙署中。70岁的训导和他年轻的妻子准备在衙署的厢房里自缢。他的妻子死了,但是他却因为绳子断了而没有死成。当叛乱者最终进入衙门时,准备用刀结果了他,经过看门人的出言相劝才救下了这位老人(但他没出两个月还是死了)。教谕没有选择自杀,而是在叛乱者到来时挺身反抗,结果被刺而亡。① 总的来说,在组织抵抗白莲教的进攻方面,官员和绅士都没能有效地发挥领导作用。

粮仓被打开了,大约3 000石(25 000公斤)粮食被拿走,被叛乱者用作驻城期间的给养。当铺是具有防御功能的建筑,也被叛乱者占领了。他们没收了当铺里的钱财和贵重物品,并把存储的衣物瓜分一空。没有资料提及从国库中抢得的银子,部分(或全部?)落到了王伦的手中。②

二十九日是叛乱者占领寿张县城的第一天,那天王伦的行动很明显

---

① 引用资料(依次)出自:《钦定剿捕临清逆匪纪略》16.38—39;《东案档》219—20,乾隆39/9/25;《钦定剿捕临清逆匪纪略》15.18—19。关于其他:《钦定剿捕临清逆匪纪略》15.19—20,15.28—29,15.52—53,16.24—26;《宫中档·乾隆》30281;《东案档》221,乾隆39/10/29;《寿张县志》(1900)7.27。

② 36间屋子的粮仓至少有8 000石的定额,但是我们不知道它是不是满的,见《兖州府志》4.34—36;《钦定剿捕临清逆匪纪略》15.2—5。关于银子,见《钦定剿捕临清逆匪纪略》15.19—20,15.28—29。

是经过精心策划的。① 他带领家人从家里出发,一进城就受到在县衙中集结的支持者们的正式迎接。所有人都朝王伦八叩首——朝无生老母为九叩首——并且因为王伦新的身份是"收元之主",他们就称他为"主子"。从此他就被加上了这个头衔,或者被称为"王爷"。另外的职位任命和赏赐都在此时决定下来。现在,王伦的所有信徒都被发动起来,组成一个名正言顺的群体,他们自称为"常胜军"。王伦在他徒弟的钱庄里暂时定居下来,就在县衙对面。②

与此同时,八月二十八日半夜在北边80公里处,王伦的徒弟王经隆(在孟灿的帮助下)在自己的村子里发动他的信徒起义。王经隆解释说:"王伦是真紫微星。现在我们要到寿张与他会合并迎他为主。但在我们真正行动之前,首先需要杀人烧房。"王经隆基于个人恩怨(文献没有解释)事先决定了受害对象,这让人联想到乡村生活的紧张(以及在光鲜旗号下公报私仇的互不抵触)。午夜时分,"我带领众人首先放火烧了一个叫刘四的房子,然后杀了他的家人。刘四住在我们村,我老早就想让他有好看的了。"当晚,王经隆和他的徒弟们一直待在已经被嘈杂声惊醒的村庄里,直至第二天。他要求人人都要忠诚并追随他们,而且用火或暴力对村民施加了适当的压力。村里多达一半的房屋被烧,最后至少有12人被杀,其中包括好几位刘家的人。③

二十九日,刘家的幸存者从叛乱者的暂时占领中逃脱,前往附近的临清城去报告这些情况。该村属堂邑县管辖,堂邑知县和临清的官兵一起,在九月一日一大早就赶到了张四孤庄。当时即有21人被捕,他们应该都是叛乱者的亲属。其中,男子被认为是更

---

① 因为这一事实,王伦本人没有参与他的运动起初的暴力(以及随后的攻城之战),而这明显被视为是最合适的,使之在后方得以从容调度。所以现在看来,1813年八卦教领袖林清没有参与攻打皇宫也没有什么奇怪的。耐心、自信、有尊严的进入和命令的态度是白莲教教主展现身份的最重要方面(关于我先前对林清的批评,见《1813年八卦教起义》,第155—156页)。
② 《东案口供》11—15,21—23,47—48,71—78;《钦定剿捕临清逆匪纪略》15.18—19。
③ 《东案口供》1—5,21—23;《宫中档·乾隆》29748,29892;秦震钧2.41。

危险的罪犯,都被送往东昌府监狱,而妇女则留在了堂邑。该地区的官员也因此早早戒备起来,开始防备教派暴乱带来的危险。①

二十九日,王经隆的队伍离开了村庄,带着他们的大部分家人和财产,向南前往寿张城。相信自己、王伦以及神的恩宠,王经隆扔下了他的妻子,大概计划着稍后叛乱者再次北上时再回来接她。在南下的路上,他们畅通无阻,据王经隆说:"我等未曾进入任何村庄,也没再杀任何人。"次日,即九月一日②,他们抵达寿张。这后来的400人到达目的地后,同其他人一样向王伦行礼,八叩首并高呼"主子"。③

九月一日,王伦骑马凯旋回乡。他的目的是要集结他的亲戚、财产和所有新的支持者,并把他们带回城里。在一个危机四伏的时候,这种铺张的举动实在引人注目。党家店的所有人都被要求跟随而来,而许多人也确实来了。值得注意的是没有精英抵抗,而那些企图反抗的人——比如那个想要敲响寺钟来召唤援助的勇敢老人——都被杀了。教派成员和全县新入伙的叛乱者,都同时接来了他们的家人。④

先前分散的信徒组织已经被相当有效地发动起来,而王伦成功地占领县城当然有助于促进这一动员。到九月二日为止,至少有1 000人来到寿张城(参考文献表明,新皈依者都被授予教派的打坐灵文)。王伦立即发动这些支持者准备出发,找来骡、马、牛,把衣服、粮食、其他食物和值钱的东西都装在大车里,妇女和儿童也都上了车。⑤ 很快他们就上了路。

---

① 《宫中档·乾隆》29748,29748—E,29845;秦震钧2.41。
② 译者按,原文如此,从上下文来看,次日应该是八月三十日。
③ 《东案口供》9—10,32—37。
④ 《东案口供》21—23,29—30,71—78。
⑤ 《东案档》219—20,乾隆39/9/25;《钦定剿捕临清逆匪纪略》15.19—20;《宫中档·乾隆》30210。关于灵文:《宫中档·乾隆》31934。

上　路

九月二日，一支由王经隆和孟灿领导的先遣队前往阳谷县城，他们二人都被封为大元帅。次日，王伦也携车马行李跟上。他们似乎对运河城镇张秋的财富不感兴趣，他们觊觎的是12公里以外的另外一个更大的行政中心阳谷。①

九月三日凌晨，叛乱者袭击了阳谷，很像他们当时进攻寿张城的样子。当时阳谷知县不在县衙（尽管此时他应该已经从省城返回了，此前他在那里协助监督科举考试），代理知县正在阿城的职位上忙碌，于是由较低职位的典史方光祀负责该城事务。此外，就连那一小队士兵（大约40人）也不在。②

那些士兵不在城里可能是正忙于追捕叛乱者。寿张游击赶福（我们已经知道他爬过城墙去求援）于二十九日抵达阳谷。他召集那里的士兵并通知莘县（西北不远处）的官员立即派100人过来。他还派人骑快马到兖州镇寻求援助。赶福因为手头无兵，不愿外出阻击叛军，于是留在城里等候援军的到来。九月一日，莘城援兵抵达阳谷。次日，兖州镇总兵满人惟一率领300人到达。惟一和赶福带着他们仓促集结起来的大约450人的联合部队离开阳谷，前往寿张，留下一座毫无防备的阳谷县城，这显然低估了叛乱者的能量。为了不在黑暗中陷入危险境地（实际上也是在等待观望），那晚他们先在两座县城之间扎营。毕竟在该地区如此短的时间里，他们统带的人马是他们能够召集到的或者是所需的全部，而且没有人会料到入侵寿张城的100人竟火速增到1 000多人。另

---

① 我估计阳谷的人口是7 000人，但是城墙内的广大区域和具备四种特性（冲、繁、疲、难）的官位都表明，它原本可能更大一些。见第18页注释①。《嘉庆重修一统志》165.6；《东案口供》29—30；《宫中档·乾隆》29845。
② 《兖州府志》17.9—10；《东案档》121—22，乾隆39/10/11；《清高宗实录》793.15；《钦定剿捕临清逆匪纪略》15.7—10，16.18—19。

一方面,由于不清楚自己要对付的敌人的内情,惟一可能也在故意避开叛军,因为他既没有守卫阳谷也没有进攻寿张。难道他没有获得王经隆带了400人马向南进发的任何情报吗?这次躲避是由惟一领导的阻挡这些叛乱者的一系列失败的开始,并最终导致他的名声扫地直至性命不保。无论如何,王经隆率领的这支"胜利之师"比清兵更清楚自己的行动目的,当晚他们绕过清军营地前往阳谷。因此,他们在三日早晨进攻阳谷时没有遇到任何阻力。①

由孟、王两位大元帅领导,并由阳谷居民中的同伙协助(王伦曾在阳谷做过差役),叛乱者径直去了县衙。方典史和他的侄子赶去守卫监狱,知县的家人和吏员都开始往外逃跑。叛乱者杀死了所有抵抗者,而他们的原始武器对于这个目的而言已是绰绰有余。他们在打开监狱、释放囚犯之前杀死了方氏叔侄二人。有些人加入了他们的队伍,即便是暂时的,而另外一些人则没有加入。军事装备被毁。如同在寿张一样,他们打开县库,搬走了200两库银,这可能是库中所有的数目。② 不久之后,其余的叛乱者军队,包括行李车马和王伦本人,抵达阳谷县城。可能得知官军就集结在附近,他们没有在此久留。即便如此,他们也没有尽快前行以避开与清兵战斗。

阿城的代理知县接到了叛乱者起事的消息,但并不清楚敌方的规模,他召集起一班衙役就赶往阳谷县城。在城东的村庄里,他遭遇了数目远远多于自己的叛乱者,很快丢掉了性命。惟一总兵与赶福游击现在也意识到叛乱者已经打下阳谷,遂率兵从东门进入阳谷县城。他们袭击了当时正在离开的叛军,并在城里与他们交战,最终从南门"将其逐出"。赶福在战斗中丧命,而他的尸体后来在城南街道上被发现,全身布满刀伤,一只胳膊也不见了。说明当时交战的激烈程度和刀枪所能造成的伤

---

① 《东案档》279—81,乾隆39/11/9;俞蛟5.4—5。
② 《东案档》121—23,乾隆1—5,31—32;29784,29748—E,30136;《钦定剿捕临清逆匪纪略》3.14—15,15.7—10;俞蛟5.4—5。

害。不少官兵也丢了性命,包括带领士兵从莘县赶来的把总。不过叛乱者也有伤亡,还有16人被俘。①

叛乱者在阳谷城外绕了一圈之后北上。他们起事的第三个晚上是在乡间度过的。在北上当天及第二天,他们就向府治东昌派去了探马,以了解该城的游击状况并测试一下攻打的可能性。东昌坐落在大运河上,是一个拥有5万人口的港口城市。尽管东昌应该额定500名士兵,防守严密,但实际配备的人数并没有那么多。此时,该城官员已经觉察到了危险,关上城门并发出紧急求援。叛军探马回去向王伦报告说该城难以进攻。事后有人传说,东昌被一种神秘力量拯救了:当叛军探马接近该城时,他们好像看到了在城墙一带有成千上万的火把和灯笼,就像那里驻扎着一支大军。而且雉堞上坐着一个红脸长须的巨人——与关帝爷非常相像,关帝是当朝军事权威的象征。那些叛乱者(他们在自己的口供中并未提及此事)据说见此大吃一惊,他们互相问道:"谁云东昌乏守兵耶?"②无论如何,尽管很想攻下这座大城,叛乱者还是节省了兵力,并未进攻。

东昌保了下来,但地方各府县组织的反攻仍是错误百出。被派出去抵抗白莲教叛乱者的小股军队屡屡把毫无防备的城池扔在背后。惟一总兵离开阳谷县时未作丝毫防备,等他返回时一切都晚了。与之相似,九月三日晚,副将叶信带领一支200人的军队从临清出发,但他们得到的是过时

---

① 《钦定剿捕临清逆匪纪略》15.7—10;《东案口供》1—5,13—15,31—32;《宫中档·乾隆》29784,《东案档》279—81,乾隆39/11/9;《嘉庆重修一统志》167.22。赶福的仆人(实际上是一名几年前从甘肃买来的奴仆)在九月六日安葬了主人的尸体。阳谷县衙拨款买了一口棺材,他把主人的尸身装殓停当,然后在该县的一处佛寺中买了一块临时的安葬之地。在代表主人的家人进行所需的三周哀悼时,他一直在棺材边守灵,后于二十四日前往北京接受盘问(见上引《东案档》)。

② 俞蛟讲述了这个故事(5.13),另见《宫中档·乾隆》29784;秦震钧2.42;徐珂:《清稗类钞》(1917)59.25。关帝(三国英雄关羽的灵魂)是一位广泛流行于民间的神灵,清朝统治者宣称与其有特殊关系。关于他在清朝事业中显灵的情况,见韩书瑞:《1813年八卦教起义》,第338—339、358—359页。译者按,俞蛟《临清寇略》云:"贼党窥东昌时,东昌城垣残缺,兵不满五百,战守均不足恃。贼于日暮见一人,赤面修髯,身高丈余,坐雉堞上,火炬笼灯,约数万。贼大惊,相谓曰:'谁云东昌乏守兵耶?'由是骇散。"

的消息,急匆匆赶往寿张。半路上听到阳谷县城被袭,东昌府受到威胁,叶信调转人马又赶往东昌。但当他赶到时,叛乱者已经决定绕过东昌转攻堂邑。叶副将听到这个消息后才开始明白叛乱者正在北上,于是直接赶回临清,并恰好及时赶到。简言之,叛乱者掌握了主动权,以他们在人数上的优势,他们很可能对那些盲目尾随的小股军队造成威胁。①

值得一提的是,叛乱者经过的大多数城市的地方官都不在。寿张知县的确在职,阳谷知县则显然是远在省府,堂邑(在阳谷之后被袭)知县此时正在邻县代职,因为邻县知县不在,同时他也参加了济南的科举考试的监考,临清知州也离开了(可能正在北京)。府一级官员的情形同样糟糕。此前东昌知府(堂邑和临清都属他管辖)已被罢免,而新的任命尚未确定。兖州(管辖寿张和阳谷)知府正在监督举人考试。② 众所周知,这类考试从八月初持续到九月中旬,并且需要来自全省的很多监考官,加上大运河上南行的漕船也把当地官员的注意力吸引到运河沿线,所有这些都为此类民众暴乱提供了极为合适的时机。还有一点也是可能的:知县们经常不在任上,日常公务往往是由下属来处理的,这就不可避免与常规操作脱节,这种情况难免引人猜疑。

四日,两名叛军探马在东昌东大门外被抓获,他们每人都戴着白布裹头,身佩顺刀。经过审讯,他们乐观而不加掩饰地描述了叛乱者的力量、目标及潜在支持力。讯供:

> 贼党随地潜伏,约定入城之人放火为号,城外贼匪即聚集攻城。为首系寿张人王伦,身穿黄马褂,实有谋为不轨形迹。贼伙约千余人,随地胁从,俱用白布缠头,手执顺刀、木棍。每入城,止图打劫,

---

① 《钦定剿捕临清逆匪纪略》12.2—3;《宫中档·乾隆》29784;《清高宗实录》968.2—3;秦震钧2.42。
② 阳谷知县后来被判斩决(对官员来说是特别严厉的惩罚)的事实表明,他可能没有尽力于上述职责。见第153页注释①。最近对19世纪的研究表明,高比例的代理省级官员的任命并不寻常。见罗伯特·魏斯(Robert Weiss):《太平天国运动前夕行省政府的灵活性》(1980)。

银钱到手即弃城不顾。①

阳谷之后,叛乱者的下一个目标就是堂邑。它是距离阳谷县北 40 公里处的一个县城,四周环绕着周长 3 公里的矮墙。它也是该地区典型的县城,县城人口大概有 6 000 人左右,几乎没有士兵防守。② 九月四日,当几千名叛乱者接近该城时,惟一率领的援军尚未到达,但是当地官员觉察到了危险。堂邑知县此时正在清平县暂时任职,而他的职责则由中年举人、试用官员陈枚接管。正是代理知县陈枚在九月一日时去过张四孤庄,看到了那里遭受的损害,并且负责审讯王经隆那些被捕的亲戚。典史被派去把男囚押往东昌,因此陈枚只能依靠他弟弟(一位武举人)、一位负责统率 36 名绿营兵的把总以及一名训导来协助守城。他们封闭了县城,每人各守一处城门。

这些叛乱者再次在王经隆和孟灿的领导下,从南面袭击了堂邑县,他

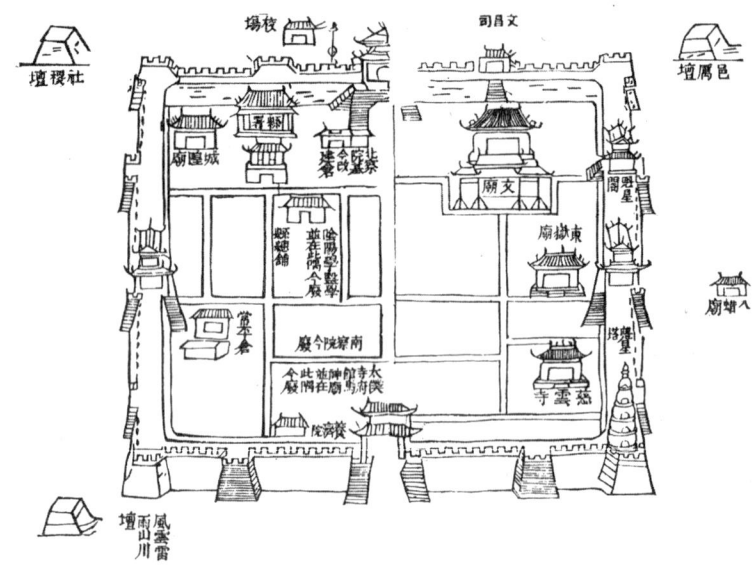

图 5. 堂邑县城。见《堂邑县志》(1710)。

---

① 《宫中档·乾隆》29784。
② 《堂邑县志》6.4;《东昌府志》8.8。

们毫不费力地攻入城内,因为他们的人数远远超过守城的士兵,尽管他们可能也从城内得到了协助。在南门当值的把总阵亡,头颅被砸得粉碎。在西大门,当叛乱者接近时,训导由其侄子陪同,遇上了正在靠近的叛乱者。叛乱者要求他们投降,这两人回以咒骂和拒绝,扮演了一出忠义戏剧——或者据说曾经这样表现。结果他们被杀,连同一个贴身仆人。①

叛军很快就发现了在北门巡逻的代理知县陈枚和他的弟弟。陈枚见状想要逃跑,但是据说(见俞蛟《临清寇略》)他太胖,需要四五个人帮他上马。仆人们艰难地架起他,还是没能及时把他送上马背,当叛乱者迅速接近时,他们又试图把他架走。最终他们抛下他逃走了。叛乱者在城东北角的孔庙前抓住了他和他弟弟。王伦在当天稍晚的时候到来,当他见到这两位官员时,命令他们投降,向他跪拜效忠并加入教派。陈枚拒绝了,怒斥王伦为"贼子"。作为清廷的忠臣,他说他"宁死"也不会向这样的贼子投降。出于对这种傲慢无礼的恼怒,也可能是为了替被捕的张四孤庄村民报仇,王伦命人将陈氏兄弟带到北门外的刑场,杀了他们。在被拖往刑场时,他们继续一路大叫着谴责叛乱者。最终,王经隆用木棒给了陈枚"结结实实的一击"来让他闭嘴。到了城门外,二人又被狠狠地打了一顿。俞蛟说,一位名叫归太的叛乱者(先前的堂邑守卫),恼于陈枚几个月前对他的惩罚,带头凶残地鞭打和肢解陈枚的尸体。他们先将陈枚的生殖器割下来塞进他嘴里,然后又砍下了他的胳膊和腿。陈枚的弟弟也被残忍地杀害了。他们还将肢解的尸体扔在地上喂狗和苍蝇。②

---

① 《钦定剿捕临清逆匪纪略》15.7—10;《山东通志》(1918)6.2。一名叛乱者提到来自堂邑县城的100人,他们曾是教派成员,并在叛乱到达时前去欢迎(《清高宗实录》967.45—48)。
② 《东案口供》1—5,29—32;《东案档》121—23,乾隆39/10/11;《钦定剿捕临清逆匪纪略》15.7—10;秦震钧2.42;俞蛟5.6—7。俞蛟说归太曾靠贩卖私盐赚钱,并被代理知县逮捕、判刑并戴上枷锁。然而来自其他叛乱者本身的证据表明,在攻打堂邑期间,归太并未与叛乱武装在一起,而是在前往北京的路上。见第97页注释②。有足够的证据(来自叛乱者的口供)表明,陈枚的尸体被砍成几段,但是只有俞蛟提供的可能也是真实的生动细节。译者按,《临清寇略》记载:"先是贼帅归太,以货私盐为业,数月前被陈擒治,荷校当途。其党劫之去,陈不知也。今欲泄愤,杖以百数,且割其势,置口中,而后脔割之。"

与此同时,叛乱者前往县衙,闯入县库,抢走库银。他们还砸开监狱大门,放走囚犯(包括王经隆的妻子)。但是他们并没有去碰粮库。① 没有富商或是缙绅出面重新组织城市防守,除了此时可能已经加入叛乱者队伍的那些教派成员,整个县城里的居民似乎都处于被动的态势,他们躲在紧闭的门后,避免任何对抗,等待这场浩劫结束。

直到天黑,叛乱者才将堂邑洗劫一空,他们随即离开堂邑,前往相对安全的乡村。他们继续北上,走了大约20公里,停在柳林。这次停留可能是预先安排的(可能为了礼仪方面的原因),因为王伦和他的部属在此停留了两天,这里的教派成员都来欢迎他。这次休整很值得,他们也很尽兴。据俞蛟说,他们整天庆祝、吃喝、看戏——大概是乌三娘和她的同伴表演的。② 此前的七天时间里,他们攻克了三座城市,而第四座城市是离此地只有25公里远的北面。他们走了80公里的路(王经隆和他的人马则是两倍于此),而且已经和追赶他们的官兵有了一次小规模的交火。他们看起来非常愿意丢下他们的家庭、土地、活计、朋友和以前的一切生活,他们当然也知道他们将不得不为生存而战。不过那一定也是令人兴奋的时刻,充满了危险而又富有激情。

迄今为止,起义最显著的效果之一就是成功创立了一个新群体。由于王伦追随者的动员,出现了一个新团体,即"常胜军"(Victorious Force)。此前,伙伴们彼此互不相识,人们现在改变了身份,甚至可能改变了想法。这种类型的社会运动,伴有对旧生活的抛弃、资源整合,以及制定全新的关系、生活方式和目标,这些正是白莲教起义的特征。尽管我们不明白他们所展望的千年盛世,但是我们几乎可以把叛乱者共同体视为他们自身的终结。虽然王伦每天实践的白莲教教派主义不能提供

---

① 叛乱者说他们拿走了库银,但是并没有库银短缺的报告。《钦定剿捕临清逆匪纪略》15.2—5;《宫中档·乾隆》29845,30084;《东案口供》1—5。
② 俞蛟 5.6;《钦定剿捕临清逆匪纪略》13.12—13。如果教派成员期望四十九天的末劫转变时期,就像葬礼之后的四十九天(见第69页注释①),每七天以适当的礼仪断开,那么此时安排好的在柳林的停顿就更有意义。

这种共同体,但是通过起义,通过与原始社会结构的完全而激烈的背离,白莲教允诺的友谊和意义带来的包容和满足之感,就可以得到实现。

叛乱者对他们经过的城市所采取的策略很简单。他们打开县库和监狱,拿走库银,放走囚犯。他们并没有毁掉土地登记簿和税册,却烧毁了军械库。他们对城内民众宣布:"我们只杀官劫库,不杀平民百姓。"他们并没有散发粮仓的粮食以获得大众支持,而且事实上他们没收了马车、牲畜和一切对他们前进有用的物质。他们闯进了当铺,但是并没有宣示诸如平均地权、劫富济贫、免除可恶的徭役或地租之类的目标。叛乱者抢劫了政府的库银,尽管他们没有散发这些财富给百姓,但是对这一举动的宣传确实证明,叛乱者所忌恨的清廷标志不仅仅包括其文武官员和建筑,还有清廷积敛的财富。

王伦欢迎社会各阶层的男女加入他的教派。叛乱者起初寻求各级官员加入,获得官员们公开的效忠——以向王伦正式跪拜为标志——似乎对他们来说非常重要。正如我们所知,那些拒绝者被残忍地杀害了。衙役和这些官员的家人们(有一些甚至和叛乱者相识)也面临着同样的选择。① 总之,叛乱者在占领城市的统治很短暂,也远未形成系统。与之相似的是,反抗也很微弱,持久对抗也很少。

通过连续袭击清朝力量集中的城市,王伦及其部属正试图证明他们自身的号召力、能力和精力与真正的挑战者一样,但是他们并未打算在这些城市里长久驻扎。很显然,他们对地方事务不感兴趣,而是把目标定得更高,通过展示自己的力量并不断前进来保持他们的势头。

在途中,这支白莲教队伍成为一道壮观的景象。几百辆大车装载着无数的随行人员,由各种各样的牲口拉着,占满了乡下的狭窄通道,其他所有的交通工具一律让道。队伍的前面有十几辆大车,均为手执器械的战士,而且可能是马拉车。这是那四位大元帅手下揭开城市进攻序幕的

---

① 《宫中档·乾隆》29845;《东案口供》1—5。

先头部队。尽管他们的机动性不差,但仍然不足以组成一支骑兵。他们的武器(看上去是经过挑选的)仍然相当原始,一般只是来自华北庄户人家的普通农具:锄头、斧头、棍棒、家制长矛和长短不一的刀。这些人起初把白色布条绑在头巾的外面,有些人在腰里系着红色或白色的腰带(颜色视级别而定)。重要头目已经开始换上与他们身份相称的打扮:棉布衣服垫得更加厚实,丝绸取代棉布布料,以及颜色鲜亮的昂贵马褂。①

战士后面是载着其余叛乱者的车队,这一次的人数有两千到三千人。一部分人也许是因为刚刚加入,还没有头饰,他们解开发辫,几乎是披散着头发,只在末端打了一个松松的结。十人组成一组,故而人人都不会在点名时被拉下,而且也都可以得到照顾。老人、妇女和孩子——以前是陌生人,如今是同道——坐在车上,车里装着所有的食物和家用物品,有面粉、蔬菜、鸡、布匹和银锭。狗在旁边跟着跑动,羊也可以得到放牧。队尾是王伦和他的家眷,四周是那些负责照顾他们饮食起居并保护他们的人。入夜,大车被围成一圈,队伍就在圈内扎营。②

在这些与王伦一起并受命保护王伦的人中有一些女战士,其中包括乌三娘和另外两名与王伦住在一起的年轻女子,她们都被委婉地唤作王伦的"义妇"。乌三娘和由她引入教派的其他女性杂技演员都被唤作"仙女"。叛乱者们传说,这些女子每晚都要升上天堂(大概是通过打坐出神),并在那里接受无生老母的指示,继而传达给下界的子女。③

王伦身边还有一个年纪较大的妇女,她在战斗中与乌三娘一样令人着迷。俞蛟(曾见过她)说她至少有 60 岁,个子很高,满头白发。她骑在马背上,头发松散飞舞,轻松地挥着一柄双刃剑,手持双刀也毫不费力。她身穿黄衣,以"家传武艺"出名——用手做出神奇的手势来召唤他们的

---

① 《宫中档·乾隆》29748,19784,29807,29892,29973;《钦定剿捕临清逆匪纪略》2.26—28,8.14—15;秦震钧 2.47;俞蛟 5.10;《清高宗实录》967.43—44;潘相:《邪教戒》8.30。
② 《宫中档·乾隆》29845,29848,29893,29957,30142—E,30210;《东案口供》29—30;《钦定剿捕临清逆匪纪略》2.26—28,15.18—20;《东案档》219—20,乾隆 39/9/25;俞蛟 5.14。
③ 潘相:《邪教戒》8.30;《东案口供》71—78;俞蛟 5.12,5.18。

至上神——她因此受到王伦的倚重(秦震钧称她为"妖女")。官府从未查出她的真名,叛乱者也仅仅晓得她是白莲教的至上神无生老母的化身。她的称呼多种多样:无生父母、五胜(圣)老母、无生神母、无生圣母或简单的无生母。①

在他们经过深秋时节的乡村北上途中,叛乱者的财富、权力、力量与权威,至少与周围环境对比来看,已经可以说是相当令人叹为观止了。除了军队行军或皇帝出游,真不知还有什么可以与之相比。因为拥有武器、有组织的战士和众多的人员,叛乱者在他们经过的小村庄和乡村地区格外引人注目。他们的行军似乎是经过认真计划的,甚至可能是提前安排的。来自沿途各村镇的教派成员的回应,虽然没有想象中那么声势浩大,却也排列整齐。一名叛乱者说到:"我们在寿张、阳谷、堂邑和临清的所有村子里都有同道,不出几天,都陆续赶来了。"②

行程安排是这样的:几名叛乱者(很可能是头衔为"宣行"的人),骑马跑在队伍前面,向经过的各村宣布:"到路上来!出来欢迎我们,好好招待!保护主子!"在堂邑县南部的三里庄和柳林(可能还有其他地方),这些地区的教派成员做好了接待的准备。附近村庄的信徒应邀提前集合,在王伦到达时下跪迎接。这样他们就为村中所有的人树立了榜样。那些愿意加入叛乱者的人,把家眷和财物一股脑塞入大车,就这样离家上路了。强壮的男子,哪怕是只会驾车或照料牲口,都面临着一个简单的选择:要么跟从王伦,要么死。不知道有多少村子遭受过这样的对抗,可能不是很多,叛乱者可以随时随地获得食物(尤其是米、面、豆)、牲口

---

① 《钦定剿捕临清逆匪纪略》7.18—21,12.7—8;《清高宗实录》968.19—21;俞蛟 5.19;秦震钧 2.47;潘相:《邪教戒》8.30。因为"无生老母"("无生娘娘")和"乌三娘"在发音上相似,普通叛乱者有时会将这两个女人混淆,他们有时也会说"五胜娘"或"无生娘"。有些叛乱者宣称年长的妇女信奉无生教。尽管都知道这个女人与强大的迷信力量有关,但是一般叛乱者很少能理解这些联系的性质,这一点是非常明显的。政府调查乏味地假设他是某人的母亲,并想要表明她是王伦的母亲或岳母,但是没有成功。在白莲教起义中,以无生老母的名义和权力出现的妇女并不少见。
② 《宫中档·乾隆》29845。

和缝制的冬衣。①

俞蛟说叛乱者起初推行不杀不掠的政策。他讲了一名叛乱者的故事，其真实性有些可疑，说他在路过一个村庄时把村子里的一些梨子据为己有，仅仅做了付账的表示。他马上就被长官砍了头，梨的主人也得到了双倍赔偿。俞蛟解释道："于是，无知细民，咸谓贼无所害，而稍有知识者亦图苟安，不思远避。"但是几天以后，(俞蛟说)叛乱者开始暴露出他们的本性，他们没收财物，绑架妇女，使得人们开始反对叛乱者。如果这个故事有几分真实性——可以与叛乱者"不滥杀"的说法相比较——那么叛乱者对待村民的态度真正转变为更加强制和暴力，很可能是后来才出现的。②

这种仁慈的政策，仅仅在赢得大众的支持上比较成功。在他们到达临清时，叛军由三天前从寿张出发的一千人，发展到比原来的两倍还多。一名叛乱者激昂地说是拥有"三千到四千的支持者"。其他大多数同样粗略的估计，可能更加现实地提到"数千"和"数千名新的支持者"。得出这样的结论似乎不无道理：当时常胜军至少有两千人，而且有可能多达四千，但是不会再比这个数目多许多了。③ 与小城市、城镇和该地区的村庄相比，这是一个难以对付的群体，但说到东昌或临清这样的大城市就不一样了。很清楚的是，在北上向临清进军时，王伦并未得到民众的鼎力支持。华北平原的这片地区，人口密集，交通便利，王伦经过的地区可能有100万居民。但是，我们看到，王伦教派在军事上相当成功的一周叛乱中，仅仅吸引了几千人，并未反映出他们对群众有多大的吸引力。招募上的贫乏没有能够给予叛乱者转战更大目标(如临清)所需的动力，无怪乎他们对当地人民不时的强迫变得更加频繁而且残暴。

我们已经看到叛乱者如何进攻行政中心，在清廷权力所在地向清政

---

① 《东案口供》1—5,32—37,61—62；《宫中档·乾隆》29848,29893,30256；《钦定剿捕临清逆匪纪略》13.12—13；《上谕档》79—84,乾隆39/10/8。
② 俞蛟5.8—9；《临清县志》(1934)5.10。
③ 《宫中档·乾隆》29784,29845；《钦定剿捕临清逆匪纪略》11.4—6；《东案口供》1—5,13—15,61—62。

权发出挑战,并因此试图增加自己的影响力和合法性。但他们更大的策略是什么? 王伦想去哪里,希望得到什么(这个问题显然是清朝官员所关心的问题,如果能够提前多了解一些,他们就可能会制订出一个更加完善的防御计划)? 几乎不用怀疑,叛乱者从一开始就计划忽略商业中心,比如张秋,并在一开始就把注意力集中在那些作为行政中心的具有象征意义的城市,那里的敌对势力比较弱,而且在那里有他们的支持者。他们将从大运河走廊的荒僻之处出发,从寿张开始,然后北上,向阳谷和堂邑进军。此后,当他们势力壮大时,他们将转向像东昌、临清那样的更大更重要的城市,那些政府和精英力量聚集的中心。另据一位被俘者供称,王伦事先就不打算固守那些县城,理由是"这些县城地狭,墙矮,不利固守";另一方面,临清州城"大而坚固,所以他就想着要攻打临清"。① 从那些易于进攻且防守薄弱的城市开始行动,具有使成功变得更加简单的额外优势,并因此有助于鼓舞士气并营造胜利气氛。此后如果能拿下临清,将会显示出真正的力量和坚定的目标。

临清之后呢? 有证据表明,王伦认为从临清开始他就可以控制住局势,也可以考虑继续胜利北进的最佳路线。"王伦等人看到打下三个县城并非难事。如果我们那时占了临清,其他地方就不会抵抗多久";"我们先要占了临清新城,然后会选择一条北进的路线,并(在路上)召集民众加入我教。只要我们不大开杀戒,我们的人数就会增多。"除了"北方"或"直隶地区",叛乱者再没有提出更多确切的目标,但很清楚的是,大家理解的起义目标是北京。② 大运河延伸到德州、天津,接着是北京,这条路线清晰可见。

当叛乱者到达并奋力攻打临清时,更严酷的现实开始打碎他们的皇

---

① 《东案口供》1—5。
② 王伦已经派归太到北京探路。据说孟灿也曾去过"北方"并认识路。俞蛟坚信北京是起义者的目标。关于这两处引用:《东案口供》71—78,61—62。《东案口供》1—5;《钦定剿捕临清逆匪纪略》2.8—10;俞蛟 5.15。

城梦。甚至当消息传来说,北京从未有过"鬼家"起义,而是有一支大军正在南下途中时,王伦仍自负地坚持:"一千官兵也挡不住我们的进路"(他对清军编制的规模心里有数吗?)。事实上,当临清被攻下时,他不仅进一步嘉奖信徒,而且还承诺说,北边德州和恩县的信众都已经做好起义的准备,并会在常胜军经过时提供帮助。但是,当攻打临清之战开始落下帷幕时,王伦犹豫了,非但没有继续北上,更有人再次提议攻打东昌,认为那才是最有前途的选择。① 最终,王伦的队伍被将近八千名清兵围困在临清,因此也免去了进一步做出悲剧性决策的需要。

五日和六日,常胜军扎营于柳林,七日,移驻临清城南的杏园,准备发动进攻。当天稍晚的时候,他们将对该城发起第一次袭击。与此同时,官军再次追上了他们。

六日,兖州总兵惟一来到临清协助守城,我们知道,他的部队刚刚在九月三日把分散行动、正在撤离的叛乱者赶出阳谷县城。还没等他自己进城安歇,他就接到命令再次南下,与巡抚所带军队共同进攻叛乱者在柳林的营地。惟一至少带了 300 名士兵。山东巡抚徐绩是一位汉军旗人,他带的人马在 300—600 人之间(译者按,经查核,各种记载不同),从省会赶到东昌府治。听说叛乱者正在向临清进军,徐绩和布政使(名叫国泰)立即全速西行。五日,徐绩和河东河道总督计划联手发起进攻,当他得知叛乱者在柳林扎营时,就通知惟一联合行动。这几路军队如果协调得当,将有望在王伦造成进一步危害之前加以包围并轻而易举地驱散叛乱者。②

在临清城内,官员开始变得警觉起来,听到联合攻打柳林的消息后,

---

① 引用:《东案口供》71—78。《宫中档·乾隆》29893;《清高宗实录》968.14—16。关于王伦在恩县的同道的更多资料,见第 56 页注释③。我没有王伦的德州同道的独立证据。

② 《东案口供》13—15。徐绩在九月一日离开省会。河东河道总督姚立德接到起义的消息时人在济宁,他也调动了士兵。徐和姚在五日会合并计划联合出击,他们乐观地盘算着甚至可以调动包括远自德州的士兵。叛乱者迅速行军北上的消息,迫使徐绩安排了一次包括惟一所部士兵在内的三面围攻。最后这次匆匆安排的合作没有什么结果,而且姚立德根本就没有参加(《钦定剿捕临清逆匪纪略》1.9—12,1.16—17;俞蛟 5.7—8;《临清县志》5.10;魏源:《圣武记》8.41—43)。

大家都松了口气。据俞蛟说:

> 是日,军民胥庆,谓以抚、镇大员剿乌合之草寇,直摧枯拉朽耳,咸引领盼捷音,而余亦与诸同人酌酒衙斋为欢。孰料捷音未奏。①

七日早晨,徐绩率军北上。他大概在邻近柳林的两个村庄追赶上一部分叛乱者,在得知他的猎物已经撤营的消息后,立即以当地人做向导,率兵追赶。此时的他依然没有得到援助,惟一很可能无法确定徐绩或叛乱者的准确行踪。在靠近杏园的一片林区,巡抚发现自己被叛乱者放火挡住了去路,一大支叛乱武装突然出现,勇敢地向清兵发起进攻。十几辆大车分成几路冲在前方,每辆车上都载着武装好了的叛乱者,他们跳下车与绿营兵交战。巡抚对对方的战斗力很是吃惊:"臣亲见其领头入阵之人(后来猜测他就是王伦)两手持刀,故铧其腿,疾走如飞,宛如猕猴。其余亦俱慭不畏死,不避枪炮。"官兵们尽管武器精良,却处境艰难,懵然之中也不知道哪一路更厉害。这批官军,包括徐绩本人在内,不久就被包围起来。幸运的是,总兵惟一和他的人马终于在此刻出现,赶来救援。在双方的共同努力下,官兵得以突围,再也不敢追剿叛军,一路撤退到安全的东昌城内。参战的 642 名士兵中仅有 9 人战殁,但是有 148 人走散。②

因此,省军(抚标——译者按)快速前进、合力包围并打败白莲教叛乱者的努力彻底失败了。就在当天再晚些时候,叛乱者开始对临清城发动进攻。先前这场交锋对他们的对手而言是灾难性的,但对他们几乎没有产生任何影响。

---

① 俞蛟 5.8。
② 徐绩宣称在那个村庄与叛乱者初次遭遇时,他带兵杀死了 200 多人。这项陈述丝毫没有被证实,而且叛乱者方面没有任何资料表明曾经发生过战斗。考虑到那天晚些时候徐绩的困境,他选择编造一次胜利,以使后面的失败让皇帝更容易接受,应当是可能的。他在这里的陈述引自《宫中档·乾隆》29845,另见《宫中档·乾隆》29807,29892;《钦定剿捕临清逆匪纪略》1.20—21,13.10;俞蛟 5.7—8,5.12;魏源:《圣武记》8.41—43;《清高宗实录》967.43—44,1004.43—44,1004.3—4;秦震钧 2.42;徐珂:《清稗类钞》23.61。

即使并不知道山东各军屡战屡败的情况,乾隆帝也早已开始安排大批援军准备派往这处要地。因为夏季狩猎,乾隆帝正在热河度假①,他在九月五日就接到叛乱的消息。到七日为止,在叛军攻城报告尚未到达之前,乾隆帝就开始考虑省军应付战局的能力,并打算调度、派遣其他士兵和应急指挥官。

七日那天,乾隆帝将任命一名总指挥来负责征讨的事情提上了议事日程。62岁的满洲老将舒赫德效命于他多年,尤其是在中亚地区。乾隆帝谕令:

> 徐绩于军旅素所未娴,恐不能深合机宜。……昨降旨令舒赫德驰驿往南河督视漫工,今思舒赫德旧谙军务,著即由天津一路前往山东。舒赫德过天津时即密告总兵永昌,豫选该镇绿营一二千听候调用。又沧州驻防满兵,亦可密告该城守尉酌选数百备调。又青州驻防满兵,或可密檄该副都统预选数百备调。舒赫德行次德州(位于临清以北 100 公里的大运河上)时,若徐绩尚未办完,舒赫德即先带德州驻防满兵数百星驰前往,如兵力稍觉不敷,舒赫德即酌量情形,应调何处预备兵若干,即由驿急邮檄调。舒赫德于调兵诸事当有印信为凭,起程时可带钦差大臣关防前往备用。②

我认为,皇帝临时任命钦差大臣并不表示皇帝对他的省级官员失去信心,而是证明他认识到大运河地区至关重要,以及在场的满汉文武官员合作的可能性很小——尤其是在需要长期作战的时候。

我已经在别处讨论过,一旦叛乱运动壮大到多于数百人,绿营军就很难有效地与其对抗,因为他们的组织分散。而且我们也知道华北区域中心内的这些防御是多么的不均衡。这项弱点是清朝军事体系所固有

---

① 译者按,"夏季狩猎"的说法有误,按理应该是"秋狩"(农历七、八、九月为秋季)。夏季应该是"避暑"。
② 《钦定剿捕临清逆匪纪略》1.7—8。关于舒赫德,见《清代名人传略》,第 659—661 页。

的(当然也有可以补偿的优势)。地方驻防部队"不能"随便招安大规模的叛军,这从某种意义上说是正常的,我们不能机械地把这种情况看作是正规军崩溃或王朝衰败的标志。① 王伦在一开始就发动了将近千人,叛乱者很快就在数量上远远超过了当地的绿营兵。此外,在叛军的人数增加到数千以后,叛乱者甚至可以在数量上超过(如果不是打败的话)更大的区域驻防部队的总人数。寿张、阳谷、莘县、堂邑、东昌和临清官兵的防守,混乱不堪,他们没有能在战斗中打败白莲教叛乱者(他们一般也不愿和叛乱者作战),而巡抚自身也没有能够组织好联合攻击,这些虽然令人遗憾,但都可以部分地理解为清朝体系的内在问题。王伦在六天之内就可以集结起一支大军,若没有额外的军事援助和协调的决定做出,这支大军是不会被击败的。

乾隆帝似乎早已深刻认识到问题的严重性,他在起义前期的行动表明他知道需要什么。此外,得知满洲指挥官和满军已经准备好,随时待命出发,乾隆帝很明显感觉舒服多了。与绿营兵比起来,满兵应该训练得更好,他们熟悉火炮的用法、弓箭的用法以及山地作战。此外,还有一点非常明显,不论军队结构如何,乾隆帝对他的汉族军队没有太大的信心。他认为他们缺乏军事才能,会产生恐惧,容易对叛乱者产生太多的同情。②

事实证明,任命舒赫德为钦差,并早早把一批满汉部队调派到战地是明智的行为。当皇帝得知徐绩七日在杏园附近战败的奏报后,他又从北京驻防军队抽调出1 000名精锐满兵,他们都受过专门的枪支使用训

---

① 韩书瑞:《1813年八卦教起义》,第238—239页。荣立坤在其博士论文《乾隆帝镇压叛乱——1774—1788年的白莲教和三合会》中则提供了另一种看法。
② 乾隆帝认为士兵因为"瞻顾乡情",所以可能在镇压中不那么卖力,见《钦定剿捕临清逆匪纪略》1.7—8;另见《清高宗实录》975.6;《钦定剿捕临清逆匪纪略》1.18—19。1785年的临清方志编纂者们批评汉人警备部队:"山东绿营兵懦弱无能,无力平叛,(皇帝)特别命令一千人从……"(《临清直隶州志》5.10)。

满洲兵比绿营兵领到的银饷要多,除了双方都能得到每天2/3公斤米的定额,满兵每月还可获得1.75两银子用以购买盐、菜等物,而汉兵仅仅获得这个数字的一半。《钦定剿捕临清逆匪纪略》3.27—28,5.16—19。

练(他们每人都有20两银子的丰厚奖赏,而且得到后面还有更多奖赏的承诺)。稍后,皇帝又从吉林边关地区派了50名神枪手援助他们。①

同时,在叛乱者来说,由于巡抚和总兵所率士兵被击溃,王伦信心满怀,他和他的常胜军开始把注意力转向临清城。接下来我们也跟着把注意力转向临清。

进　攻

正如我们所知,临清位于大运河和卫河的汇合之处,是华北平原上最重要的贸易集散地和中心城市之一。临清不仅仅是该地区产品的集散地,诸如砖瓦、羊毛、毛毡、棉花、丝绸和毛皮(以及许多此类产品的制成品)之类的物品,都被运到临清加工,然后再由船向北运到北京,或是向南运到长江及其以南地区;临清也是中国各地产品的集散地。② 在该城居民中有相当数目的暂住商人及穆斯林,这反映了临清担当着全国范围的贸易角色。榷关仓库位于城内,保证了政府能从这项贸易税收中分成。③ 尽管临清在功名持有者的数目上远远超过寿张等小县,但与东昌或济宁相比仍然要少得多。1774年,整座城市中持有文武两种最高功名

---

① 这些士兵来自火器营和健锐营,见《当代中国政治结构》,第737、738页;《钦定剿捕临清逆匪纪略》1.23,1.26—27。
② 关于这段时期的临清的总体描写,见景甦、罗仑:《清代山东经营地主底社会性质》,第46—53、266页。他们也提到了其他产品,像靛蓝、蜡、番红花、蜂蜜、干枣和瓜,其中很多可能是来自附近。亦见《乾隆府厅州县图志》16.22;《嘉庆重修一统志》184.23;克瑞格·戴特瑞奇(Craig Dietrich):《清前期中国的棉花文化和加工》(1972),第133页;吉尔伯特·罗兹曼(Gilbert Rozman):《清代中国和德川日本的城市网络》(1973),第42—43、151、200、209—210页;《宫中档·乾隆》30383。
③ 关于穆斯林:《临清县志》11.26;亨利·埃利斯(Henry Ellis):《后来访华使团事件的日记》第一卷,第371页;以及第142页注释②。一项明朝史料说明,9/10的商人来自安徽徽州,见施坚雅:《清代中国的城市社会结构》(1977),第538页。徽商是18世纪三大商人群体中的一群。见斯波义信:《宁波及其穷乡僻壤》(1977),第403页。

榷关每年的定额是3.7万多两,附加额(给内务府)是1.1万两。见陶博:《康雍乾内务府考》(1977),第99—101页。景甦和罗仑估算的收入是每年2—7万两(《清代山东经营地主底社会性质》,第52—53、267页)。

的本地人可能不超过 30 名。①

所有的漕粮船队在沿卫河和大运河的季节性往返过程中,每次必须经过临清城,它们主导了水上运输,也决定了劳工的供给与需求量。临清是清廷在运河上的六大仓库之一,所有漕船都在这里集散,这样,临清就成了一个主要的瓶颈路段。临清也是一大批旗人运丁的居住地和主要粮仓。② 其他类型的船只也要经过临清,诸如载着来自云南矿产地的贵重金属铜,或是载着更加珍贵的乾隆皇帝的"龙体",他的每一次南巡,都会整个地吸引上下各级官员的注意,他的南巡不仅提供了大量的利益,也制造了许多麻烦。正如我们曾经指出的,在 18 世纪,这些因素和其他因素一起,共同促进了临清以及整个地区的经济增长。

从行政角度来看,临清曾是东昌府内的一个州(散州,与县同级。——译者),其战略地位比其他县级单位略高一筹(到 1776 年它被升级为直隶州)。尽管该城离直隶省边界很近,但所有决定都是通过山东官署做出的。

临清杂乱延伸的城区横跨大运河和卫河,州城四周由一道 40 里(20 公里)的矮墙围起,1774 年时,该墙的大部分都已年久失修。在运河上还可以看到北面城墙外的临清城标志,那是一座明代建成的八角塔,由砖石砌成,共有 9 层,大约 40 米高(见卷首插图)。旧城墙的东北角是所谓的新城,城区面积小了许多,由一道更新更结实的约 10 里长的城墙围起。新城内有临清州的公署、监狱、银库及粮库。大约 1/3 的人口住在新城区,另外 2/3 的人口则住在旧城区。城市总人口肯定超过 5 万人。大部分市场和贸易区都分布在旧城区。在商业区中,房屋商店鳞次栉比。那里有通往大运河、内河的便利通道以及通往各方的大路。③

---

① 自从清王朝开始,有 64 名民事和 146 名武举人和进士来自临清;东昌曾产生的总数为 287 名,济宁为 385 名。相比之下,自 1644 年寿张有 33 名高级文武科举功名拥有者。《山东通志》95—108。
② 《嘉庆重修一统志》(1820)记载,临清卫(主要是运输工人群体)的人口为 19 120 户,115 832 口(184.4)。他们的出现可能是季节性的,至少就沿河工作的男性来说。
③ 关于人口,见第 13 页注释④。《钦定剿捕临清逆匪纪略》13.24—26 给出该城的土地、劳工和粮税总数,而且说 2/3 来自旧城。关于城墙,见《嘉庆重修一统志》184.3。

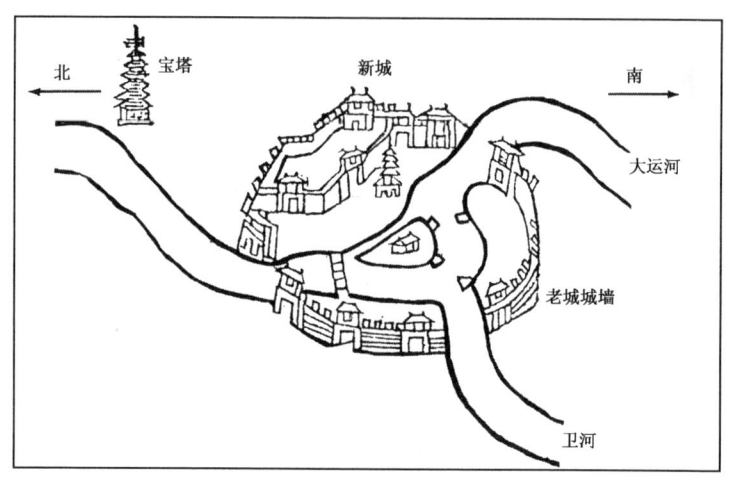

图 6. 临清。见《临清直隶州志》(1785)。

临清以其物产丰富、易于进攻以及战略位置的重要而具有强大的吸引力。七日,王伦和他的常胜军从南面接近临清城,他们穿过卫河和大运河之间的田野、村庄,向大都会临清的最南端行进。尽管狼烟已起,临清城还没有完全做好准备。

正如我们所知,在 1774 年八九月间,临清知州并未在任,由低一级的副手秦震钧暂时署理,他早在八月二十九日就得知了起义的消息。那天张四孤庄的村民来向他报告王经隆在村里杀人放火的恶行。秦震钧(很快行动起来)和副将叶信(羌族人,驻防临清绿营的指挥官)①赶到张四孤庄,协助堂邑官府查拿叛乱者,他们于当晚返回临清。在接到寿张和阳谷两个县城先后被攻破的消息后,他们第二天就在新城发布了戒严令。三日,叶副将接到巡抚命令,率领 200 名士兵(几乎是他所能指挥的全部人马)前往东昌。这使得临清城在三天时间无人守卫,一直到六日黎明的时候。叶副将也没有能赶上或是在某地截住叛乱者,反而得知叛乱者正在北上,于是赶紧返回自己所在的临清任上。

与此同时,城里的官员开始采取行动安抚居民,并为防备可能到来的

---

① 译者按,《临清寇略》记载,秦震钧时为"别驾",即通判;"协镇叶信,……部下兵不满三百"。

进攻做准备,以免临阵措手不及。他们向巡抚要求紧急支援。戒严意在帮助发现和逮捕那些有可能担当"内应"的叛乱者探子或同党。要防守旧城很困难,因为东城墙太过低矮或几近于无,所以官府指令居民搬到一起,藏好财物(有些商人把他们的银锭埋到地下),做好随时抵抗的准备。俞蛟记载说,他曾敦促与他有亲戚之谊的吏目范龙山采取更强有力的措施,即摧毁正在新城南门、西门外的房屋和建筑,以使那些城门不易攻破。但是范龙山不愿采取如此激烈的不利于富户的举措。他说:"贼之来与否未可知,先运积聚,毁民舍,余以吏目微员,敢张皇滋事乎?"①

对于临清官员来说,回空的漕粮船队是最为重要的,它们正从北京南下去装运来年的稻米收获。在通常的年份,这些船只都会在九月前路过临清,但是,因为 1774 年的运河水位不够,其行程比往年要慢。到九月六日,约有 68 支船队(每队 50 只船)驶过临清,但仍有约 1 400 只船尚未经过。按正常行程,船只要沿着临清城西,经过卫河和大运河交汇处(两河汇合后一起向北流)驶往南方,船队要经过一个板闸才能转到大运河中。之后船只还要经过另一个闸门(砖制),绕临清东边而行,最后离城转向南方(少数船只留在卫河并继续驶向它们在华北平原腹地的目的地)。运河在临清城内的河段最窄处只有 6 米宽(也不会深于 6 米)。每只漕船需要几十名纤夫,可想而知那场面是多么拥挤。②

---

① 俞蛟 5.1—8;秦震钧 2.41—43;秦瀛 2.46;《钦定剿捕临清逆匪纪略》12.2—3,14.9—10;《清高宗实录》968.2—3;《临清县志》5.27。引文出自俞蛟 5.2。
② 关于船只,见《宫中档·乾隆》29933;亨利·埃利斯:《后来访华使团事件的日记》第 1 卷,第 318、371—372 页。埃利斯说,大船需要 20—25 人,二等船 12 人,小船只需要 7 人。
在大运河水流由"水闸"调节而不是用"船闸"的这些地点,我采用了斯当东对它们的称呼。它们对水位的影响并不大。在他 1793 年在大运河上旅行的记述中,斯当东给这些水闸作了插图,并对它们作了如下描述:"这些闸或水门通常由 11 或 12 个松散的木板构成,它们竖直滑入相邻石基上切割出的两个凹槽中,并由垂直压在它们上面的圆木抵住。这些木板被排好并在船将要通过时一头浮起。桥(在大运河的一处水闸上)被退到固定在桥架上的滚柱上,这些滚柱在松散的圆木上运转。"(《英使谒见乾隆纪实》,对开本,无页码)斯当东的图解被复制在李约瑟的《中国的科学与文明》中,第 4 卷,第三部分,图 920;第 344—365 页讨论了这项技术。关于大运河的宽和深,见斯当东,第 2 卷,第 282 页。

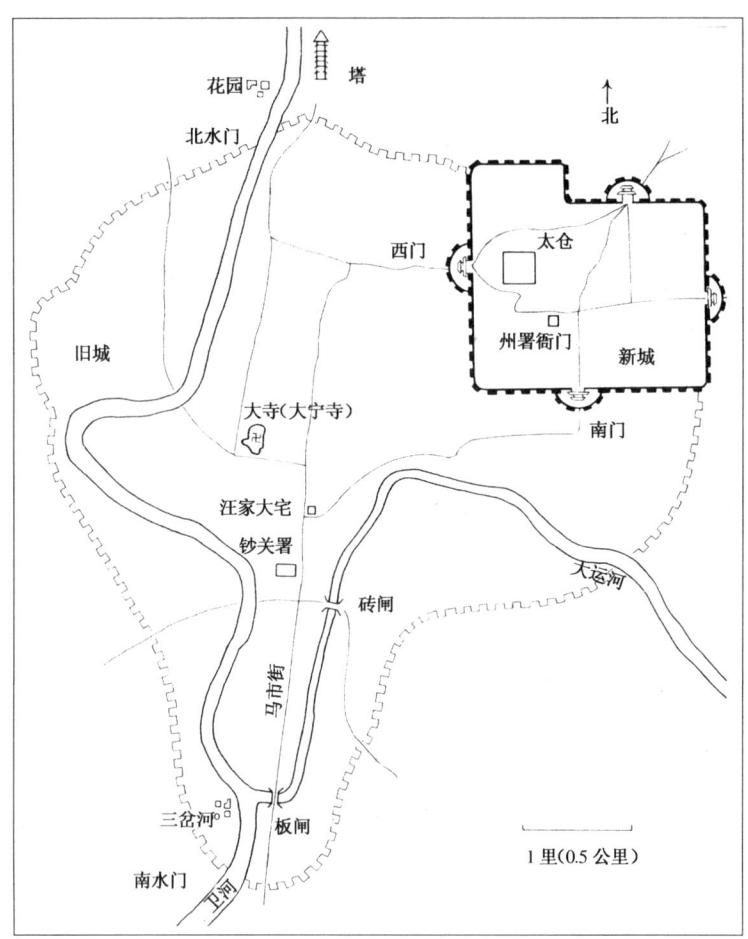

地图 5. 临清。据《临清县志》(1934)。

八月二十九日,当负责漕船和船闸的官员听到叛乱者起事的消息后,他们开始采取预防措施,随着叛乱者推进的消息到来,预防工作也加紧起来。那些已经到达临清城南,而且正在卫河上前往南直隶和河南的船只被迫停下①,并停泊在卫河北岸。碰巧停在城里的私船和官船被北

---

① 译者按,"南直隶"是明代的设置,清顺治二年改南直隶为江南省,包括后来的江苏、安徽两省;康熙六年(1667年)析江南省为江苏、安徽两省。

移到临清水门外,还没有驶进临清地界的漕船也被迫停在那里。至于那些已经在城墙内的船只,官员们愤怒地将它们南移。由于担心吊船的船员可能成为自愿的追随者或叛乱者,官员们尽力保证船员留在城外船上,远离入侵者。①

到了五日,整个城中之人的小心翼翼已被担心取代,官府开始实施更加严厉的措施。为了防止新城内出现蓄意破坏,当时每个进入临清州衙门的人都要接受严密检查。居民的名字都作了登记,以便给他们分派看守城墙的任务。在一些生员秀才的协助下,官府出资组成了一支800人的新城民兵(民勇)。保护旧城更为困难,而且官府很大程度上依赖于内河和运河水网形成的天然护城壕。在大运河上负责那两个船闸的工人,受命拆除那些平日里供车马跨过水路进入主城区的浮桥。他们还接到命令,要么移走所有船只,或者实在不行的话,就毁掉所有可以被征为渡船的船只。由于仓库(质库——译者)位于旧城,所在房屋容易遭到攻击,他们就用泥土把大门堵了起来,以防叛军轻易进入。

五日夜半时分,有消息传来说白莲教徒袭击了堂邑县城,叛乱者正在向临清州界的柳林集行进。范龙山唤起朋友俞蛟,告知他这一消息,然后就带领十几个手持刀枪之人手迅速前往新城南门调查情况,好像预料到叛乱者即将就要到达那里似的。事实上,除了几个打更的更夫间歇发出的声音,以及叫喊那些轮值者名字、让他们值班的声音以外,城里街区一片宁静。那一夜是发起进攻的好时机,阴冷潮湿,从城墙下面几乎看不到城墙顶端的灯盏,雾气朦胧中只能看到守卫模糊的身影。然而叛乱者已经在柳林扎下营来,临清的守军们也暂时无事。

---

① 《宫中档·乾隆》29845,29848;《钦定剿捕临清逆匪纪略》2.26—28。事实上,许多水手可能曾经是罗教的成员,罗教是长江下游地区公理会(congregationalist)性质的白莲教派。见欧大年:《水手和僧人——明代中国的罗教》(1978)。但是还有迹象表明清廷害怕(或是王伦寻求)宗教方面的支持。清朝官员想到的只是那些流氓无产阶级类型("居无定所")的人物可能会是叛乱者的补充来源,但至少有一名与罗教有关的人确实加入了叛乱者队伍。《宫中档·乾隆》30084。

六日凌晨,叶副将南征无功而返,身边又多了 45 名从巡抚手下调来的兵丁。当天中午时分,总兵惟一也带着 800 人马赶到。叶副将重新配备了器械弹药,然后率领他的人马(200 多人)进入新城。官兵的出现会使城里的居民感到很大安慰。只是惟一在巡抚徐绩的命令下很快又离开了,这次是带兵去攻打叛乱者的营地。尽管如此,临清城内充满了乐观情绪("咸引领盼捷音"——译者)。得知装束整齐的大军已向柳林进兵,城中居民开始准备宴会,正如我们所知,他们都希望自命不凡的叛乱者在官兵的打击下像"群鸦"一般四散而去("以汤沃雪"——译者)。

七日凌晨,巡抚从德州调派的更多援兵(140 人)抵达临清。范龙山预料形势会继续好转,就出了新城,穿过街道,再向西穿过卫河。当他到达旧城区西城墙之外时,有人拦住了他,催促他赶紧回去:"君毋往,贼前锋已渡河,宜急返。"范龙山突然意识到叛乱者可能并未受到阻挡,于是赶紧赶回新城。在城门下,他才发现关闭城门的命令实施得过分有效了——城墙的守卫不让他进入城门。城墙上的一些士兵和百姓开始不满:"吏目虽微,亦朝廷官,乌有因公出外弃之以张贼势者。"如此一番议论,范龙山才得以顺利入城。他前脚刚进城,叛乱者后脚就赶到了。

同日早晨,王伦常胜军的先遣队从临清城南的杏园营地前来。水闸工人报告说有来者有 500 多人,有的步行,有的乘车。他们由熟识路径的城中居民带路,径直来到板闸,想要穿过那里。当发现桥梁已经拆除,他们就从船上和附近的房屋卸下长板、桅杆以及门板,扔进运河或跨在运河上,搭建起一座临时桥梁。船长、水手还有官员(仍然试图让漕船开过去)根本不是数目庞大的武装分子的对手,尽管当场还有一名官员高声命令:"护船,击贼",叛乱者轻易就驱散了反击力量,并在桥梁草草搭建后就开始过河。马匹游了过去,有人抓着马尾也过了河。俞蛟指出,如果城运河岸边埋伏着几百兵士,他们就可以趁着半当中向叛乱者开火并阻止他们过河,然而,"惜当事无远略,仅知撤渡,而计不及此。"事实上,当时,所有的士兵都呆在新城内。①

那天,叶副将的儿子一直待在旧城父亲官署的家中。早上,他听见人们在喊着叛乱者要上街杀人,于是匆忙协助母亲和其他家人收拾好,带着他们来到卫河岸边。我们可以猜想逃命的不只是他们一家。他们沿河岸逃跑,发现了几只泊在卫河上的漕船,于是上了船,得到了保护。当天下午,叛乱者闯入叶副将的府邸,放火烧了房屋。

七日白天,叛乱者的人马、车辆从柳林出发,缓缓北上。大多数车上都装载着行李、妇女和孩子,他们在杏园停下扎营,战士们抵达临清。队伍后面的人马(包括王伦自己)遭到巡抚徐绩所部兵丁的袭扰,正如我们已经提到的,叛乱者从容加以回击,对手不堪一击,狼狈而逃。到下午三四点,大部分武装分子已经到达城南角,过河到了闸门那里。由于上面已经决定立即进攻新城,这些叛乱者便直接去了马市街(旧城的主要大道),在那里停了下来,闯入沿街各重要官府建筑,然后一一放火烧毁。到达北区后,他们等着王伦的到来,然后准备全力攻打新城的西大门。②

旧城的骚乱结束后,叛乱者开始进攻西大门。800名战士向前推进,首领们骑马在前,王经隆和孟灿是王伦任命的元帅。秦震钧从新城城墙上望去,看到一队女战士手挥白扇,且"喃喃有声"。有一和尚(樊伟)一手执双刃剑,一手执幡,双臂挥舞,发号施令。王伦的弟弟身穿黄马褂,右手拿刀,左手举着小旗,骑马向城墙冲去,在接近城墙时,(据俞蛟说)他也在"口中默念不知何词"。俞蛟把叛乱者描述成"望之若鬼魅,……跳跃呼号。"对临清城的守卫者而言,叛乱者在战斗中对魔法的依赖越来越明显,而咒语看来也是起作用的。炮弹和子弹打过去了,砖块石头也如雨而下,但是叛乱者仍然在念诵他们"炮不过火"的咒语,而且似乎有

---

① 《钦定剿捕临清逆匪纪略》2.26—28,14.9—10;《清高宗实录》968.2—3;秦震钧2.42—43;俞蛟5.5—6,5.8;《东案口供》21—23。这些引用出自俞蛟。对于这个地区的精英们来说,民兵由低级官员和级别不高于生员的绅士负责是很典型的现象。
② 《钦定剿捕临清逆匪纪略》2.26—28,15.9—10;《东案口供》25—27;《宫中档·乾隆》30383;秦震钧2.43。

许多人很奇怪,这些念咒者居然没有受到伤害。俞蛟的叙述可能有些夸张,但对叛乱者念诵咒语的心理影响给予了精确描绘:

> 城上以劈山炮、佛郎机、过山鸟齐发击之,铅子每丸重二两,其势摧山倒壁,当之者亦无不糜烂。乃自午至酉,贼徒无一中伤,益跳跃呼号,谓炮不过火。守城兵民咸皇迫,窃窃私语谓:"此何妖术乃尔也?"……众炮丛集拟之,铅丸将及其身,一二尺许即坠地,当事诸君俱惴惴无可措手。①

看到骑马的妇女们装扮奇异,个个勇气惊人,武功了得,口中念叨着神秘的咒语,守城居民明显被震慑住了。他们决定(俞蛟说一名老兵建议)要想办法对付这种力量,那老兵的建议是:"呼妓女上城,解其亵衣,以阴对之。"这个古怪的提议被采纳,到再次开火时,子弹都奇迹般地射中了目标(俞蛟说先前已经落到地上的子弹又跳了起来,击倒了一位叛乱者首领)。士兵们发出一阵欢呼,他们又快速采取进一步的行动,以确保可以继续解除叛乱者的魔力。所有老弱妓女都被带来,送上城头,在城垛上,她们或站或坐,披头散发,赤身裸体,还有人鼓励她们向城垛外面撒尿,扔出带有经血的污物。为了增强阴力(传统上阴力和黑暗、潮湿及女性相联系),鸡、黑狗被宰杀,它们的血被泼在城墙边上,以激发妇女经血的污染力量,而且狗的粪便也被扔向敌人。②

叛乱者对这次事件的描述证实守城者的战术取得了成功。一位冲在前面的叛乱者在战斗中遭到枪击,他又惊又痛苦地从城墙那里跑回来报告说,他和他的弟兄们看见女人"破了法力"。随着其他叛乱者朝城墙上观望,这话就传开了。有人说:"当时从很远的地方,我可以看到城墙上有两个披头散发的女人,其中一个骑在城垛上撒尿。"王伦自己也宣

---

① 秦震钧2.43;秦瀛2.46;俞蛟5.9—10。表示"恶魔"的这个词是鬼魅。
② 译者按,俞蛟《临清寇略》中的记载为:"兼以鸡犬血、粪汁,缚帚洒之,炮无不发,发无不中,贼碎首糜躯,洞胸贯胁,尸枕藉城下,以千计。"

称:"城墙上有红衣女人裸着下身,经血尿水往下直流,这是想要破坏我们的法力。"叛乱者受到惊吓,开始往回撤,王伦说:"我们最好从其他城门进攻。"①

确切地说,叛乱者怎么会首先想到要攻打西门,这一点并不清楚。对这场战事的记载仅仅简单地描述了叛乱者攻打这座四面是城墙的城市,又是挥舞武器,又是吟诵咒语。可能他们派了(或是想要派出)大批人手撞击并推倒城门。可能他们期望得到城内的援助,或者是上天的援助?无论是那种情况,当他们无法战胜枪林弹雨、坚固的城墙城门和守城者方面所展示的魔法威力时,王伦决定,不仅要改变所攻打的城门,同时也要改变策略。他手下的男女在南门外重新编队,准备放火烧毁南门。

叛乱者搬来茅草柴火,把它们堆在城门外。但在墙上,官府召来了志愿者(重赏之下)并派他们翻下城墙与叛乱者直接交手。城墙上面是枪林弹雨,地面上志愿者奋勇格斗,在他们的共同努力下,叛乱者筋疲力尽,终于认输,往后撤退。到当天晚上,几百名叛乱者的尸体横七竖八躺在城西城南一带地面上。②

---

① 秦、俞二人都描述了用来打破叛乱者魔力的法术,而且,山东和北京政府的审讯者在提问俘虏们关于"施法"与"破法"的问题时,叛乱者用来表示"对抗"的词语是"对"或"压",而"枪炮不过火"的意思是"枪炮开不了火"。见秦震钧2.43;俞蛟5.10;魏源:《圣武记》8.42;《东案口供》32—37,55—56,59—60。
这里清楚地说明了没有控制的性行为和不洁净的身体在民间文化中所具有的强大影响。从传统上来说,黑狗与妇女(经血)的污染力量与驱逐恶灵的仪式有关。关于这些联系的更多情况,见格雷·席曼(Gary Seaman):《业报的性别政治》(即将出版)。读者如果认为这种在战斗中使用巫术的现象有点不可能,或是怀疑这种使用可能反映了山东西部的"低级"文化水平,那么,同样的技术使用于另外的时空中也会使人感到惊异。在一个故事中,鲁迅(1881—1936)回忆道,他的童年保姆(名叫"阿长",又叫"长妈妈"——译者按)曾在太平军1861—1862年间占领绍兴(属浙江省)时被抓了去,"城外有兵来攻的时候,长毛就叫我们(妇女)脱下裤子,一排一排地站在城墙上,外面的大炮就放不出来;再要放,就炸了!"对于这样一个"生得不好看,况且颈子上还有许多炙疮疤"的女人,居然能够帮助打仗,"这实在是出于我意想之外的,不能不惊异。"见《鲁迅选集》第一卷(1956),第367页。这个故事名叫"阿长与《山海经》",是史景迁(Jonathan Spence)让我注意到它的。
② 秦震钧2.43;俞蛟5.10;《东案口供》1—5,55—56;《宫中档·乾隆》29818。

八日早上,攻击又开始了。这一次,叛乱者尝试着另外一种计策,该计策更加现实也不费人力。叛乱者(在旧城某处)找到大炮,把它们装上车,再套上几只公牛,把车子赶到西城门外。但是驾车者很快死于乱枪之中,其他叛乱者在开炮之前就逃了。守城者翻下城墙,杀死公牛,把装着大炮和炮弹的车推进新城。

　　九日下午,叛乱者又一次对西城门展开进攻。他们收集了更多的秸秆和茅草,运到西城墙外的某个寺庙里扎成捆。只要收到信号,他们便冲出寺庙到墙根下,把扎好的柴草堆成一堆点燃。想要杀守军一个措手不及。火点着了,西城的木大门也开始燃烧起来,发出猛烈的爆裂声。城墙上的士兵再次翻下来,有的取水灭火,有的从大门另一边搬来砖头,有的从新城运来黏土,很快加固了城门。叛乱者还是未能成功。

　　十日,叛乱者又在傍晚来到南门,这次他们抱了必胜的决心。由于在旧城里找到更多的武器,他们开始首次用火力攻击墙上的守卫者。秦震钧这样写道:"飞弹入城,声如饿鸥。"守卫者加以还击,不间断的枪战一直持续到当日晚上,除了弹药的消耗外没有明显效果。在这次徒劳的袭击中,大元帅王经隆和孟灿双双负伤,被免去了指挥的职务。①

　　三天之内对新城发起了五次袭击,遭受了巨大的损失,依然徒劳无功,王伦不得不重新审视自己的计划。一种选择是继续前进,北上北京。但是被派去北京侦查情况的归太回来报告说,京城并无一点动静。不知道王伦有没有期望(北京同时发生的)某种混乱可以加快其成功的步伐。可以肯定的是,听到消息说其他地方并未发生什么大事后(即使他这里已经变了),王伦并没有消除顾虑,他不愿意再继续其先前的计划。据报告说,王伦曾说过:"如果我们不能攻下这座城市,那么我肯定不愿意再

---

① 秦震钧 2.43—44;《东案口供》1—5,7—8。

这样继续下去了。"进攻东昌(在南面)被给予了一些考虑,但也被搁置在一边。既然先前的动员和打进皇城的计划已经泡汤——可能王伦只是没有足够的权威来进一步集结他的支持者而已——而且临清的财富又摆在他们面前,那么只有一条路走到底了。

十日,王伦发令占领临清旧城(少数兵力留在城南的杏园)。这次起事连日来处于劣势,没有起色,显然抵不过眼前安逸的吸引力。叛乱者的注意力于是开始集中到每日的生计之上,他们的旧习惯又占了上风,很快就没有了向任何方向行动的心思。①

旧城低矮破败的东城墙建于三个世纪前,此时仅有不到一半是完好的。它对叛乱者入城几乎不构成任何阻力——并且日后也不能保护他们。大运河和卫河的水路几乎像护城河一样环绕着旧城,是对入侵者最有效的阻碍。我们看到为了让战士进城,叛乱者已经在城南角的板闸那里临时搭建了一座桥。正是从这个连接点,越来越多的车装载着行李、妇女、儿童和牲口进了城。

大量的旧城居民在过去几天里从家中逃离,到新城或乡下避难,因此叛乱者基本上可以畅通无阻地分布在整条马市街上那片已腾空的商业区里,各占住所。马市街从北到南长达三公里。这片区域中的房子建得很坚固,又有可以防御盗贼、洪水和火的高墙。这些建筑排布紧密,坐落在上百条小道小巷中,有些小巷窄到仅容一人通过。②

王伦搬进了一个当铺(就像他在寿张一样),他对当铺高而厚实的墙壁的安全性很满意,后来他又住进了离当铺不远的更为宽敞的一户富足人家。这座大院被匆匆抛弃,是一度显赫而且可能仍然富足的汪姓家族的住宅。它由三个庭院和一个坐落在后院的两层楼组成。樊伟和尚住进了临清钞关房屋后面的一户人家——或者是钞关的左面——靠近王

---

① 《东案口供》9—10,31—32,49—50,71—78;《东案档》329—30,乾隆 39/12/29。
② 《钦定剿捕临清逆匪纪略》7.18—21,8.11—14;《宫中档·乾隆》29892;秦震钧 2.42。

伦的住处。其他叛乱者则住进了绿营副将所在的衙门,还有旧城的人家、商店和庙宇。①

常胜军的指挥中心在大宁寺(大宁寺通常也叫"大寺"),它是明朝的建筑,位于城中心。这座庙宇庄严肃穆,历经沧桑,占地一平方公里,由几个建筑物构成,包括大门、两层的中厅和一片空地。庙的四周有数百家商铺和小买卖人家,这是一般庙宇周围的通常景象。王经隆和他率领的人马在十日占领了大寺,四名住寺和尚(一个老住持和三个徒弟)逃跑了,附近商铺的经营者也不见了踪影。王经隆和他的亲信在庙中住下,其余随从则四散到附近找住所。就是在这个大宁寺,成了常胜军举行大型集会的地方,王伦也会前来点名并分配任务。②

在占据该城之后,白莲教首领们的首要任务就是确保安全,协调他们的食物供应。临清成的粮铺都被接管并贴上封条,并且各铺都由一名叛乱者头目看管。一队队人马被派到城里挨家挨户地没收大米、大豆、饲料、牛、羊、猪、鸡、鸭和蔬菜。所有的叛乱者都被划分成50人一队,每队都有自己的头目,这些头目负责每天去指定的粮铺,为他们的手下收集指定配额的粮食。有时他们会分到银钱,用来代替粮食,这些头目就会用钱从仍然留在城里的百姓(商人?)那里购买粮食。③ 那些有职衔的

---

① 《东案档》299—300,乾隆39/11/11;《东案口供》1—5,13—15;《宫中档·乾隆》29926,29946,29957,29972—E no.2;《钦定剿捕临清逆匪纪略》7.18—21,8.11—14;秦震钧2.44。
汪姓大宅是康熙时期(1662—1722)学者兼官员汪灏的曾孙的府邸,汪灏是1703年的进士和翰林,因为与被处死的历史学家戴名世有关而被判劳役监禁,后来被赦免。此时的汪家成员在听说白莲教向前推进时就逃走了。对叛乱进行权威记录的虚伪的编纂者们问道,为什么他们不先把房子烧毁以使王伦不能居于此地呢(《钦定剿捕临清逆匪纪略》16.57;《清代名人传略》701,821)?
在起义中的某个时候,钞关房屋被烧毁,但不清楚是谁烧的。这场火毁掉了12 000斤(6 000公斤)价值2 000两银子的羊毛。这些羊毛是1773和1774年由知州要求通过水路运给户部的。羊毛被捆好储存在钞关仓库和附近商人用作转运货物的院落中。《宫中档·乾隆》30383。
② 《东案档》305,乾隆39/11/11;《东案档》329—30,乾隆39/12/29;《临清县志》281;《宫中档·乾隆》30281。
③ 《东案口供》25—27,51;《宫中档·乾隆》29926。

首领及其直系亲属会有人为他们运来并准备好食物。王经隆的一个下属这样描述王和其他人在大寺中的饮食情形:

> 对我们那些住在庙中的人说,我们每天吃的食物都是由各队头目与随从(四处)搜集来并送给我们的。王经隆以及我们这些头目不用出去抢东西,我们坐享其成。王经隆有一个厨师,东西烧好以后,我们就会被叫进去吃饭。那些小头目以及他们的手下给我们送完饭后,再给他们自己做吃的。

王伦的饮食安排也大致相似。有两个人专门负责他的饮食,而且他还有几个专门的厨师。当问及在食物供应上是否存在争执时,被捕的叛乱者首领证实他们并未听说这类事情。而准备食物、磨面粉来做面条和馒头、做饭和切割草料喂牲口等工作,都会被安排给妇女、孩子、新成员和那些被胁迫的叛乱者。①

叛乱者小队出去不仅仅要找吃的,还要找劳动力。旧城里的大部分居民都通过各种途径逃走了,到新城或乡下去避难,但是仍然有人——可能不超过 1 000 人②——无法或是不愿离开。当叛乱者在城里挨家挨户地搜寻劳动力、食物及其他值钱的东西时,这些居民就在家待着。和从前的起事一样,这些叛乱者特别想找到那些有官衔、官位或是与官方有关的人,以招募或杀掉他们(头目要在获得允许之后才能释放年老离职的衙役)。当然任何人想要加入都会受到欢迎,但是有些人是在威逼

---

① 引用资料,见《东案档》329—30,乾隆 39/12/29;《东案口供》51;《宫中档·乾隆》30084。
② 大概大多数的新城居民留在原处。据报告起义之后至少有 7 000 户(35 000 口)离开了旧城。魏源说多达"七千"城市居民留了下来并向叛乱者投降;这个数字可能只是猜测。季国贞说 30%—50%的居民逃走了。大多数留下的可能是在新城中。即使允许夸大,围攻临清期间被杀的人数和新城中幸存的人数加起来不会超过几千人,这超过了十日入城的叛乱者队伍的 2 000—4 000 人。魏源:《圣武记》8.41—42;《东案口供》25—27;《钦定剿捕临清逆匪纪略》11.4—6。
王伦群体的经历与 1813 年八卦教叛乱者的经历形成了鲜明对比,他们攻占了河南带有城墙的城市滑县,并控制了 10 000—20 000 人。韩书瑞:《1813 年八卦教起义》,第 197—198、344 页。

之下加入的。新"入伙者"都要在监督之下做一些体力活,像拖运东西、值勤或是随叛乱者队伍打仗。俞蛟坚称,妇女"色美者"被献给王伦,而王伦又把她们作为奖赏赏给手下。① 为了更清楚地明白叛乱者和城中百姓的关系,让我们看一下几个具体的例子。

陈国柱住在南水关,就是叛军入城的地方,他把家人带到船上,并沿着卫河逃离。然而由于某种不清楚的原因,陈下了船,爬到岸上(可能他是想把船往南拉),并对即将到来的叛乱者咒骂道:"尔等肆逆不道,使吾辈家属流离,恶贯已盈,大兵一至,皆寸磔无类矣!"他马上就被叛乱者抓住,然后被绑到大寺里处死。他的家人逃走了。②

旧城里的功名持有者没有组织反抗,可能是因为他们当中的大多数都在新城的高墙背后,自以为很安全。武生林苞在六日把家人搬出了临清,而自己则留在家里守护。他一直躲到了十四日,直到叛乱者杀了他的仆人,烧了他的房子,并把他带到大寺里。第二天他设法逃了出来,后来加入了官军。监生(通过捐纳获得的功名)郑杰在家人逃走后留在家中,以保护过世的母亲的棺材。当叛乱者到达他家并要求他入伙时,他予以拒绝,而且像陈国柱一样,高声斥骂,于是被刺身亡。据说,地方志上还列举了其他13名因谴责叛乱者被杀的临清居民的名字。例如,住在临清县学的生员李日孜死在叛乱者手上,他太年轻,还没有子嗣,就断了香火。③

还有其他人,因为不愿服务于叛乱者,或是被叛乱者杀害,宁愿选择自杀这种崇高的死法。城中一位名叫王秀文的百姓表示,尽孝道不应由

---

① 参见《东案口供》25—27,以及俞蛟5.14;秦震钧2.44;《宫中档·乾隆》30046—E;《钦定剿捕临清逆匪纪略》8.8—9,12.15—17。
② 《临清县志》15.27—28。陈国柱实际上与叛乱者勾结或者仅仅以某种方式丢了性命,而他的家人和后人编造了这个故事,以便从官府给予那些因为抵抗而死难者的奖赏中受益,这当然是有可能的。所有这些基于方志的对英雄之举的描述,都以高度仪式化的方式表现出来。作为有关事情真相的史料,它们是值得怀疑的,但是它们确实描写了行为典范,强大到能塑造人的行为。
③ 《钦定剿捕临清逆匪纪略》16.14—16;《临清县志》15.26—27。

在乡村的营地,也没有停止搜集粮食,征集支持者。他们对临清城南村落的突袭持续了 10 天,直到官军的到来对他们造成了威胁。叛乱者在杏园建起一座军营,并将注意力集中到卫河和大运河之间的一块区域,该区向南延伸 20 公里,毗邻堂邑和馆陶。他们寻找粮食、马、饲料和人力——年轻壮丁打仗,老年人干苦力活。他们仍然依靠教派的宗教观念来取得支持,号召人们加入他们的队伍,"度过末劫"。俞蛟说对乡村地区的搜查活动在有系统地进行着:"四乡要路均守之,无一人得窜逸者。遂逐户编名,以老弱执役。"①

驻扎乡村的官兵把抵抗的重担交给了当地乡绅,事实上事情就是这样。让我们看一些具体的例子。九日晚上,一队年轻的叛乱者到达了馆陶县的一个小村庄,他们头上缠着或红、或白、或蓝的布条,手上拿着刀矛棍棒,抓走有用的牲畜,并"说着谋逆的话",还试图劝说村中首领——两名武生——抛弃清朝名衔,加入他们的队伍。这些年轻人威胁说,如果不从,就烧了他们的房屋并杀死他们。这两名绅士率领村民,以原始武器武装起来,杀死 17 名叛乱者(由于他们的英勇之举,这两名绅士被赏予六品官职并受到皇帝召见,村民也得到了赏银)。②

临清方志也表彰了几名死于抵抗叛乱者行为的普通乡民。比如,黑耿光因为年轻力壮而被捉住,他被绑着双手拖进城里。一路上,他骂声不绝,直到后来抓他的人愤怒不已,用刀杀了他。当赵盛洙所在村庄的其他年轻人觉得叛乱事业很诱人时,赵盛洙批评他们并竭力劝说他们放弃。叛乱者到达后,他不改初衷,结果被连刺数刀,倒地身亡。他的妻子跑上前来抓住他的尸体,恸哭流涕,骂不绝口,结果也被杀害。③

然而也有其他一些人,甚至是功名持有者,决定改变立场。当叛乱者到达村里时,武生邢成德带着父母妻儿搬到临清城,自己随即加入叛

---

① 《钦定剿捕临清逆匪纪略》2.26—28,13.42—43;俞蛟 5.9;《宫中档·乾隆》29849,29893—E。
② 《钦定剿捕临清逆匪纪略》3.5—6;《临清县志》15.27。
③ 《临清县志》15.26—27。

乱者的队伍,后来与官军作战到底。他弟弟也是如此。这两兄弟的叔叔是一位文生,对此事愧疚不安,叛乱结束后,他向官府告发了他那有功名的侄子的背叛行为,并依据律例亲手处置了小侄子的案件,将其活埋。①从总体上来说,叛乱者缺乏精英和大众对自己的支持,这一现象也表明,作为规律,志愿者很少,即使是胁迫,作用也很有限。

一旦成为起事的武装组织,关于白莲教叛乱者的宗教皈依的信息就很少了,但是没有迹象表明他们有很大的成功。他们继续给现世加上非凡的意义,称其为宇宙大变动的时代,并且肯定地选称王伦为弥勒佛。叛乱者中流传着不少关于一位名叫朱兆龙的首领的谣言。正如乾隆帝提到的,王伦为了拼命守住旧部、集结新人,可能确实利用了这个名字,利用了谋求皇位者神圣庄严的传统。②除了占领大宁寺并驱逐住寺僧人外,再无证据表明白莲教运动反对当地宗教组织或是干涉其他教派举行仪式的现象发生。③叛乱者继续宣布新纪元的到来,但他们几乎没有找到新的信徒。

甚至有这样一种可能,教派通过劝诱皈依或暴力威胁都不能得到民众的信服,就会走向采取更加冒险的措施。尽管很难对俞蛟《临清寇略》中的一段话做出评价,但我们还是不应该予以忽略。他告诉我们,药物被用来引导顺从:

> 少壮者每人给药一丸,令吞之,又给黑布一幅裹额上,刀一口,俾相随攻杀,不从则杀之。相传食其药,即心迷,能杀人。余同里人李允恭者,为临关椽吏,被掳给药,伪含于口,藏齿颊间,俟贼去吐

---

① 《宫中档·乾隆》30410;《钦定剿捕临清逆匪纪略》14.8—9。
② 《清高宗实录》967.43—44;《东案档》17—20,乾隆39/10/2。关于其他白莲教信徒使用"朱天龙"这个名字的情况,见《上谕档》271—73,乾隆44/2/29。
③ 乾隆帝后来调查了三座临清庙宇在叛乱后的状况,那里放着御赐的牌匾。其中两座(包括御赐之物)几乎全毁了,另外一座则只有戏台被毁。是谁毁坏了寺庙并不十分清楚,可能是占领临清期间的叛乱者的蓄意举动,或者是官兵重新占领临清时的巷战战火殃及。这三座寺庙是三官庙、大王庙和漳神庙。《清高宗实录》971.10—11。

之,得无恙。

这项指控(单从此事本身来说,令人难以置信)部分地得到了一位临清居民口供的支持。这人说他被迫参与叛乱,受命守车,叛乱者给了他一条蓝布缠在头上,还给他吃了一丸药。①

这些新成员既有城里来的又有乡下来的,他们是怎样一起纳入叛乱者队伍的呢?事实上,作为一个整体的常胜军的内部组织又是怎样的呢?现存可用的史料在正式组织方面最能提供丰富的资料,而且我们只能这么认定,在起义路上和战场上结成的新的人际关系(但可能由于对临清的占领而有所削弱),有助于整个群体的团结稳固。

此前说到,即使在叛乱者到达临清之前,他们已经在形式上组成了一个 10 人小组,还有"头目"负责上层首领的食物问题。据叛乱者交代,"我们每五十人组成一队,每队有一个正头目和一个副头目。头目们每天出去从粮店管事那儿要粮。……每个去领粮的人都会发给一面红旗。"50 人一队看起来就是叛军的基本组成单位。比如,关于十四日在卫河上建桥守桥的任务,王伦委派了 12 个人,每人再带上受自己节制的另外 50 个人。去乡下的团队通常不超过 100 人,可能大体上以 50 人为单位。所有的叛乱者军队都在 300—1 000 人之间,而且还明确提到一人受命节制 300 人(六队,每队 50 人?)。②

在日常生活及战斗中(两者之间的区分不大),叛乱者用各种大小和形状的旗帜来区分不同等级的指令。在战场上,指挥官把旗子插在腰间,需要时就把旗子拔出来挥动,以发号施令。指挥官还把名字写在红绸上并系在马的鬃毛上。为了易于行动也为了易于识别,许多指挥官都

---

① 俞蛟 5.9;《钦定剿捕临清逆匪纪略》15.37—38。当然,这药丸——如果它们存在——可能是使服用者不用为自己的行为感到有责任的安慰剂。
② 关于头目情况的资料,见《东案口供》51,以及《东案口供》1—5,13—15,43—44;《宫中档·乾隆》29957,29973;《钦定剿捕临清逆匪纪略》3.15—17,15.18—19。关于叛乱者军队的数量,记载不一,据说数量在 400—500,500—600,600—700(在两个场合),700—800(在两个场合)和 1 000。

在战斗中骑着马。叛乱者用红、蓝、白三色的头巾(俞蛟所说的"黑色"很可能指蓝色),这可能也反映了某种等级制。无论细节是多么模糊,叛乱者内部有基本的组织和秩序是不容置疑的事实。①

关于这些教派叛乱者所用头衔的证据极其零乱而不成系统,但有几点是清楚的。最高军事长官是元帅,即大元帅。这些职位早在起义开始之前就派给了王伦的四名亲信:孟灿、王经隆(好像是一对),樊伟、阎吉仁(另外一对)。从第一次进攻寿张开始到临清的最后挣扎,这些人(或接替他们的人)承担了所有主要的军事行动。元帅之下是其他队官,但其等级的划分方式不能确定。表2完整地列出了叛乱者头衔(文武皆有),以及译名,从中可以看出每个头衔有多少人担任。宣行很显然是在途中骑马走在叛乱者队伍前面,宣布常胜军的到来并呼唤支持。其他头衔确切地任命了什么并不完全清楚,而且这张列表可能并不完整。

表2 叛乱者等级制中的军衔

军衔	人数
元帅	4*
将军	6
总兵	2
先锋	5
宣行	4
刑部官	1
探马	2
传事官	2
校尉官	1
先行官	1
知事官	1

* 已知的在职者人数,不包括接替者。

---

① 《钦定剿捕临清逆匪纪略》2.26—28,15.18—19;《宫中档·乾隆》29893—E,29957,29973,30012;俞蛟5.7,5.10;《东案口供》51;《清高宗实录》967.43—44。

资料来源:《东案口供》1—5,9—10,13—15,17—19,21—23,32—37,41,47—48,71—78;《宫中档·乾隆》30012,30126,30210,30281;《剿捕》11.19—20,12.7—8,12.15—17,13.17—18,14.26—28,16.1—5;《清高宗实录》974.17;《东案档》17—20,乾隆 39/10/2;俞蛟 5.17。

注:这些头衔中的一些(元帅、总兵、先锋和宣行官)与 1813 年八卦教叛乱者使用的那些名目相同(见韩书瑞:《1813 年八卦教起义》,第 218 页)。

这些职位并不像钱币那样发行,而是稳定供应,作为给予叛乱者战士的奖赏来满足需求。它们是一个体系中的固定职位,尽管我们不能重构这个体系,它却是有计划有秩序的。这些职位需要有人担任,并非空头支票。这些任命由王伦亲自决定,而且当在职者遭遇死伤时,王伦就会正式加以替换。举一个最明显的例子,大元帅孟灿和王经隆在攻打新城时负伤,随即离职,并由其他人代替。① 担任军事或管理职位的总人数并不多:我只找到 30 个人的名字,他们全是男子。尽管信息不完全,但它偏重于"叛乱者中的重要人物",因而表明首领的数量可能非常少。另外还有头目和副头目。七个头目已经得到确认,但是,如果几千人的队伍真的分成 50 人一队,每队一个头目,那么 40—80 个头目应该是随处可见的。新成员也可以被任命为头目。这说明头目并不完全属于决策者的内部圈子。

我们并不了解整个叛乱者等级制的范围,不过很清楚的是,秩序的确存在,并且控制权也由上层掌握。没有人想到要像其他白莲教叛乱者

---

① 《东案口供》9—10,13—15。

那样创建一套双重权威体制。① 在起义过程中,王伦一直保持着受到普遍认可的首领地位,并且在领导层中也没有分裂或意见不一的迹象。叛乱者对起义前的师徒关系和义父子关系的依靠绝对有利于这种过渡。

相对来说,常胜军的生活也是有组织有纪律的。所有与王伦住在一起的人每天都要向他叩头八次。每天早上,叛乱者都要在大庙开会点名,并分派当天的任务。被捕的叛乱者后来的供词中反复提到被封或放到某一位置,以及被派去作战、守卫要塞、管理大车、收粮、分粮、建桥或搜街搜房。刘福奎(音)就是个例子。他住在临清城外的村子里,九日,叛乱者进村时杀死了他的妻子,并强迫他加入,"我于是和他们一起进了城,叛乱者首领王伦当时正在大寺点名,他把我分给了叛乱头目杨锦忠。十二日他们发给我一支矛并让我随他们作战。我也曾被派去守闸门。"如果教派成员加入起义,叛乱者会在师徒关系的基础上作出安排。广标和尚是樊伟的徒弟,他是从师傅那里接到准备起义指示的众人之一,他随后听从师傅的吩咐去做什么和在哪里做。广标曾在寿张守过城门,后来又守过当铺,在后来还沿途护送前往临清路上的马车。王经隆的徒弟同样也在师傅手下做事,如此等等。②

没有证据表明纪律是一个严肃问题,但是有一个处置不能完成任务者和闹事者的程序,由一名刽子手执行最终的刑罚。大元帅樊伟因为他的两个下属袭击南门失败而想要杀掉他们,不过由于另外一个下属极力求情,两人得以幸免。后来叛乱者在旧城里抓到三个陌生人,一个卖矛,一个卖画卷,还有一个送水。这三人起初受到负责安全事务的人查问,后来被带到王伦面前。当时在场的人说:"王伦亲自盘问他们一会儿后,宣布他们是探子,命人给他们掌嘴。见他们仍然拒绝承认,王伦就让我

---

① 甘哈罗曾注意过白莲教首领间的这种双重主义(《乾隆眼中的君主政体——乾隆朝的印象和现实》,第74页)。1813年八卦教首领中实际上以三种方式划分权力,但是强调李文成(他来统治)、林清和冯克善(作为宗教顾问)之间的不同(韩书瑞:《1813年八卦教起义》,第114、216页)。
② 《钦定剿捕临清逆匪纪略》15.19—20;《宫中档·乾隆》30281。

告诉李统把他们绑起来,命刽子手孙山杀了他们。"①

王伦还给他的家人都封了能够显示自己崇高地位的头衔。他的几个兄弟和一个表兄被封为"王"。他新纳的情妇(至少有五个,都是徒弟或徒弟的亲戚)唤作"宫院"或"小老婆"。一名有钱的支持者被封为"国公",还有一名被封为"御医"。②

叛乱者的物质生活与先前相比也发生了变化。如今他们的吃穿都更好了,带着象征权力的标志,乘着车骑着马,并且拥有一系列武器。普通叛乱者从当铺拿来絮棉的衣服,任何人都可以穿着丝绸衣服(这种丝一般薄而平,级别较低,叫做绸)。一些首领还远不止于此。据说王伦、他的一个弟弟以及五圣老母穿的都是黄袍。有人看到一名叛乱者身穿黄红丝绸的上衣和裤子,系着丝绸腰带。另一名在战斗中被描述成"头缠蓝布头巾,边上插朵菊花,头发散开,身穿蓝色丝绸马褂,手持顺刀。"大多数叛乱者都能攒下各种便于携带的奢侈品,比如铜镜和珠宝。王伦腰间的小袋子里装着两只扁银手镯,手镯是樊伟从寿张一家当铺里没收的,后来又被献给了王伦。③

他们的伙食也改善了。这些男男女女们现在可以吃到他们可以找到的任何食物,那些以前饿肚子的,如今可以吃饱肚子了——至少是在短期之内。除了面粉(小麦、粟米或荞麦)、黄豆、黑豆、蔬菜,还有大米(可能对大多数人来说是奢侈品)都是他们从官府仓库里抢来的。那些很少见肉的人现在可以吃到羊肉、猪肉、鸭肉和鸡肉。白莲教的首领们则讲究住处,饮酒设宴。④

然而,尽管首领们和随众们都不再为衣食住行担忧,但是生活对于

---

① 《东案口供》31—32,71—78。
② 《东案档》275,乾隆39/11/9;《钦定剿捕临清逆匪纪略》15.18—19,16.15—17;《东案口供》29—30,32—37;俞蛟5.12。关于"御医"头衔的证据不是很充分。
③ 《钦定剿捕临清逆匪纪略》2.26—28,9.4—6,8.14—15,9.20—22,15.28—29;《宫中档·乾隆》29893—E,29957,29973,30169;俞蛟5.7,5.10—11;秦震钧2.47。
④ 《宫中档·乾隆》29972,30386;《东案口供》51。

他们来说并不是单纯的放松。他们还需要打仗。一路上常胜军已经弄到不少武器,有专业的也有凑合的,包括长短不一的矛、各种各样的刀(顺刀、腰刀、朴刀)、双刃剑、木棒、铁斧、锄头和木棍。他们一到临清就抢到一些大大小小的火炮,以及大量的火枪、弓箭。我们将会看到,他们并不能有效使用大炮,几乎也没人能熟练地拉弓射箭或开枪。① 和清军作战时,叛乱者一直只能用剑、刀、矛等冷兵器对抗清军的远程武器,比如大炮、火枪。难怪叛乱者一直觉得需要用魔法来保护自己。

随着局势的变化,武器的问题越来越突出。王经隆明确指出官府火力是他们攻取新城失败的原因。他说:"我等死伤甚众,要是官兵没有火器,我们现在也许已经北上了。"北京的审讯官反复问及另一名叛乱者关于王伦所教的魔法,他简单地回答道:"我们攻打并占领小县城时,那些地方并没有多少枪炮,我们只是向前猛冲,他们防守不足。而临清城四周有坚固的城墙,又有众多人手守卫,再加上许多枪炮,我们的人受伤甚多。我们哪能有什么妖术?……后来,再次和官兵交战时,我们所有人都受伤了。……很明显,王伦教我们的那些防护枪弹的咒语根本不起作用。"②

即使神力的暗示未被马上领会,允诺的神力庇护的首次失败足以标志宗教技术和军事技术之间的较量困扰着白莲教分子,并预示了王伦起义的最终结果。然而一时之间,胜负仍然难见分晓。叛乱者进攻的前进动力和守城者的顽强抵抗形成了僵持。随着常胜军占领临清旧城,在那里安家扎营,制定日常规范,被围困在新城的居民逐渐适应了出人意料而又近乎灾难性的转折事件。直到那时,叛乱者才开始慢慢地失去优势,逐渐而痛苦地从进攻者变为防御者。

---

① 《钦定剿捕临清逆匪纪略》8.11—14,14.27;《宫中档·乾隆》29807,30002,30012。官府火力的有效性也各不相同。北京旗人的火器营受过专门训练,相比之下山东省军则缺乏技术。见《清高宗实录》975.6。
② 《东案口供》55—58。叛乱者缺乏火器技能成为对这次起义的部分令人信服的解释之一。

防　御

　　三次出击均被击退,新城的守卫者们只能无助地看着临清剩余的部分被占领。他们看见叛乱者的旗帜在很多建筑物上飘扬,看着民房和店铺被进占和掏空。他们从城墙上朝那些进入射程范围内的人开火,但是,他们只有招架之功,没有还手之力。

　　新城中的供给问题很快变得十分严峻。有钱人家愿意并有能力捐献,而且幸运的是这里有足够的食物,因为仓库中的存储很丰富。城中没有足够的火绳(扯布条来代替),也没有足够的蜡烛(用油灯)、子弹(锡器被熔化)、石灰(城墙的部分被拿来再利用)、矛(征用当铺铁器和民间铁锄,改造而成)或者燃料(拆毁房屋然后留下木头和茅草并且砍伐树木)。① 最为缺乏的是能继续进攻和赶走叛乱者的士兵。临清官员曾向巡抚和邻县送信告急求援。十一日下午,加上来自范县的100名士兵,城中的士兵总数还不到500人。我们知道,七日在临清附近的一次战斗中,兖州总兵惟一曾从叛乱者手中救出巡抚,继而撤退到东昌,他最终在十二日带着另外500名士兵回到临清,并在城北的新城城墙外扎营。②

　　俞蛟说他个人曾到惟一帐中,请总兵把他的士兵带到城内并从内协战(因为叛乱者没有控制城北和城东的乡村,这种来来去去是可能的)。他引述了惟一自信的回答:

> 我为若等犄角于此,城无可虞。往者寿张之役,事起仓卒,柳林之败,咎有攸归。自来努力建功,一洗前耻,区区贼奴,乌足当我前锋哉! 邀之再三,终不入,时识者窃忧之。盖贼虽乌合,实皆亡命,且合胁从而计,已不下万人。彼众我寡,形势悬殊,兵法固有以少击

---

① 俞蛟5.3,5.19;秦震钧2.44—45;《宫中档·乾隆》29972。
② 秦震钧2.44;《钦定剿捕临清逆匪纪略》13.2。

众者。①

十二日，惟一不得不把他的牛皮大话付诸检验。当天，另外一支援兵、驻防德州的250名满兵到达临清，由德州驻防守尉格图肯——一名皇族成员——率领。下午，正当到达的士兵在城北靠近塔湾处扎营之时，他们发现自己成了被攻击的目标。此前，王伦听到扎营之事，派出大元帅阎吉仁率领六七百人前来开战。惟一和格图肯的士兵不超过500人，而且半数是汉人，半数是满人。阎大元帅命令他的人赶走清兵，并尽可能多杀。根据阎后来的口供，当他的人马向前推进之时。

> 官兵朝我们开了火。王伦告诉我们所有人一齐喊出："枪炮不过火"。我昂着头向前直冲，官兵杀了我们十几个人，但是我们继续战斗，杀伤他们大约五六十人。然后官兵就掉头跑了。我们一直追赶他们，直到距离临清十里外的户里村，才退了回来。

这次战斗持续了数小时，双方都有损失。一名清兵说他这边有100多人受伤，而叛乱者那边有100或200人。但是比起惟一不能带领他的人马打败一支规模稍大、装备不足的白莲教武装，更严峻的问题是，由于官兵纪律松弛，使得平局变成了溃败。满汉士兵再次仓皇逃走，包括他们的指挥官。可能有140名士兵跑得没了踪影，其余人则跟随格图肯和惟一（他以前曾贸然撤退过一次），他们不是退入需要他们防守的临清城中（后来曾狡辩说是打开城门太过危险），而是向南逃回了安全的东昌府治。②

当乾隆帝得知这次可耻的战斗后，他下令予以严厉惩罚。钦差大臣

---

① 俞蛟5.12。译者按，此处作者引用有误，引文之前还有一句："充之参将乌大经守南门，躬诣营，延之入城共守。"说明前去游说惟一的是参将乌大经，而非俞蛟。另外，从引文开头"我为若等犄角于此"到"乌足当我前锋哉"才是惟一之言，后面乃是俞蛟的叙述。

② 惟一的一部分士兵被派进了临清城。秦震钧2.45；《清高宗实录》967.3—8；《宫中档·乾隆》29849；《钦定剿捕临清逆匪纪略》2.26—28，3.6—8，5.12—13，12.5—6，13.2。引用资料出自《东案口供》43—44。

舒赫德被密令稍作等待,直到对临清的最后攻击即将开始、严申纪律成为必要之时,那两名指挥官在集合起来的军队面前被解职、逮捕、训斥、审问并处死。教训是很明白的(至于那些逃跑的士兵,一旦被发现,就会被流放或处死)。①

由于胜利的鼓舞和对于他们攻占新城的乐观期待,当晚,叛乱者再次进攻南门。他们希望自己的进攻势头可以延续到取得这个更大的胜利。火炮(从敌人那里缴获)被架了起来,并朝着大门和城墙开火。这次轰炸持续了一整夜,摧毁了很多建筑,但是仍然没有打开大门。攻打新城又一次遭到失败。②

王伦把信徒们的注意力再次转向守卫旧城的眼前问题上来,而且继续进行着附近的围攻。临清投降叛乱者的居民季国贞向王经隆建议,如果他们的人驻扎在卫河西岸,他们就能随时北移并阻截从那个方向靠近的清军。季国贞提议,停靠在北水闸的粮船应该被拿来,以搭建一座车马可以从上面经过的浮桥。事实上是,他们的位置被环绕的水路限制住了。王经隆把这个主意告诉了王伦,王伦很中意,分派人给樊伟,并命令他监督季国贞实施(王经隆此前已经受伤)。

十五日,为了这个搭建浮桥的目的,叛乱者派出了一队人马向北出了城,他们抢占了一些船只,继而用它们来到上游并盗用了十艘粮船。粮船很容易夺得,因为漕运总督嘉谟仍然在前往粮船停泊地的途中,而且那里没有士兵在保护船只,只有配备着简单武器的水手在守卫。一只大船两侧带着小船,最终被绑在一起并固定在河的中央。六十块长木板把这些船只连向两岸,它们是(按照季国贞的吩咐)从其他粮船上拆除下来的。这座浮桥对叛乱者的车辆来说足够宽了,它建在城市北边花园那里的卫河上,对着标志着临清北面入口处的九层塔(斯当东对这个地点

---

① 最后有很多士兵并没有被发现。《清高宗实录》967.3—8;《钦定剿捕临清逆匪纪略》15.49—51,16.8—9。
② 秦震钧2.45。

的描述表明这条河很宽,见卷首插图。这年降雨很少,横跨的距离很可能缩短了)。600 名叛乱者被指派来守卫浮桥,另外还有 12 名首领和他们的人马一起去占据城北的位置——或可备战,或可顺利撤离。①

除了修建和固定这座浮桥以及零星地开炮放箭以外,从十三到十八日,叛乱者没有采取大的军事行动,不过他们继续将一队队人马派往乡村,他们抢劫富户,努力招募支持者,并在路上巡逻以拦截来往新城的情报。②

因为这些抢劫队伍的存在,并且预料到临清被重新占领后叛乱者必然会分头窜伏,清廷敦促临清周边的乡村居民拿起武器(甚至把范围扩大到毗邻的直隶省下辖县份)。告示张贴了出来,说是任何击退叛乱者的村民都有奖赏,能杀死叛乱者,奖赏尤为优厚,不过须有头颅为证。另外,还开列了对于捕杀叛乱头目的特别奖金:一名大头目奖 1 000 两,而王伦是 3 000 两。对一个普通农民来说,这是一笔极具诱惑力的数目,而且当局势开始转向时,在乡村抓到逃跑的叛乱者变得越来越为频繁。俞蛟生动地描述了村民的如下回答:"方王伦造逆时,四乡村镇皆立义堡。贼至,鸣鼓聚众作捍御,或预掘土坎,遇形迹可疑者,即生埋之。"十五日,一次很平常的遭遇战发生在馆陶县,当时一位生员组织了一支 200 人的民兵队伍,击溃了一队 50 人的叛乱者。来自一个穆斯林村庄的民兵队伍尤其具有战斗力。③ 然而一般来讲,这些民兵组织很小,并基于自己所在的村庄,他们完全是防守性质的,而且其流行时间相当短暂。

临清城内,新城居民继续对抗着叛乱者的零星炮火,而叛乱者则以

---

① 《钦定剿捕临清逆匪纪略》2.26—28,4.14—16,10.15—16;《东案口供》1—5,13—15,25—27,39;《清高宗实录》967.9—11,《宫中档·乾隆》29972—ED 第二,30014。
② 《宫中档·乾隆》29957,29973;《钦定剿捕临清逆匪纪略》3.15—17,16.6—7;秦震钧 2.45;《清高宗实录》967.30—32。
③ 关于馆陶的情况,见《宫中档·乾隆》29957;《清高宗实录》967.18—19。关于穆斯林,见第 141 页注释②。关于其余引用之处,见俞蛟 5.6;《清高宗实录》966.6—7;《宫中档·乾隆》29947,30218;秦震钧 2.46。

建在新城西南角外的一座当铺为基地。该当铺是一座高楼,因而给叛乱者以有利位置,他们可以从那里放箭(这是他们对这些武器的最初使用),并且能随时窥探新城内的活动。秦震钧和其他人意识到了这一点,决定采取进攻方式来赶走叛乱者。十六日,他们挑选了十几名志愿者,让他们背上束好的茅草翻墙而下。当这些人到达当铺后,"先从窗外觇之,见贼多酣睡,独有两人,坐胡床而饮,杯盘狼藉。火发,贼皆呼啸而出。"这座建筑很快就陷入一片火海,有些叛乱者被烧死,大部分逃走了,建筑物被烧毁。志愿者们很快冲回城里,并因为他们的功劳而获得了赏金。①

新城的守卫是由住在城里的那些官员经管的:署理知州(秦震钧)、州判、学正、训导、副将、参将以及另外十来名级别较低的武官。俞蛟作为吏目,自然也在其中,"余易儒服,随守土诸君巡城上,衣不解带者旬有八日。"城中的功名拥有者(级别较低)和富户人家也前来帮助守城。地方志中列举了五位生员、三位武生和两位监生,他们充任卫兵,有时还参加战斗,并捐献米、小麦和饲料。例如,监生尹士群劝其姻亲(一位富商?)捐出80石小麦做粮食、两万斤草作燃料和饲料。正是尹士群帮助设计了自制的火箭,后来炸毁了"大鹏"车。②

新城的普通居民也做了份内之事,他们承受了不分昼夜的守卫职责的艰辛,为士兵准备食物,运送武器和弹药,还要收集石头、瓦片和砖块。当召集志愿者时,他们也应募参加了翻墙而下烧毁叛乱者据点的壮举。在这件事上表现得最突出的是一个叫刘茂生的人。正是他从七日开始,就在南门外自愿与叛乱者逼近作战,而且在十日晚上的时候,他率领其他人烧毁了叛乱者作为藏身之地的小庙。因为这些行动,刘茂生和其他

---

① 秦震钧 2.45—46,俞蛟 5.11。
② 关于驻守于临清的官员名单,见《嘉庆重修一统志》161.12,161.18;俞蛟 5.19;秦震钧 2.46 等多处。译者按,所谓"大鹏车",据俞蛟《临清寇略》记载:"时有武孝廉吴召伦者,为贼主谋,以牛马驾车,不能避矢炮,因其轮两旁,设木板,约宽三四尺,名曰'大鹏双展翅'。令有力者七八人,伏其下,背负而行。冀至城下,发火焚敌楼。"

人获得了奖赏:粮食、猪和牛(可能是其他富户为了这个目的捐给政府的)。其他场合中的勇敢居民也获得了各种各样的奖赏:金子、铜钱、衣服、粮食、麦糕、馒头和稀粥。①

面对新城守卫者的坚定和乡村中的连续作战,以及急于维持主动权,叛乱者计划对新城发起另一次袭击,并在十九日天黑后开始安排。他们不得不面临这样一个问题:怎样在城墙上猛烈的枪、箭和炮火攻击下,把爆炸物运到城门附近然后点燃。他们曾尝试让人带着茅草和柴去点火,也试过用堆着柴草的牛车,前一个计划更成功,但是新城的城门依然屹然而立。

武生吴兆隆(一作吴兆伦)最近投入到叛乱者的队伍,他向王经隆提出了一个新的计划。王经隆把这个计划报告给了王伦,王伦很赞成。李旺和归太二人受命实施这项计划。三辆马车被除去了车轮,并被装上三到四尺宽的木板,以使马车能够在两边延展。使用这种"大鹏双展翅"的技术,由木板保护的八个人可以将车举在背上,并运至城门。这种车可以装上易燃物和弹药,并在黑夜的掩盖下发动袭击。准备工作做好了,而南门被选作攻击目标,负责攻击的人(因为城门一旦打开,战士们就要准备攻入)是那四位大元帅。大鹏车开始一个接一个地偷偷前行。

城墙上的巡逻者很快发现了这些移动物体,尽管非常吃惊,还是赶紧喊其他人来一起对付。秦震钧因为阻挠了叛乱者的计划而获得荣誉。他意识到如果像以前那样朝着车子扔下砖石等物,车子就会因为不堪重压而难以前进。一辆车子已经在城门附近停好,但是一阵大石块和枪弹阻挡住了另外两辆车,它们之间还隔有一段距离。叛乱者很不幸,秦震钧也发现了将这两辆车点燃的方法。尽管没有火箭了,但

---

① 住在附近乡村的其他人后来也捐出物资来供养政府的军队,见秦震钧各处,以及《钦定剿捕临清逆匪纪略》12.4—5。另据《清高宗实录》1005.9—11记载,有位旧居民每天早上煮几石米的稀粥供给一队士兵,最后得到了七品顶戴的奖赏。

是用布包着弹药塞进帽子并绑在箭上的代用品很快做好了。包裹中插了一炷香,并在放箭之前点燃。使用这种相当原始的技术,守城者朝着那两辆稍远的车开了火,并且引爆了他们的爆炸物而不伤到自己人。叛乱者自己却不能点燃靠近城墙的车辆,而且随着黎明来临,他们最终放弃了尝试,艰难撤退到守城人员的火力范围之外。有10个人仍然困在城门旁边的车下。守城者不想冒险在如此靠近城门的地方引爆,或者眼看着叛乱者全身而退,于是派兵勇和衙门员役从城墙上缒下,与躲在车下的叛乱者格斗并杀死了那些人,然后卸下车子,拿水扑灭了两辆正在燃烧的车子。①

那天早上,叛乱者的指挥部里充斥着愤怒和苦恼。樊伟和尚在大声斥责负责准备和抬运车子的那两个人。首领们对他们的连续失败感到非常沮丧,并且感觉到了一种逐渐增长的无能为力,樊伟要处死这两个人,但最后还是赦免了他们,但是叛乱领导者之间的步调一致和良好感觉,以及普通追随者的士气确实在此时开始变糟。在利用粮船建造浮桥时出了大力的季国贞,现在意识到叛乱者的进攻势头开始消失,于是决定逃走。二十日那天,还有一些坏消息传来。巡逻者抓到了一名刚从北京回来的临清人,他说从京城来的一千名士兵已经在路上了。从探马和出掠小队那里传来的消息证实了这一情况。王伦坚持其勇敢的乐观主义,断言:"再来一千官兵也不能挡住我们的路"。实际上,他马上就要面临比这个数字多七倍的敌人。②

现在,负责平定"逆匪"的钦差大臣舒赫德正在路上。他九日离开北京,从十三日起就待在山东边界大运河上的德州(大约距离临清100公里)。他在那里监督士兵的调动,从直隶驻防军队中调集了2 000名绿营

---

① 《宫中档·乾隆》30002;《东案口供》1—5,13—15;俞蛟5.11;秦震钧2.46。
② 《东案口供》13—15,25—27,31—32,47—48,71—78;俞蛟说关于政府士兵的信息是由一名叫李三的叛乱者带来的,这个人有八尺高,腿很长,一天半可以走800里路(400公里)。据猜测,李曾被派往北京,见到士兵出发,并在24小时之内把这个消息报告给了王伦。俞蛟5.17。

兵和400名满兵。① 尽管调动等准备工作已经基本完成,但是舒赫德并没有马上前往临清。他在德州等待各路大军中的中坚力量——来自北京的1 000名一流的满族骑兵和步兵——的到达。这些士兵于七日接到皇帝的行动命令,由皇帝的蒙古女婿拉旺多尔济和满洲左都御史阿思哈指挥。由于配有大量的马匹辎重,这些京城士兵缓慢地前行着。舒赫德另外正在等待的是50名来自吉林索伦的骑马射手,他们由一名御前侍卫指挥,十七日被皇上派出,因为那时还没有收到任何胜利的消息。②

当舒赫德在德州等待时,山东官员从失败中恢复了神志,并着手准备让他们的军队展开反攻。自从十二日那场可耻的失败之后,抚标营兵和指挥官一直待在东昌,对于是否要前往临清作战犹豫不决。不过,一旦叛乱武装定居于一处,任务就容易得多了。巡抚徐绩调集了2 900名士兵。③ 十六日,他开始指挥这些人马前进,他把他们分成两路,一路从东南进发,另一路则从西南进发。西南一路有800名士兵,要与同时从河南出发的一支武装会合,河南巡抚(何煟)召集了1 700名士兵,他还亲自率领一部分军队经过直隶前往临清。④

这个(由钦差制定的)计划是要四面进攻。舒赫德从东北面带领1 200名士兵推进。在大运河西边,直隶总兵(周元理)已经带领1 600名士兵南下,并且基本上进入作战位置。山东巡抚徐绩从东南推进,他的2 900名士兵又补充了来自直隶的600人(京城满洲部队被划分到这三组力量当中,所以每一组都能受益)。河南方面的士兵(先到了1 100人)补

---

① 这些士兵有200名沧州满兵、500名正定汉兵,还有700名来自天津、1 000名来自保定。正定和保定的士兵是由直隶总督节制的,而在操作意义上,他们由布政使杨景素指挥。这就是那些在二十一日成功对抗叛乱者的士兵。《钦定剿捕临清逆匪纪略》多处。
② 《钦定剿捕临清逆匪纪略》1.22—23,3.1,8.19—21;《宫中档·乾隆》29807,30013;秦震钧2.45。
③ 这些人中有1 300名来自兖州,700名来自济南,300名满兵来自青州和600名满兵来自德州,见地图三。《钦定剿捕临清逆匪纪略》3.15—17和多处。
④ 《钦定剿捕临清逆匪纪略》3.13—14。

充进了800名山东士兵,他们的任务是从西南方向切入和推进。总共7 500名士兵(其中有1/3是满洲兵)被调集起来,并要进攻叛乱者占据的城市,而该城市的人口当时还不到6 000人,其中,作战士兵可能还不到3 000人。二十一日,京城士兵刚一到达钦差大臣所在的营寨,舒赫德马

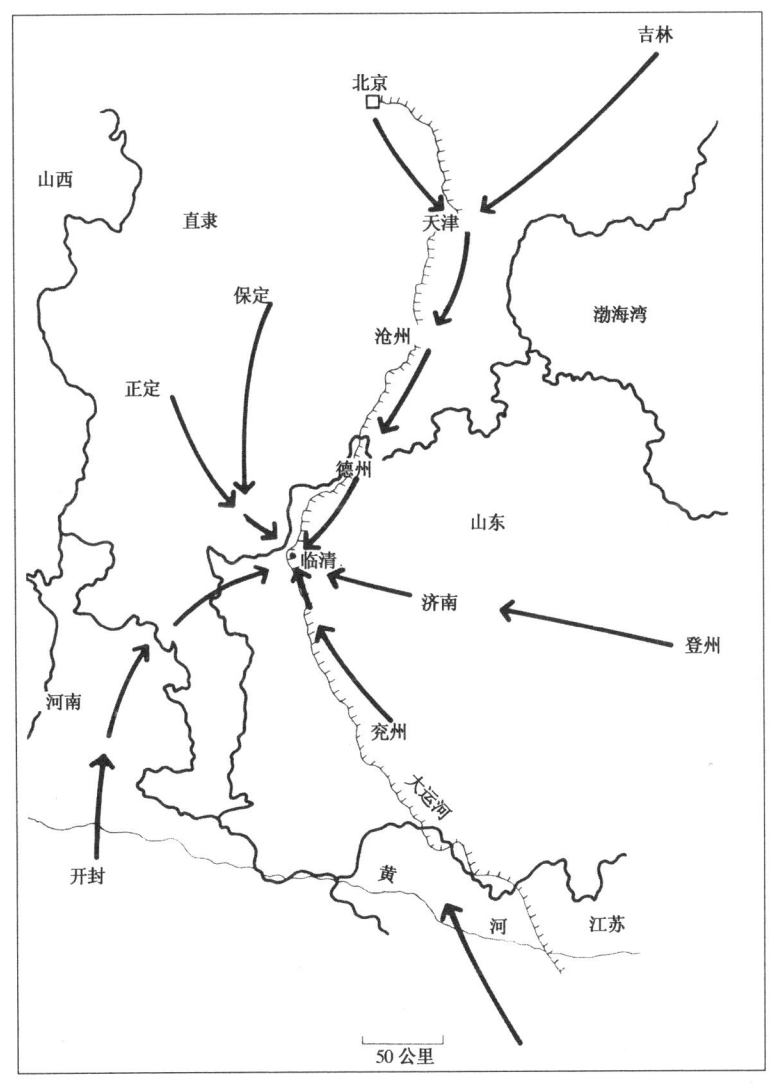

地图6. 围剿王伦之役。

上发令开始推进。二十四日被认为是可能的进攻日期。①

随着清军越来越逼近,白莲教叛乱者的处境变得更加严峻。然而,他们可能仍然对危险程度一无所知,可能仍然满怀希望,叛乱者维持着主动权。直隶士兵组成的先头部队可能多达1 300人,在十九日抵达临清附近,并开始在大运河和卫河交汇处的西北岸上扎营,那里距离临清城有12里。王伦认定自己的常胜军仍可以成功地敌过这支敌军,于是调集了他的战斗人马,打算赶走他们(官方对王伦所派人马的规模有多种报告:一千、三千和四千,尽管二千看上去是最大的数字)。

几十名叛乱者首领骑着马,普通成员步行,矛和刀是他们仅有的武器。他们在中午时分离开临清,从他们严密防守的城北浮桥上穿过运河,继而分散开来,一队前往西北,其余人直接向西,以包围清军营地。他们在二十一日下午很早的时候就发起进攻,对于突如其来的袭击,清军士兵大吃一惊。然而他们很快镇定下来,用炮和枪保卫自己,并且抵挡住了进攻者的步伐。一名骑马举红旗的叛乱首领被箭射中了胳膊,他拔出箭来,扔掉,然后继续战斗。最后,一颗子弹击中他的腿部,他从马上摔了下来,立即被清军步兵抓住并砍了头。在这一天的战斗中,叛乱者组织了不止两次的进攻,但是仍然不能赶走清兵。他们损失了几十号人马,包括几名指挥官,有一些人被捉住,而且也丢下了很多武器。这是一次明显的失败,并且标志着潮流的转折。装备优良的清军(应该提到,此次参战的所有士兵都是汉族绿营兵)抵挡住了更大规模的叛乱武装,并保住了他们在临清附近的营地。② 不同于十二日的战斗,这天的事件

---

① 《钦定剿捕临清逆匪纪略》5.27—28,6.1—3,11.6—8。参加战斗的士兵总计7 470人。这其中,4 920名是汉人绿营兵,2 550名是满兵;2 400名来自直隶,1 050名来自北京和吉林,2 920名来自山东,还有1 100名来自河南。另外1 000名山东士兵(绿营)被派往临清,同样还有另外400名河南兵和2 500名江苏兵部署在山东和江苏边界。但是后面提到的这些军队没有参与任何行动。

乾隆帝直到二十二日才回到北京,只是为了及时收到进攻临清叛乱的消息。从九日到十六日,他一直在从热河回来的路上。《清高宗实录》967.1,961.30。

② 《宫中档·乾隆》30005,30011,30012;《钦定剿捕临清逆匪纪略》6.4—5;秦震钧2.47。

表明,有些绿营兵能够有力地战斗。此后,随着越来越多的官兵到达,叛乱者同时失去了他们的数量优势和主动权,并且无可否认地开始处于防御地位。结局很快就要来临。

二十一日的这场战斗的结果使清军指挥官确信应该尽快发起总攻。时间定在二十三日黎明,所有前进中的部队和他们的指挥官加紧及时就位。山东巡抚徐绩由左都御史阿思哈(负责京城部队)一道督战,到二十三日清晨,他们的先头部队已经到达旧城西南角外的地区,舒赫德和他的人马直到这天中午才到达他们在北郊的位置。应该部署在西翼的河南士兵,直到下午很晚的时候才到达先前叛乱者在临清西北杏园处的营地。① 因此,只有直隶士兵已经就位并马上获胜,他们在二十三日清晨从西北边率先发起进攻,其余部队到达以后陆续加入。

与此同时,王伦正在与他的助手和朋友们商议。他们打劫乡村的日子结束了。当常胜军准备打一场无人能期望其获胜的战斗时,所有可用的人力都被迫参与进来。王伦决定把他的 4 名指挥官和 1 500 名手下——可能是这时可以召集起来的所有人手了——全部投入战场。这些人中的 1 000 名被命令开到临清城外的塔湾和浮桥附近,去对付开始到达的北下官兵。500 名到城东去等待东昌士兵的到达(很可能在临清西南角的水闸处有另外一支部队仍在守卫着浮桥)。

战斗在临清北部首先开始。直隶兵现在已经休整好并进入阵地,由新到的直隶布政使杨景素指挥,他们准备在浮桥可以用作叛乱者的逃跑路线之前将其毁掉。二十三日黎明之前,一位满洲副将率领 600 名士兵悄悄移向桥西头。叛乱者早就布置了相同数目的士兵作为守卫,桥两头各有一半,此外,他们还在东岸架起了大炮。一看到前进的清军,叛乱者就开始连续开炮(但是一名官员报告说:"在桥的南端,他们没有使用铅弹"——可能他们用光了能用的弹药)。清军官兵藏在西边的河岸后面,

---

① 《钦定剿捕临清逆匪纪略》7.1—6,8.14—15,11.6—8。

朝附近的叛乱者开火。随着火力的继续,他们迫使防守的叛乱者慢慢地穿过浮桥往后撤退。几名士兵继而被派去爬过浮桥,夺得并带回另一端的大炮。其他士兵则带着茅草,堆积在浮桥上,点上火。然后他们就在西岸,而叛乱者则在东岸,看着浮桥开始着火并沉没。①

当这场战斗正在进行之时,御前侍卫音济图率领的京城满兵袭击了城北地区。他们发现有1 000名叛乱者在城外一公里处的宝塔附近等候着他们。这场战斗和当天别处的节奏相同:叛乱者抵挡不住强大的进攻,起初被迫退到矮土墙后面,继而退回到旧城之中,一路损失惨重。新城之中,官员们正在考虑如何加入战斗。有人提议从墙上放下民兵,从后面袭击叛乱者。仍然是城中高级军官的叶信反对这个提议,很可能是因为接到了命令,他提出,最好的计划是坚守城池并等待总攻的胜利。②舒赫德很快到达了临清北面,他看到那里的情况已经在官兵的控制之中,遂在额附的陪同下,绕到了正在进行另一场大战的城东。

派往城那边的500名叛乱者已经准备就绪,并且在黎明时分沿着倒塌的东墙排好了队伍。他们受到了将近1 000名带着大炮的士兵(包括20名吉林射手)的攻击。随着清兵的前进,叛乱者撤退到倒塌的房屋后面,以墙体为掩护,在这种情况下,官兵施放火器很有些困难。最后,徐绩、阿思哈和几千名士兵的主力(包括那些来自京城的士兵)到达临清。依靠他们数量上的优势,官兵们冲向城墙,把防御者从中赶了出来,并赶进了城里。叛乱者参与作战的那些人中有王伦和五圣老母。王伦骑在马上指挥,战斗中,他的马被击中头部,他本人左臂也中了一箭。几百名叛乱者战死。生存者还有什么希望呢?

官兵们发现他们已经控制了旧城城墙的北沿和西南沿,开始向城中

---

① 《宫中档·乾隆》30014,30046;秦震钧2.47。
② 《钦定剿捕临清逆匪纪略》7.1—6,9.25—26,13.17—18;《东案口供》7—8;秦震钧2.47。副将叶信此时的状况不大好,在即将到来的围攻之前,他的腿上有一处受了伤(俞蛟说是"腰折"——译者),不能骑马,只能乘轿子。到二十四日,他的脚部严重感染,只能卧床,后来竟因伤而死。《钦定剿捕临清逆匪纪略》7.13—14。

推进,而破坏就在这天下午开始了。他们驱赶着自己面前的叛乱者,双方在街上展开战斗,官兵们烧掉堵住巷子的房屋和马车,并且开始收复临清东边。与此同时,其他士兵被部署在城墙的缺口处,大炮也被移到了周围的地方。舒赫德到达时,士兵们折返回土墙,战斗渐渐结束。①

为了确保没有叛乱者可以过河到西岸,杨景素和直隶军队把守住了另外一个唯一可能穿越的地点:靠近城墙内的三岔河村落的一处浅滩,这里距离板闸不远。100名士兵被派到那里,他们的力量由于得到了穆斯林民兵的加入而增强。得知临清城附近的穆斯林村民曾对抗过叛乱者劫掠团伙,一名清军指挥官派了一名穆斯林士兵前往召集志愿者。二十三日,100个人被组织了起来,并被派往三岔河。北边浮桥上的战斗还在进行,后面的士兵和民兵则在准备着。这天晚些时候,大量的叛乱者(大约有1 000人)在河的对岸集合起来,然后上船试图穿过河流。民兵和清军朝他们开了火,他们的枪和炮发挥了很大优势,破坏了敌船并阻止任何人逃逸。报告说有数百人被打死、烧死在船上,有的则落水淹死,同时仍有一些人逃出城往南走了。②

十月末(应为九月下旬——译者)的天气很不舒服,潮湿多雾,燃烧的船只和建筑带来的浓烟使得能见度越来越差。在这一片混沌中,有些叛乱者发现了浮在水中的一名婴儿,他们救起了孩子,说这一定是吉兆(这是他们非常需要的),并把他带给了王伦。王伦看到孩子后说:"我得到了一名幸运儿"。婴儿被裹进布中,并被视为王伦的儿子。不幸的是,孩子从这次溺水中被救活后,仅仅过了几天就被烧死了。③

到二十三日晚上,叛乱者被从各个方向赶回了临清旧城。尽管重新占领临清还需要超过六天的时间,但是结果已经显而易见。旧城里留在

---

① 《钦定剿捕临清逆匪纪略》7.1—6,9.25—26;《东案口供》71—78;《东案档》17—20,乾隆39/10/2;秦震钧2.47。
② 《宫中档·乾隆》30046,30048;《钦定剿捕临清逆匪纪略》6.17—18;秦震钧2.47。
③ 《东案口供》32—37。

自己家中的居民和王伦事业的新成员都发现自己被困在了网中。他们从临清出来的出口已被切断,由于相信自己的无辜和政府的怜悯,或者只是希望营救自己,许多人在二十三日前往新城城门。他们站在那里大喊:"救救我们,让我们进去!"知道叛乱者可以很轻易地混入其中,新城守卫者们尽管对求助的呼喊感到痛苦,但是起初拒绝打开城门,甚至朝他们开枪。然而署理知周秦震钧命令解救他们,"此皆吾良民也,余不忍置之死,有不测,吾身任之。"①

二十四日早上,在新的一天混战开始之前,对十二日负有责任的两名清军指挥官,按照皇帝的谕旨得到了惩罚。惟一和格图肯被逮捕,他们被带到集合起来的士兵面前,跪着听完读给全军的皇帝谕旨,然后他们每人做了一个承认全部罪责的陈述。格图肯说:"罪身无耻无能,一死犹不足以蔽辜"。舒赫德命令一名御前侍卫和一名刑部官员将两人带到营帐门口,并在那里处死了他们。②

这一维护军纪的戏剧性行动有些为时已晚。最重要的一场战斗已经过去,而且,由于官兵众多、武器精良和占据有利的地理位置,使清军占有明显的优势。叛乱者只有试图集中起来突围,逃跑才有可能成功,但是他们没有足够的马和车,即使逃出去,他们还是会轻易地被骑兵赶上。官兵搜城时可能需要纪律,这项工作是几天以后他们一直在做的,此时他们需要的却是另外一种纪律。政府命令只杀"真正的"叛乱者,赦免所有其他的不抵抗者。白莲教分子决定挖掘战壕,战斗到最后,此举激起了双方的冷酷无情。

二十四日,清兵开始移入城内,进一步攻击那些隐藏者并抓住那些试图逃跑者。根据归太妻子后来的证供,叛乱者归太决定逃跑。他把自己攒下的八个鸡蛋留给了她,然后宣布自己不能再照顾她了,他把头巾

---

① 秦震钧 2.47—48;秦瀛 2.47;《国朝耆献类征》212.23。
② 秦震钧 2.48;《钦定剿捕临清逆匪纪略》7.13—14。

换成毡帽,然后骑马离开。军队布置在水路西岸沿线,准备捕杀任何过河者,而有很多人都跟归太一样,打算逃跑。当迟来的河南军队沿着大路向临清南端前进时,他们遇上了逃跑的一队叛乱者,其中包括大元帅阎吉仁(此时仍然穿着黄袍,带着银锭),他随即被捕。官兵靠近并占领了大运河与卫河之间的连接处,他们用大量杆子扎成一座代用桥,并安置好大炮。然后,他们就朝任何试图离开的人开炮。河道中到处堆积着尸体。①

搜查旧城的任务也不容易,而这一过程的缓慢进行可能给了叛乱者继续隐藏于城内的希望。旧城中心充满了狭窄、错乱的街巷,小而弯曲的胡同,紧密排布着房屋、寺庙和店铺。车行道上塞满了上百辆叛乱者丢弃的车子。不搜查每一栋建筑是不可能知道人们会隐藏在哪里的。正是抢劫值钱物品的希望,承认城中还有一些人是无辜百姓的现实,以及活捉王伦的愿望,才缓和了官兵滥加烧毁每座建筑的冲动。他们步行着搜查旧城,逐街逐巷,从南、东、北三面逐渐插入,并依靠西面的水路形成一个包围圈。这些士兵的搜查获得了穆斯林志愿者的协助,他们熟悉这片复杂的城区,并且坚定地站在获胜的一方。②

---

① 二十四日曾有一名叛乱者被派往河南求救,可能其他人此时也在朝那个方向逃跑。《宫中档·乾隆》30058,30144,30169;俞蛟 5.7,5.17;《钦定剿捕临清逆匪纪略》9.25—26。
② 关于穆斯林在镇压王伦起义中所起的作用,似乎顺理成章。临清确实有大量的穆斯林人口见第 102 页注释③,而且他们通常被视为少数群体(minority group),他们的忠诚并不被视为理所当然。然而,秦震钧在谈到城中的穆斯林居民时说:"只有回民从一开始就一心抵抗叛乱者。"在新城指挥作战的官员实际上是依靠这些人的协助防守并重新占领临清的。二十日,两名穆斯林军官受命带领几名同事化装成商贩混入旧城,他们要去通告普通的叛乱者成员,如果他们放弃抵抗并投降,就可以免于受罚(这个计划与被王伦作为间谍处死的商贩之间有一定的联系)。在三岔河事件中(唯一一次民兵和正规军的并肩作战),穆斯林民兵的成功使得他们在重新占领旧城期间被继续使用,他们也为此获得了很高的奖赏。应该提到,这支民兵队伍不是由一名当地功名拥有者或显要人物率领,而是由来自直隶清军的一名军官(他家可能是穆斯林)率领。另一方面,乾隆帝对穆斯林的忠诚又相当怀疑。当他听说这支民兵时,他并不赞成官员们的做法。他害怕他们的暴力可能会难以控制(可能挑起报复行为?),而且他怀疑叛乱者中间可能存在的穆斯林联盟可能会抢走他们对朝廷的忠诚。我们看到,临清穆斯林和武生吴兆隆曾自愿加入并协助叛乱者,就像其他人曾做过的那样,而且皇帝可能有不愿依靠他们的上好理由。无论如何,清扫临清旧城战场所做出的策略是非常成功的。至于虔诚的穆斯林对白莲教信仰感觉如何,我们没有什么证据。

士兵们一开始就要清理布满车辆的胡同,要拆毁和烧毁叛乱者所设的路障。然后他们要搜查可以进入的每一座房屋,并在确保安全的情况下带走人犯,但是他们经常发现那些宁愿自杀者悬挂着的尸体。那些被锁死的建筑则被点上一把火,里面的人或被射杀,或被抓住,或被烧死。在可行和有必要的地方,大炮被带去击毁坚固的砖石建筑。因此,因于其中的叛乱者试图藏于地下室,或是爬上墙头,有些还爬上了屋顶,从上面扔砖掷瓦。他们仍然只有矛和刀作为武器,叛乱者战斗到了最后,他们的首领仍然在举着旗子,进行指挥。①

　　这是一个恐慌和大难的时刻。叛乱者占领期间,一名满洲军官的妻子和家人在城中被抓住,叛乱者进占了他们的房屋。二十四日,他们的幸运告终,成为绝望和混乱的牺牲品。一队叛乱者从进城的士兵手中逃走,闯入他们家中以寻求藏身之所。当这家的女主人拒绝让他们留下时,他们杀了她,放走了仆人。②

　　当清兵二十五日进入大寺时,他们立即将这座建筑点燃。在男人们战斗和逃走的同时,叛乱队伍中很多一直住在寺中的妇女试图投降和逃走。他们当中的很多人都被困在官兵的包围圈内,或是被围困在河中,很多人跳进了河里,或被淹死,或被射杀,或者在获救后被逮捕。二十四日、二十五日、二十六日和二十七日,官兵一直以这种方式继续着对临清旧城的重新占领。空气中充满了烟雾、枪声和尖叫声,而且天空在晚上会被火焰照亮。③

　　那些死于巷战的人中有乌三娘和五圣老母,这两个人都没有失去她们在清军中激起恐惧的威力。当五圣老母被集中和活捉时,捕获她的人害怕她会用超自然的法力逃跑,因此他们就用铁丝将她从头到脚绑紧。第二天早上,她要被押解到北京,不过她没有活过当天晚上。在另外一

---

① 《宫中档·乾隆》30058;俞蛟 5.14—15;《东案口供》21—23;《钦定剿捕临清逆匪纪略》9.4—6。
② 《钦定剿捕临清逆匪纪略》14.40—41。
③ 见注释①和《钦定剿捕临清逆匪纪略》7.1—6,8.11—14;俞蛟 5.20;秦震钧 2.48。

场战斗中,乌三娘陷入包围,但当其他人陆续倒地时,她却继续战斗,一边挥舞着剑,一边腾跳砍杀。然后,根据俞蛟的记述:

> (三娘)忽于马上升屋,自屋而楼,即汪氏之三层楼也,高十余仞。官军围三匝,矢炮拟之若的,三娘扬袖作舞状,终莫能伤。日将夕矣,一军皇骇,盖不虑其不死,虑其遁走而莫可致也。

在这个时刻,士兵们再次决定以魔法对付魔法,"有老弁就贼尸割其势置炮上,一发而三娘堕地,"士兵们发出一阵欢呼,他们寻回她的尸体,并迅速将其砍成肉酱。①

在战斗期间,清兵一直在寻找王伦。听说他住在某处当铺,几百名士兵汇聚到该地,并与被围困于其中的叛乱者大战了一番。当士兵们强行进入大门后,里面的人奋勇抵抗并在最后时刻投降。②

但是王伦本人已经从当铺转移到了一汪姓大族的住宅。在这次最后的转移中,他带着18名义子中的几个和他的直系亲属。在失败和被包围的这些天里,数百名追随者加入进来,大部分是妇女和儿童。这个有围墙的大院由三个内院、房屋建筑和最后面的一座砖楼构成。这座塔楼本身有五间房宽,两侧有小一点的平房。妇女、儿童和普通男性成员(人数很少)占领了第一和第二庭院,在有空之地或坐或躺。王伦和他的十几名密友、亲信(包括王经隆、樊伟和孟灿)住进了最里院。王伦住进了可用以防御的塔楼中,其他人则进入了两侧的厢房。

御前侍卫、参加过金川征讨的老兵音济图专门受命,负责寻找王伦。在二十六日中午某时,他到达汪府大门口,后面跟着几十名助手和30名绿营兵。他们挤进门内,看到满院子的妇女、儿童和一些男人,就开始抓捕他们。一些妇女把自己锁在大院的房间里,但是士兵很快就破门而入,并把她们赶了出来。音济图和其他几个人前往第二个庭院,几乎没

---

① 《钦定剿捕临清逆匪纪略》7.18—19;秦震钧 2.48;俞蛟 5.18—19。
② 《钦定剿捕临清逆匪纪略》7.18—21。

有遇到任何抵抗,他们砸烂了通往后院去路的大门。当他们进入大院后面时,他们不断喊着王伦的名字(更可能是一种猜测而不是确定他就在这里):"王伦安在?缘何不降?"音济图看到一名长相与王伦相似的人正在院中,他和一名先锋上前试图抓他,一人揪住了他的辫子,另一人则拦腰抱住。此人恰恰就是王伦,他立即大声呼唤:"来人相助!"樊伟和其他很多人冲了出来,手里拿着刀刺向清军官员。义子林哲紧紧抓住了王伦,并把他推回了塔楼中。正在此时,其他清兵追了进来,帮着他们的指挥官一并与叛乱者展开搏斗。有些叛乱者爬上了楼顶,开始向下扔砖瓦。妇女和儿童争相逃跑。最后叛乱者打败了闯入的清军。清军多人受伤,他们抬出了两名受伤的指挥官(都是被刺伤的),而叛乱者撤入塔楼之中。林哲在试图逃跑时被击倒在地。

这时天已经黑了下来,官兵在院外安排把守,没有再打下去。音济图(不久就因伤重而死)似乎没能说出这样一个事实:一个很可能是王伦的人仍然自由地住在大院内。王伦建议想要逃走的朋友和亲属当晚就应该离开。樊伟和其他人决定尝试一番,他们在四更时离开大院,希望可以摸到河边逃走,但是他们很快就在临清城内被捕了。①

二十七日,大量清军来到了王伦所在的大院外面。黎明时分,由另外一名御前侍卫率领的120名士兵,其中包括一名满洲射手,重新进入大院。有些叛乱者爬上屋顶并向下扔砖块,但是清兵朝他们开枪、开炮,并发射火箭,然后将房屋点上火。很多妇女纷纷越墙逃走,但在到达河岸时却被对岸发射的枪弹击中。官兵们看着建筑物燃烧起来,对于逃跑出来的人,一概格杀勿论,被火焰围困在屋子里的人哭喊着,声音渐渐消失。到了晚上,大部分汪家房屋被完全焚毁,但令人难以置信的是,没有人进入和搜查后面仍然挺立的塔楼(可能部分被烧毁)。

---

① 《东案口供》7—8,13—15,17—19;《东案档》187,乾隆39/10/17;《东案档》299—300,乾隆39/11/11;《钦定剿捕临清逆匪纪略》8.11—14;俞蛟5.16;秦震钧2.48;徐珂《清稗类钞》49.121。

为数不多的几个被活捉的叛乱者撒了谎,说王伦藏在别的地方。清军在向他们的上级报告中说:"无一人漏网"。王伦和几名亲信仍然躲在塔楼中而没有被发现,他们挤在一起,饥饿而绝望:"饮食俱不能得,只是哭泣。"①

二十八日,清军部队继续彻底搜查临清旧城,"挨屋逐户严查,下极地窖、水沟"。二十九日,一名绿营游击得知王伦仍然藏在汪家大宅。另外一名御前侍卫带领士兵到塔楼逮捕了试图逃跑的孟灿,孟灿希望给他的师傅留出时间逃跑,于是自认为王伦。其他俘虏戳穿了其身份,一致咬定他是大元帅孟灿,他最终承认自己并非王伦,而是孟灿。②

塔楼很快被包围起来。士兵向里面的人叫喊,让他们投降,回答的只是一阵砖瓦。更多兵丁被召集过来,他们把火枪对准了塔楼。其他房屋两天前就被烧废墟,现在只剩下残砖烂瓦环绕着塔楼,因此没有什么可以用来攀登上去。正当士兵们正在商量如何前进时,忽然一股浓烟从塔楼上冒了起来,塔楼从里面烧起来了。里面有王伦、王经隆、王经隆的侄孙和另外四个人。他们曾经希望可以长时间躲避,再寻找机会潜逃,但是现在他们知道已经没有选择的余地。他们讨论过投降之事,但是王伦最终决定自焚——他知道自己罪行严重,不想落到官府手中。实际上,他早就有了这个打算,必要的话,就要死在自己手上。他说:"我宁可烧死楼上,断不肯投降。"然后他命人将屋中堆积的乱纸木块点上火,他的手下不肯从命,王伦便自己点燃了火。当烟焰变得越来越猛烈时,王经隆和其他几个人不能忍受了,他们爬到塔楼上的小窗,从窗上跳了下来,一个个身上严重烧伤。其中一人瘫倒在地,很快咽气。王经隆被抓住后,告诉清军官员王伦还在里面。另外一名逃生者为我们描绘了这个清水教起义领袖的最后形象。屋内热浪袭人,到处弥漫着烟和火。王伦

---

① 《钦定剿捕临清逆匪纪略》8.11—14,11.1—3;《清高宗实录》967.52—58。
② 《东案口供》9—10;《钦定剿捕临清逆匪纪略》9.4—6。

穿上一身紫袍,手腕上戴着两只银镯,两侧放着大刀和无鞘剑。他盘腿坐在房间的角落里,一动不动,衣服和胡须都在燃烧。①

后来在塔楼倒塌、火焰熄灭后,官员们试图辨认出王伦的尸首。樊伟和王经隆(他们都被带来检验令人恐怖的遗骸)必须认出那些烧得焦黑扭曲的尸体中的一具。最终,在一具尸体旁边发现了王伦的剑、刀和银镯。根据这一点和其他证据,皇帝确信王伦已经死亡。俞蛟声称站在政府一边的居民很气愤,因为他们未能看到王伦的尸体被寸磔(他们可能更关注奖赏)。他虚伪地劝告他们:"余谓糜肌骨而灼肺肝,殆犹甚于寸磔欤!"②

到二十八日王伦死去的那一天,这场叛乱终于结束。临清旧城成了一片废墟。在叛乱者曾经住过的地区,房屋烧毁将及一半,所杀尸身,填街塞巷,沿河一带,浮尸接踵,街巷之内,叛乱者的车辆约有一半被焚毁,牛骡倒毙甚多。不过缓慢的恢复过程也已开始。

城中的原住居民开始返回,他们仔细检查自己财产的损坏情况,在残骸和尸体中搜寻,一切都将重新开始。由于死尸太多,墓地很快就变得无法容纳了,而且,为了在恶臭和疾病的危险变得太严重之前将尸体清理掉,负责重建工作的钦差大臣和武官们下令挖掘大量的坟墓。他们在河边挖出两条大沟渠,一边埋男子,一边埋女子。尸体被扔进去并很快地盖上了土。水路交通的恢复是官方优先考虑的大事,河道很快被清理好,以保证漕粮船队能够继续他们被人为中断的南下行程(可能非常注重检查,那些没有逃跑的叛乱者可能会混在受雇的纤夫当中)。在新城,生活更快地回归了平常。十月七日,尽管仍有数百具尸体尚未掩埋,而且重建也只是刚刚开始,但是钦差大臣下令将那些由他监管的重要叛

---

① 《钦定剿捕临清逆匪纪略》8.11—14,9.4—6,9.20—22;《东案口供》1—5,17—19,63—64;俞蛟5.20;秦震钧2.49。
② 俞蛟5.20;《钦定剿捕临清逆匪纪略》9.20—22;《东案口供》63—64。不过关于王伦幸存的谣言一直存在。关于1791年时这样的一个报告,见《清代名人录》,第869页。

乱者公开处死。作为杀一儆百的榜样——似乎城市的被毁还不够——33人遭受了"凌迟"之刑(一刀一刀地切割和肢解)的长时间折磨后才被砍头。数千人参加了这一场景并为之欢呼。①

在一个月之内,大部分城市居民都回来了。后来,官府将银钱预支给临清城中(以及其他受到影响的县乡)那些房屋被毁的人,并在冬季的几个月中提供食物。赋税延迟至第二年秋后起征,春季到来时则由官府提供耕牛,以加快耕种速度。②

1776年早春时节,为了庆祝西南前线征讨金川部落的胜利,乾隆帝到山东游览了一次。他在临清停留了一下,并且带着很大的兴趣游览了将近两年前的战斗地点。他游览了大寺所在的地方(大寺没有重建起来,这片区域成了一个开阔的市场),观看了王伦死难的汪家大宅,并且参观了收藏皇帝题词的几所庙宇。他宣布临清城现在已经恢复到往常的八九成。他也利用这次机会接见了徐绩,并且询问他关于官军当年九月七日在柳林的溃败情况。他审核了那些表现出色的官兵们现在的状况,以确保他们得到了充分的奖赏。他还颁发了另外的荣誉并减少了某些惩罚。为了纪念这一时刻,他写了两首诗描述这场叛乱以及对叛乱的迅速镇压。③

余 波

对于那些幸存的王伦信徒而言,叛乱的结束并不意味着他们痛苦经

---

① 《钦定剿捕临清逆匪纪略》8.11—14,10.6—7,10.15—16,13.38—40;《东案档》125—29,乾隆39/10/12。
② 《钦定剿捕临清逆匪纪略》10.28—32;《临清县志》5.10。凡茅屋,每个房间可以分配到半两银子;瓦房则是每间一两银子。
③ 《清高宗实录》1004.3—4,1006.9—11;《钦定剿捕临清逆匪纪略》16.31—34,16.52—59。乾隆帝将这次叛乱与150年前的另外一次白莲教起义进行比较,那次叛乱是1622年由徐鸿儒和山东西南地区的其他人一同领导的。他说起义花了20年来镇压(实际上只延续了6个月),说明他对这段时期的知识的缺乏。而且他所说的也并不像是要指出一种幸运的比较,因为徐鸿儒起义可以被视为促成了明朝的衰落。

历的结束。有些人在战斗中被清兵抓捕而不是杀死,其余逃跑的人在附近乡村被警觉的地方官员俘获,也有一些叛乱者从未被捕获。但是官僚机构开始行动起来,毫不宽容的搜查、俘获、逮捕、入狱、审讯和判刑过程持续了几个月甚至几年。要求逮捕这些叛乱者的谕令至少到1781年还有颁布。① 在重新占领临清的混乱和政府对俘获叛乱者的奖赏所产生的指控和拘留的噩梦中,无辜的百姓自然也有很多被抓了起来。不过不同于在白热化的战场做出的决定,余波时期,由清朝法律系统做出的那些判决,在无辜和有罪之间做出了更好的区分。

参与起义的程度被仔细地加以衡量,而且对所有人都根据他们参与的具体情况做出判决。从总体上看,那些曾当过头目,或者接收过任何种类的封赐,或者参与攻击县城,或者在旧城守卫中积极作战的人,都被判了死刑(而且他们的亲属也受到了同样严酷的对待)。那些曾与叛乱者有过瓜葛的功名拥有者被判处死刑或流放。在起义中担当更为被动角色的那些人,以及据说是被胁迫者和记录不明者都姑且获得了认可,一般是被判为流放。② 能够令人信服地证明他们参加起义完全是受胁迫,或者证明他们不可能促成叛乱者事业的那些人,通常获得了释放(在实际操作上,官员们似乎拥有一些能够决定是否流放或者释放"被胁迫的"叛乱者的自由空间)。

例如,重新占领临清之后的10天内,在临清附近俘获的1 788人中,有1 200名很快就被断定为叛乱队伍中的积极分子,或者本来是受胁迫而来、后来变成自愿打仗的人,这些人未经详细审讯就被处决了。另外有41人作为重要叛乱领袖的亲属而被监禁起来(等待进一步的审判)。需要进一步调查其支持叛乱者行为的3位功名拥有者也被监禁起来。其余544名被宣布为受到叛乱者胁迫的普通平民,其中一些被流放,另

---

① 见《清高宗实录》1125.8—9。
② 关于对这些功名拥有者的更多资料参见第143页。《清高宗实录》968.24—27;《钦定剿捕临清逆匪纪略》15.26—28。

一些被释放。①

军机处和刑部后来处理了另外一批被怀疑是王伦信徒的 39 人:11 名被作为叛乱头目凌迟处死;16 名参与战斗并拥有"伪"号,但并不是积极的计划者,被处以斩立决;6 名被胁迫但没有参与战斗者,被流放到伊犁给士兵为奴;4 名被胁迫并协助叛乱者,但在最后逃离出来的人被予以释放;两名宣称是受胁迫的功名拥有者被流放(同时,6 名与王伦或王伦起义无关的白莲教成员被流放到乌鲁木齐,给兵丁为奴)。②

作为透视这个法律过程的进一步例证,我们来看一下王经隆这个人,以及他的亲属,包括有罪的和无辜的,以及他们在清朝司法系统中的命运。正如我们看到的,王经隆在叛乱的最后日子里一直待在塔楼中。他一直与王伦在一起,直到最后一刻才投降。那时他爬出了正在燃烧着的房子,他的手和脸都被烧伤,直接落到等候着的士兵的手上。第二天他被带回现场去检查和辨认那些留在塔楼中的尸体。王经隆被留在临清更长一段时间来录口供,然后与其他 6 名叛乱领袖一起,由 50 名满洲士兵押解到北京。③

他们一行在十月四日抵达京城,第二天就开始由刑部官员在皇城南面的一座宫殿丰泽园进行审讯。乾隆帝亲自去监督最初的审讯,而且审讯在接下来的几天里一直在继续着。到了晚上,这些犯人被关进毗邻刑部的、被严密监视而拥挤不堪的监狱大院中,地址就在紫禁城南。七日,这 6 名犯人到刑部接受审讯,由军机处人员、刑部人员和皇子参加审讯。这次审讯持续到第二天。④

王经隆和其他人被集中审问与起义有关的各种事情。他们被问及新城城墙上的妓女、他们对普通村民的政策、女性叛乱者、仍然在逃者、

---

① 《钦定剿捕临清逆匪纪略》11.4—6,13.38—40。
② 《钦定剿捕临清逆匪纪略》16.1—6。
③ 《钦定剿捕临清逆匪纪略》9.4—6。那些被押解的人中包括孟灿、樊伟和阎吉仁。
④ 《钦定剿捕临清逆匪纪略》11.1,11.14,12.1;《上谕档》53—55,乾隆 39/10/5。关于刑部监狱的更多情况见德克·卜德(Derk Bodde)的《18 世纪北京的监狱生活》(1969)。

其他县份与之结盟的教派、官兵的表现、王伦之死、他们对教主魔法的信仰和起义的起源。对审讯者的问题和叛乱者的回答所做的记录,被收录进军机处的一部名为《东案档》的文献中,为本书提供了重要的材料来源(见附录的翻译)。①

这些审讯绝不可能是一场轻松的经历。据说为了使刑部的处理更加有效,拷问是免不了的,而且昼夜不停的审讯也不罕见。王经隆已经处于烧伤的痛苦之中,而且可能尚未完全从严重的伤势中恢复过来,此时又"受到酷刑"。十四日左右的某时,叛乱者们被再次带进皇城,带到紫光阁——中南海的西岸大厅(之前乾隆帝曾在这里举行典礼,庆祝军事征讨的胜利,钦差舒赫德的画像也马上要悬挂于此)。他们再次在皇帝和他召集的大臣面前受审,王经隆和其他人尤其被要求回答有人提出的这样一项指控:自然灾害或额外的官方加征将他们引向叛乱(自然,指控并未得到王经隆等人证词的支持)。②

作为对自己举动的辩护,王经隆简单地说道:"当王伦说他是真紫微星时,我相信了他,并帮他谋划怎样让人们加入我们的道,而且我和他一起策划了谋反。这是真的。尽管我不停地责备自己,我仍然应该为这项罪过死上一万次。"

十五日,一名医生检查了王经隆的伤势,并报告说:"他下身浮肿,伤口不愈,神志不清,不能饮食。"乾隆帝担心这名重要罪犯会在经历公开处决的最后痛苦前死掉,因为公开处决的场面深具教育意义,于是他下令当天就把王经隆在北京法场上凌迟处死。③

至于王经隆的妻子刘氏,在她的丈夫起事并前往寿张后,她是张四孤庄第一批被逮捕的人之一。九月四日,在叛乱者武装袭击堂邑并打开

---

① 《东案口供》。
② 关于如何拷问,见1814年嘉庆帝的谕令,引自韩书瑞:《真实的供状》,第16页。关于紫光阁,见宫崎市定:《中国的科举地狱》,第105页,以及《清代名人传略》,第74、660页。关于王经隆的情况,见《清高宗实录》969.1—15,以及后面的附录。
③ 《东案口供》1—5是关于王经隆的供述;《东案档》117,乾隆39/10/16。

监狱时,她重新获得自由。刘氏去了临清,并在那场持续的风暴中幸免于难,但在后来被捕(可能与住在汪家大宅的许多妇女一起)、定罪,并最终在山东被判刑。根据关于叛乱的法规(谋反大逆),叛乱者的母亲、女儿、妻子、妾和姐妹(以及16岁以下的主要男性亲属)要赏给功臣为奴。这就是对刘氏和王经隆的其他女性亲属的处罚。她随后被分派到北京的一位高官府上。张氏——王经隆族侄的妻子——(和她的孩子一起)被分配到二品御前侍卫、镶白旗满人伊林府中,刘氏可能也被送到同样或相似的府中。

这种新生活的某些情况,我们可以通过另外一位同样判给功臣为奴的年轻女子的眼睛来看一看。文马氏,是一名王伦普通信徒的妻子,她丈夫和公公都在叛乱中被杀。文马氏那时只有20岁,被押解到北京,也被赏给伊林府上为奴。她在那里被赏给一个仆人为妻,并被告知要分担其料理府中事务方面的责任,包括照顾年轻的家族继承人。马氏一直为伊府服务到1782年——最终因为一件不幸的事件而被判处死刑。

其他叛乱者的妻子,其中包括王经隆的妻子刘氏,不能适应在北京陌生人家中的奴仆生活。叛乱之后不到六个月时,刘氏、上面提到的张氏和至少还有其他两名妇女从她们的新主人那里逃了出来,她们宁愿冒着严惩(处死)的风险,也不愿继续忍受现状。她们后来一直没有被查获。①

---

① 关于这条法规,见盖·鲍莱斯(Guy boulais)译:《中国律例指南》(1966)no.1024。关于其他,见《军机档·乾隆》29748—E;《清高宗实录》978.18—19,984.17—18;《上谕档》269—70,乾隆56/6/2。迟至1791年时,还有一些仍然为奴的妇女被召集来对王伦事件中的一些事情作证。

马氏因为粗心,对三个月大的婴儿之死负有责任。当她的女主人生病时,她成为孩子的奶妈。一天晚上,她和丈夫在伊林大宴宾客后很晚才睡。开始她丈夫和孩子一起睡在炕的一侧,后来她抱起孩子喂了奶,并和孩子睡在了另外一头。马氏睡着了,早上醒来发现了让她毛骨悚然的事情——在她睡着的时候,她不小心把孩子闷死了。她叫醒了丈夫并请来医生,但是孩子已经死去。她要为此负责,依律判处绞刑。描述这个案例的文件在《清朝裁决档案》no.730中,台北:中央研究院历史语言研究所。

根据律法，叛乱者首领16岁以上的男性亲属（祖父、父亲、儿子、孙子、兄弟、叔伯和侄子）要被判斩首。王经隆至少有一名兄长，叫王经乾，他参加了起义，但显然没有能活下来。一个两岁的男孩被认出是王经隆的儿子，他被带到北京并被监禁到16岁，然后接受斩首的刑罚。王经隆的侄孙、就是与王伦最后一起呆在燃烧的塔楼中的那些人之一，他跟着他叔祖一起跳出塔楼，活了几天后死于烧伤和其他伤病。王经隆的姐夫是来自柳林村的一名教派成员，当常胜军到达那里时，他迎接并加入了常胜军，在战斗结束后他被逮捕，最终处以死刑。①

甚至王经隆的一些远亲，没有证据表明他们参加了教派或是参加了起义，却也未能逃脱这场家族灾难。这些亲属中至少有三人被逮捕、定罪并流放到遥远的边疆。张四孤庄与王经隆有关的11名妇女被判处劳役监禁，直到她们的男性亲属被捕。②

考虑到白莲教倾向于将一名信仰者的家庭成员视为其教派群体的一部分，政府不管他们是无辜还是有罪（其平常政策是区别对待这种叛乱者），一律加以刑罚。③ 迫害这些亲属的决定看上去并非不明智，因为清政府对于防止教派组织的日益壮大实际上是无能为力的，所以它通过软硬两方面相结合，来控制持不同宗教信仰的人。当它偶然发现他们时，它对教派中人采取相对温和的迫害（比如流放首领，鞭笞和释放信徒）以阻止传教；而对于任何讨论过"叛乱"想法，或卷入有组织暴力的

---

① 《东案口供》32—37；《钦定剿捕临清逆匪纪略》13.12—13，14.5—8；《清高宗实录》968.41—42。这个小男孩可能是与他母亲一起被送去的。一名宣称是王经隆之子的20岁的叛乱者，在起义之后的逃跑途中被捕。王经隆只有34岁，大概此人（他的供状的其余部分看上去完全可信）是受怂恿（受一名渴望获得赏格的官员怂恿？）而宣称与这名重要的叛乱领袖有关系的。
② 《钦定剿捕临清逆匪纪略》13.4—5，16.16—17。
③ 译者按，作者在这里的观点值得商榷。一般而言，秘密教派（"邪教"）尽管会尽力吸收入教者的亲属朋友，但是并不会贸然"将一名信仰者的家庭成员视为其教派群体的一部分"，甚至规定："上不漏父母，下不漏妻子"。实际上，无论是教派成员，还是一般民众，只要造反，最终都是按照"谋反大逆"等罪名判刑的。

人,则下重手对付。白莲教的目标是否对国家儒教具有根本的颠覆性,这一点可能是有争议的,但是一场白莲教起义的目标,毫无疑问是对王朝有害的。正是王伦凭借他的千禧年叛乱方式构建了这一冲突,那么政府以同样的方式回应,我们也就不必感到惊讶了。而政府就是那么做了——把叛乱首领集中起来并给予他们及其亲属非常严厉的惩罚——从某种程度上它发现那是富有成效的。

但是在与这次叛乱有关的人中,叛乱者和教派成员以及他们的亲属并非是唯一要被惩罚的人。被证明曾经怯阵或逃跑的普通士兵也会被流放或是处死。而且,巡抚以下的二十几名文武官员要为王伦教派和叛乱运动的壮大负责,他们被斥责、罚俸、调职、降职,甚至有一个被处死的例子。① 加入叛乱者(有些人只是非常短暂)的五名功名拥有者(一位文生、一位武举人和三位武生)——其中两名似乎确实给予了积极协助——自然也受到了处罚。即使是通敌的细微迹象也会被很严厉地对待:唯一一位有牵连的文科功名拥有者——一名宣称自己是受胁迫的堂邑人——最终被处以死刑。为了保卫自己的财产而让自己被叛乱者俘获的武生林苞,尽管后来也为政府服务,但还是被剥夺了功名,并被流放到中亚"以警示他人"。②

反之,那些表现出美德的人则获得了奖赏,而且,如果他们已经亡故,奖赏就会发给他的家人。寿张知县沈齐义获得了县中为时已晚的认可,当地方绅士和民众为纪念他而建立起一座纪念祠,并最终在1794年得到了皇帝的正式支持(来自先前70亩充公的叛乱者财产——王伦家的?——收入被用来确保那里的日常供给)。其他牺牲了的绅士和平民也得到了适当的赏赐。例如,一名在抵抗叛乱者攻城时死去的寿张生

---

① (除了山东巡抚、布政使、按察使之外)那些被惩罚者还包括:两名道台、三名知府、一名府同知、三名知县、一名县丞、三名典史和九名武官(从七品到二品)。根据法令,最严重的刑罚是对阳谷县令的斩首,因为没有给出的原因,他当时不在岗位上。《钦定剿捕临清逆匪纪略》15.10—13,16.18—19。关于对兵勇的处罚,有一例,见《钦定剿捕临清逆匪纪略》15.50—52。
② 《钦定剿捕临清逆匪纪略》11.4—6,16.14—16;《宫中档·乾隆》29972—E no.2,30029。

员,得到了一块表彰其忠诚正直行为的牌匾,放在县里的忠义祠中。秦震钧被擢升为知府并获准觐见乾隆帝,后来升为道台,最后他升到省级机构中担任按察使。无论对于平民还是官员来说,这场叛乱也许的确可以被视为一种机会。当然他们更愿意避开它,因为它毕竟具有极大风险,但是这个机会仍然使他们的英雄气概、行政和军事才能得以展现,而这就有可能对其事业产生戏剧性的推动作用。①

至于镇压王伦起义的花费,其中尽可能大的部分最终由受影响地区的正常预算抵消。漕运系统的官员要对粮船的损失负责,并要支付粮船的更换费用。其余部分,大约价值 16 000 两白银的粮食和另外 70 000 两银子的花费,成为"负有责任的"高级省级官员要支付的债务。在对谁应该负责多少进行一番合乎情理的讨论之后,乾隆帝决定按照如下情况分配债务:16 000 两白银几乎是由被免职的山东巡抚徐绩、布政使国泰和负责转移资金的户部官员平均负担。70 000 两白银中的一半由徐绩负担,另外一半则在国泰和山东按察使孙天贵之间六四开。因此,徐绩累计欠银 36 833 两,国泰 23 333 两,孙 13 000 两,以及户部官员 8 333 两。这些债务要从这些官员的薪俸及养廉银中支付(巡抚的养廉银是每年 15 000 两,布政使是 8 000 两,按察使是 6 000 两)。当 1776 年乾隆帝巡幸到临清时,他审核了当时这些债务的偿还状况,并且作为一种偏袒与仁慈的示意,取消了国泰未付的 13 000 两和孙天贵的 10 000 两,而不幸的徐绩则要付满全额。②

---

① 秦震钧 2.47—48;《寿张县志》(1900)2.12—13,5.9,7.27,8.42—44;《清高宗实录》1003.15;《钦定剿捕临清逆匪纪略》16.10—11。
② 关于粮船,见《清高宗实录》968.27,《钦定剿捕临清逆匪纪略》2.26—28。关于罚款的分配,见《清高宗实录》979.8,1160.19—20;《钦定剿捕临清逆匪纪略》16.41—43。国泰最初是因为提议在他和徐绩之间平分他所估计的 60 000 两赤字而被纪念,这笔钱用他们的养廉银分期付款。大学士舒赫德和新任巡抚都提议让徐绩自己负担所有的费用。军机处推荐了这种更加平均的罚款分配方式,而皇帝接受了这一提议,只转移了徐绩债务中的 3 500 两给户部。八年以后(1752 年),当国泰失宠时,正如我们看到的,对准他的指控中的一项就是在王伦起义期间,地方账目上产生了 200 万两白银的财政赤字。这项指控在我看来难以置信,但是又没有实际的凭证。关于养廉银,见张仲礼:《中国绅士的收入》(1962),表三。

但是徐绩政治生涯的损害仅仅是暂时的,他很快又被委任为河南巡抚,升任礼部侍郎,后来担任驻于北京的正红旗汉军都统,直到1811年去世,享年80多岁。作为对比,国泰的前途本来看上去很有保证,他在1778年升任山东巡抚,但是四年后的腐败指控却导致了他的撤职和赐死。对于舒赫德来说,这次征讨是其政治生涯的顶峰。战争结束后,他到军机处任职,他的画像被放入紫光阁,很荣幸地被皇帝列入100名大将军之中,他在1777年去世,享年67岁。①

在中央政府看来,一个月的征讨费用不到100万两,可能看上去不是很高。1747—1748年第一次远征金川的花费将近800万两,1766—1769年征讨缅甸花了900万两,而正在进行的第二次征讨金川到1776年时要花费7 000万两(1787—1788年镇压台湾林爽文起义花费了800万两,而1796—1805年平定另外一场白莲教叛乱的费用竟高达12 000万两)。②

对于山东西北的居民而言,这一负担看起来就没有那么轻松了,当地政府动员士兵的所有花费(或为之获得补偿的花费)、供应武器弹药的花费、用于运输的马匹和后勤人员的花费,其中还不包括后来重建和赈济的花费,根本无法全力负担,这些资金不从当地人口中取得,还能从其他什么地方得来呢?而且征兵前往和离开临清要经过许多地区,这些地区不可能从士兵的出现上受益。

叛乱本身的自然影响更为有限。王伦和他的信徒穿过山东乡村,走出了一条很窄的通道。在向西北行进的路线上,史料中仅仅提到寿张、阳谷、聊城和堂邑等6个县,而且在这一阶段还没有派出劫掠团伙。阳谷和堂邑经历了数量和暴力都有限的叛乱者的到来(每一例仅仅是几个

---

① 关于徐绩,见《清史列传》(1964)27.35—37。关于舒赫德,见《清代名人传略》,第74页、660页。关于国泰,见第37页注释①。
② 韩书瑞:《1813年八卦教起义》,第360页;曼素恩和孔飞力:《清王朝的衰落和叛乱的根源》,第144页,《清代名人传略》第370、965页。

小时的事情),但是寿张县城被占领了三天。感觉到起义真正力量的地区是在临清城内和周围地区。常胜军连着两个星期派出小规模的团队到乡村中,而且至少有20多个乡村受到了影响。这种由武力支持的叛乱行动的出现,使得很多人陷入在抗争和受胁迫之间做出选择的两难情境,而且造成了很多的生命和财产损失。临清城当然遭受了直接的冲击,叛乱者盘踞旧城达22天之久,而政府花了6天时间来重新占领旧城。尽管有救济措施,但是入冬使这场灾难比之前更显严重,因为在这个地区冬天向来是很难熬的。①

    叛乱破坏的程度有限,不仅仅是在地理上,而且起义的规模也非常小。超过6 000人(自愿的和被迫的)曾参加过王伦起义是不大可能的(在任何时刻,这个群体可能从未超过4 000人)。当然,这场叛乱上演了一场回想起来无异于自杀的赌博,因为从任何观点来看,这数千人都会惨遭失败的。正如我们在王经隆的案例中看到的,很少人幸存下来并正常生活。因为王伦与其母教的联系有限,而且没有在附近社区进行扩张,所以对其教派的研究很少超出它的大多数信徒居住的那六个县。不过正如清政府对异端组织的彻底迫害所通常发生的那样,王伦教派也是被连根拔起。对于他们而言,伴有千年盛世许诺的末劫仅仅带来一瞬间的快感,继之而来的就是灾难。②

---

① 这还不是叛乱者带给临清的最后的不愉快经历。80年之后,在1853年的春季,太平军的北伐部队围困并最终占领临清,并在撤回南方之前,在此盘踞了九天。
② 下一个发生于寿张—临清走廊,很容易被证明的教派活动的例子,就是19世纪60年代早期与宋景诗(来自堂邑)有关的"黑旗军"起义。见刘广京:《清代的中兴》(1978),第463—469页。中国出版过一些关于这场起义的史料汇编,比如《宋景诗档案史料》(1959,北京:中华书局)。

结　论

王伦起义一般被描述成清代盛世光滑表面上的第一道裂纹,是这个繁荣而自信的王朝不能持久的预兆。因为在时间上接近和珅的崛起(始于1775年),所以这次叛乱就与跟和珅有关的衰弱和腐败联系在了一起,和珅是年迈的乾隆帝的宠臣,很少有人为之辩护。因此,1774年乃是被用作标志着缓慢衰落开始的便利时间,大多数人认为在这个世纪末年,这一衰落表现出加速度的态势。在现代,这个起义有时也被视为中国人民不满于现状的部分力量苏醒的初步标志。它似乎是由异端神学激起的一系列起义中的第一次,而异端神学通过1796—1805年的白莲教大叛乱、八卦教起义(1813年)、太平天国运动(1850—1865年)和义和团运动(1898—1900年)……①这幅画面有多大的正确性？这次起义是

---

① 杨庆堃宣称:"18世纪中期以后,每隔十年,宗教叛乱就充斥于历史记录之中",而邓嗣禹评论说:"在自负而精干的乾隆帝(1736—1795)在位后期,名相和珅与其他人相勾结,贿赂开始支配政府的政策。富有而强大的满族王朝开始呈现衰败的迹象。秘密社会重新开始活跃起来。"他们都举王伦为首例。高延把王伦起义描述成乾隆的迫害政策以及由这些迫害引起的一系列叛乱的转折点。杨庆堃:《中国社会中的宗教》(1961),第219页;邓嗣禹:《捻军和他们的游击战》(1961),第36页;高延:《中国的宗教主义和教派迫害》,第306页。关于其他类似特征的描述,见铃木中正:《中国历史上的革命与宗教》(1974),第220页;韩书瑞:《1813年八卦教起义》,第64—65页。

否是帝国内部普遍腐朽的征兆？20年后,英国使节马戛尔尼将这种腐朽比作一种致命的疾病。① 这次叛乱与导致王朝覆灭之间的联系有多少呢？

公正地说,在王伦的有限成功与和珅及其派系最后掌权之间建立任何有意义的联系,似乎都是不可能的。在和珅首次被丧亲的乾隆帝看中之前,叛乱就已经结束了,仅仅几年之后,和珅就开始大权在握了。正如我们已经说到的,我没有找到证据证明,稍后时期的大范围腐败可以被上溯到1774年秋天之前。王伦起义似乎并不是官僚制度崩溃的反映。另一方面,我们确实想知道,是否镇压这些叛乱者的军事运动并没有预示着清朝武装力量的衰弱,这种衰弱在18世纪90年代的白莲教运动中被暴露出来,当时正是和珅权倾天下的时候。

王伦不仅相当公开地组织其信徒,而且领导他们迅速开战并成功地攻下了三座带有城墙的县城,而且每个县城都拥有一支绿营分队。尽管山东巡抚指挥一支军队积极追赶,但是叛乱者的运动还是前行了100公里,并且其规模在任意扩大。继而叛乱者们攻占了华北最大的城市之一,赶跑或围困城中的人口,切断大运河和卫河沿线重要的商业和官方的运输通道,时间长达一个月之久。在至少两次战斗中,绿营和八旗士兵被证明无力打败装备很差的叛乱者分队,他们在激战之中垮掉,并且明显是溃败了。政府对临清的攻击尽管获得成功,但却是十分仓促的,而且协调性很差。最后,来自遥远的满洲的将近7 500名士兵不得不被送上战场,去平定这场开始只有很少信徒的看似荒谬的宗教运动。面对这样的责难,帝国怎么还会是安全的或者是宣称的那样伟大呢？

在我看来,在镇压王伦起义中得以清晰证明的一些军事错误是因为,依靠分布不均的小驻防和广泛分布的大驻防相结合,清廷在采取任何种类的军事行动上都面临着困难。它们的机制并非为速度而设计,而

---

① 克兰默-宾编:《马戛尔尼1793年之访华日记》,第191页。

且除非有重大的紧急情况,不同单位的有效合作是不被提倡的。一些中国的带城墙的城市可能顶得住包围,但是很多城市一般不能很好地对抗出乎意料的精确的军事进攻。起初王伦进攻了防护虚弱的地方,因为它们相对不很重要。政府军事力量分布的不平衡是清朝体系所固有的。它是满洲人不得不承受的问题,有其必要性并作为与其他利益相协调的一个部分。在和平时期保持武装力量备战的困难,进一步加重了这些内在的约束。从山东士兵有理由投入战斗可能已经有100年了①,而乾隆帝马上部署更有经验且更优秀的北京和吉林武装部队,当然是对省军(抚标——译者)可能的反应迟缓进行弥补的现实尝试。

但是为了证明18世纪时期清军军事效率的全线衰退,那就必须展示,自18世纪40年代开始进行的无数次征讨,显然比1774年的那些军事疏忽都要严重得多。二手史料表明,1747—1748年间第一次金川暴动的失败、1768年因为征讨缅甸而带来的灾难和1773年其他金川部落队伍给一支清军带来的近乎毁灭性的打击,它们揭示出的虚弱和限制远比1774年山东叛乱事件中暴露出来的那些更为严重。② 相比之下,镇压王伦的征讨是成功的,而且把它视为王朝衰落的一部分似乎是不正确的。另一方面,我们当然可以坚持:征讨王伦的某些败笔的确证明,某些基本结构的弱点已经困扰着而且会继续困扰着清代的军事机器。

19世纪,绅士组织地方民兵(团练——译者)是为了弥补正规军的不足(始于1769—1805年白莲教起义期间,并在19世纪中期的叛乱期间更为广泛)。这种利用民兵的创举被史学家视为力量平衡被打破的标志、中央政府控制能力削弱的根本转变的开端。③ 我们可以在1774年看到这一潮流的开端吗?

---

① 译者按,原文如此。作者的意思应该指的是,尽管山东绿营已经有100年的历史,但是在遇到重大事件发生时,仍然无法独当一面。
②《清代名人传略》,第7、44页。
③ 见孔飞力:《中华帝国晚期的叛乱及其敌人》。

我认为不能。民兵组织实际上在镇压王伦的行动中没有发挥显著作用。一些民兵队伍当时已经在受叛乱者威胁的县份产生(而且由官府默认支持),不过他们的目的是防御性的,他们的组织流行短暂,而且他们的规模也不是很大。① 临清新城被围困期间,在官方领导下产生了一支城市民兵,而且自作主张地使用了100人的穆斯林民兵(没有皇帝支持),加快了重新占领临清旧城的进程。这一地区明显缺乏广泛的绅士网络,这并非是政府的政策,实际上,可能是参差不齐地使用自卫组织的原因。组织地方民兵的机会,无论多么短暂,都可能造成绅士力量的壮大,这会对地方状况产生微妙的影响,但是从王朝的观点来看,这次叛乱几乎是在没有绅士协助的情况下被镇压的,而且在实际上也没有权力向下转移的危险。

事实是,我们不应该过快认定王伦的成功是由于结构问题或是不断增加的政府弱点造成的。在常胜军的军事成就上,王伦本人必须得到肯定。对寿张、阳谷和堂邑等城市的攻击,由于瞄准了体系中的弱点,从而得到了相当有效的展开。尽管王伦本人能够而且的确有效地领导了战斗,但他是通过把军事权力授予他的大元帅而展示其决策能力的,而且他们通常(当然首先)证明了他对他们的信任。叛乱者在将自身转变为武装起来的流动群体上,以及安全通过乡村前行和为其前进提供给养上,几乎没有遇到困难。直到开始袭击临清,叛乱者才发现居然还有他们无法占领的城市,而且直到二十一日开始的战斗,他们才遇上能够击败他们的清军。王伦成功地使用了他的武艺、教派纪律、神力保护的许诺和宗教精神来使其信徒让对手害怕,并能在战场上获得胜利。无论如何,他们不能算是"乌合之众",这是清军指挥官喜欢用来贬低对手的用语。王伦虽然无力发动一场规模更大的运动,但这一点不应该遮蔽这些成就。

---

① 关于这些小型民兵组织,见《宫中档·乾隆》30218。

结 论

　　出于同样的原因,清政府最终成功的某些原因必须解释为叛乱者运动中的失败的结果,而非清政府自身力量的结果。如果王伦能够攻下临清新城,劫掠它并继续前进,那么他的人马可能会剧增。但是尽管有几名新成员的建议,叛乱者仍未能发展出成功的攻城策略。此外,叛乱可以从更有效地使用先进武器上有很大受益。是否叛乱者对他们的宗教武艺的信仰阻止了他们依靠其他武器?此外,王伦在战术性失误上也负有责任。放弃进攻临清,而不是允许其随众在那里安定下来,并且向北压进,袭击其他小城市,以期在势头上增长,这对王伦是不是会更好?这些军事失误使得叛乱者陷入临清,可悲地成为清政府毫不费力的靶子。

　　王伦的主要弱点在于没能产生众多的追随者。这也是他的错误吗?或者更是对清代社会肌体一般健康的反映?首先,在创造其运动核心上,王伦没有充分利用原本存在的教派网络。不像八卦教领袖林清那样在1813年将十二个不同派别而又广泛散布的教派纳入一个组织体系之中,王伦没有尝试发现和联合其他宗教团体。他甚至没有尽力联系附近像他一样的人,那些人的宗教习俗、教派背景都可以追溯至单县刘姓的传教家族(指八卦教——译者)。王伦只是发动了他自己的追随者,因此跟随他一起发动叛乱的那群人比应该可以动员起来的规模要小得多。

　　此外,从教派起义到大众运动的转变是很困难的。其中一个理由可能仅仅是地方社会的结构。在由绅士主导的网络强大而且组织完善的地区里,精英分子可以轻易发动其他人,那么叛乱群体就只有通过劝说(如果他们可以的话)绅士领袖,才能获得他们的追随者。王伦找到了一些精英支持者实有其事,但在山东西北地区,早先可能并没有形成较大的网络(用来叛乱或自卫),可供绅士利用。与之相似,这个地区的商业联系非常广泛,通过商人和牙行将城市与乡村联系到一起。对发动民众而言,这种联系可能是很不合适的渠道。

　　正如孔飞力提出的,也可能是教派自身的结构阻碍了更为广泛的发动。① 事实上教派建立在个人联系上，而个人联系通常并不一定得到其他社会网络的认可，教派团体显然是通过依靠新的个体承认，而不是传统的团结一致的形式作为新成员的来源。因此，成员的迅猛扩张看来需要一个再教育的有效体系，这是王伦的群体所无法提供的东西。

且不论结构局限如何，王伦本人和普遍的教派观念并没有在广大群众中得到热情的回应。叛乱者完全不能使山东城乡地区的民众相信，他们提供了对清朝体系可行的替代。王伦是作为教主而不是叛乱领袖得到信服的。白莲教与绝大多数民众无关也许可以解释这次叛乱的失败。当然，这次叛乱并没有提供任何证据表明，广大民众急于怀疑或抛弃正统价值。同时，王伦起义的失败还表明，清朝社会秩序尚未接近临界点。阶级冲突、人口压力、生态破坏所造成的紧张还没有发展到忍无可忍，或者精英们对政府的失望情绪还没有严重到情愿把赌注押在王伦身上。这样看来，王伦的成功与随后的清中期衰落的征兆之间的联系，就显得太表面化了。体系中的缺点确实看起来使得起义的发动成为可能，但是它们并不是引发起义的直接原因。起义仅仅卷入了很小一部分人口，而且在我看来，导向叛乱的动力很大程度上产生于内部。

我们仍然能把这次起义视为18世纪里第一次成功的千禧年叛乱和后来的困难对抗的先兆么？这个问题有好几个方面，并且我们可能首先会问，是否清水教信徒证实了教派教义在整体上变得越来越流行？王伦教派当然并不代表教派规模或组织发展的新高峰。与那些组织庞大、触角四张、结构复杂的教派网络——比如滦州石佛口王家——相比，王伦教派可以说是很不起眼的。另一方面，白莲教在18世纪的历史尽管尚未被探究，但是确实表明当时存在着对这种宗教替代物的稳定需求。政府(当然是难以对付的发号施令者)发现的教派数目肯定是在增加的，尤

---

① 见孔飞力：《中华帝国晚期的叛乱及其敌人》(1980年平装本)前言，第7页。

其是在鸦片战争(1840年)前的那个世纪里不断稳步增长。① 清水教的成长当然是这种趋势中的一部分。事实上,是不是王伦的千禧年思想非比寻常呢?他的起义是否是一系列不断升级的千禧年叛乱的第一个呢?

关于弥勒佛将会降临的说法,在18世纪各白莲教派中是常识。而且在18世纪70年代前,说千禧年信仰不存在或者是占有主导地位都是相当不准确的。② 此外,清朝时期还有一些小的起义是由教派成员策划或发动的。③ 然而,普通民众很少参与到这些事情中来,而且地方军队迅速或是不费什么大力气就把叛乱者驱散了。因此,王伦并非清朝第一个按照白莲教劫变观许诺行事的人,但是他肯定是最成功的。能否肯定正是王伦才将叛乱确定为教派行为中更切实可行的方式呢?1774年起义之后是否真正伴随着一系列更加成功的千禧年运动呢?让我们浏览一下这个世纪后半期里所发生的事件——它们可以被理解为这样一个系列的组成部分——从而把这次叛乱置于更广大的背景之下。④

---

① 韩书瑞:《中华帝国后期白莲教的传播》,第4—5、45页。
② 关于一些与弥勒佛有关的案例,见《宫中档·雍正》6726,7450;《宫中档·乾隆》27036;《清高宗实录》311.31—32;《军机档·乾隆》15209。
③ 1725年,一位福建教主被指定为弥勒佛祖,他在浙江的徒弟们预言说:"末劫来临,天崩地陷",还说:"只有那些吃了这种教里给的用朱砂配合的药的人才可以逃过灾劫"。他们召集起他们的群体等待着千禧年的到来。但就我所知,他们并没有采取挑衅或暴力的举措。《宫中档·雍正》5380,11268。其他事件出现在1727年的陕西(《宫中档·乾隆》20218)和1748年的福建(欧大年:《民间佛教》,第119—122页)。我认为,朱永德(Richard Chu)把湖北某个略带宗教色彩的组织与清兵之间在1768年发生的简短遭遇战,错当成白莲教千禧年主义的一次暴动,而且他把向更加军事化阶段的过渡定在那一年。见朱永德:《中国史上白莲教研究的介绍》(1967),第142—143页。
④ 关于这次调查,我依据的是台湾故宫博物院的军机处档案和《清实录》。杨庆堃在他的文章《19世纪中国民众运动类型的初步统计》(1975)中的统计资料作用有限,因为他们没有用到比《清实录》更加详细的史料,而且把"秘密结社与教门"(secret and sectarian societies)混为一类,并用十年一阶段来对其活动加以分期。但是他们的确展示了19世纪早期"秘密""教门"的"活动"的稳定数目(见表11和15)。译者按,所谓把"秘密结社与教门"混为一类,是因为一般而言,"秘密结社"大致可以分为"秘密教门"与"秘密会党"两类。杨庆堃所说的"秘密结社"实际上专门指"秘密会党"(西方通行用法),它和"秘密教门"并没有混为一谈;反之,本书作者韩书瑞也没有错,从严格意义上来说,教门与会党无论是从历史、信仰、组织,还是一般活动,都有很大差别,只是都带了一顶"秘密"的帽子。在论述特定的对象时,最好还是加以区分。

1777年冬(十一月四日至十三日之间),一位名叫王扶林的人,召集其圆顿教举行龙华大会,他从附近地区聚集了大约1 000名弟子,并且占据了他在甘肃中西部的家乡地区。他四处散布说自己是活佛,是弥勒转世,而且说他母亲是五圣老母。末劫之时已经到来,只要是王的追随者,就会有神力保护而不受伤害。春天的花朵会在十二月开放,大道将现。叛乱者计划首先攻打河州,继而是省会兰州。但是当1 000名士兵开到他们的营地时,他们开始抵抗,他们一切都依赖着师傅,而此时师傅所施展的法术也不灵了,根本无法避开炮火。一天之内,圆顿教营地被夷为废墟,所有参与者都被杀或被捕。①

另一方面,1786年发生过一起千禧年教派对直隶南部大名府发动攻击的事件,他们的目的并不明确。表面上,八卦教的50名成员打算占领大名,等待更多信徒伙伴的到来,然后前往山东单县,打开监狱,释放他们的教主刘洪。史料中没有提到弥勒佛或劫变的字眼。但是,穿着特殊服装,预言依靠神力无人会被困住,许诺在刘洪作为总教主的新等级制度中的地位和头衔,相信能以一当十的50个人足够派上用场,并且预期在大名被占领后新的支持者会自动产生,所有这些都会使人想起白莲教千禧年的表现。这个团伙使得闰七月十五日那天在城内当值的官兵大吃一惊,但很快就轻易驱散了这批进犯者。那些逃跑者在接下来的几个

---

① 一名54岁的参与者这样感人地描述了战斗:"十三日官兵来了,三位教主说:'你们无须害怕。年长者手持三炷香,对天默祷,神灵自然会保护你们。年轻人应该拿起木棍抵抗。我们有神力,能够避开他们的炮火。王扶林、张志明(音)和王秋儿(音)(即三位首领)随即披散头发,拿起剑来,念诵咒语。王扶林的母亲和妹妹打着黑白相间的旗子。她们与张志明和王秋儿一起,率领我们大家伙儿抵抗官兵。官兵们开枪放箭。王扶林和另外一些人被击中,很多人受了伤。我没有参战,只是举香向上天道高,但是没看到什么神效,于是我就逃跑了。"《上谕档》57—64,乾隆43/1/23(引用史料);《宫中档·乾隆》33191,33501。王扶林的一名弟子在1805年因为继续这一教派的活动并继续谈及集会以避"末劫之灾"而被捕。《上谕档》283—86,嘉庆10/5/21。

月中陆续被捕。①

1796—1850年的白莲教叛乱有着相似的开端和截然不同的结果。从1775年起,河南教派的师傅刘松就与末劫之说联系在了一起,而且自1792年起,关于弥勒佛即将降临的流言在他的教派内部流传。湖北地方官员对该教派的(重新)调查开始于1794年,持续了两年,数百人因此被捕。刘之协和王发生(一作王发僧——译者)在刘松于1794年被判流放之刑(发配至甘肃隆德县——译者)后继任教主之位,他们逐步实施他们的千禧年预言。两人被指称为新世界的宗教领袖(弥勒佛)和复辟君主(明室后裔)。信徒们开始计划如何在他们期待着的令人恐怖的末劫时期活下来,那时,"一日一夜黑风起,吹死人民无数,白骨堆山,血流成海。"总起义的日期定在1796年的三月十日。

那年正月里,教徒的准备和官府的查拿同时进行,湖北宜都县的教首决定,为了避免被捕,必须把散处各地的教徒召集起来,因此湖北西部地区的教徒在1796年早春首先发动了起义,邻近省份的几千人很快加入了他们的队伍。一些叛乱者按计划向小城市发起进攻,但是由于官兵的镇压,他们只是短暂地占据了这些城市,随后,他们逐渐西移,进入湖北、河南、陕西和四川之间的多山边界。这里的地形对外人来说是很难进入的,他们还得到了生活在这一地区的移民支持,白莲教叛乱者的力量尽管不断被削弱,但他们仍然坚持了将近十年。在前四年里,和珅和他的亲信指挥的清军软弱无能,谎报军情,收功甚小,花费巨大。1799年嘉庆帝掌权后,他重新调集兵力,只任命了一位指挥官,并授权使用地方民兵,实行坚壁清野政策,才逐渐将叛乱镇压下去。②

---

① 这个教派属于山东单县刘家八卦教的一支,而且刘洪是刘胜果的儿子,后者在1772被捕并被处死。《上谕档》307—310,乾隆51/10/25;《上谕档》187—195,乾隆51/8/17;《上谕档》355—356,乾隆51/9/5;《上谕档》363—364,乾隆51/9/6;韩书瑞:《1813年八卦教起义》,第65、308页。
② 关于这次叛乱的档案史料太过卷帙浩繁,此处不予引用。见曼素恩和孔飞力:《清王朝的衰落和叛乱的根源》。

正在这场大规模叛乱进行之时,华北平原上发生了一起小型事件。1802年十二月一日,一群人头裹白布,大约有三四百号人,在王潮名的领导下攻入宿州——安徽西北的直隶州。他们杀死了驻城的官员,占据城池达五日之久,后来,一支民兵赶来与之作战,双方僵持不下。官兵很快赶来,平定了造反者。这一帮人准备了几个月,学习咒语,练习武术,他们是某个不知名的异端教派的成员。①

1805年冬,在同一地区,白莲教首领王发生的其他徒弟又开始考虑千禧年问题。刘茂修(音)预言劫变就在来年新年那天开始,那时会有大雪降下。他们准备好武器,分配好官衔。当邻居威胁说要告发他们时,刘茂修等人决定提前动手。他们发动了将近千人,并首先去了蒙城和宿州交界处的一个村庄,准备从那里出发攻打亳州城(这些地方都在安徽),然后再前往河南。几天之内,刘茂修等人还没有来得及动手,官兵就包围了该村,将叛乱者捕杀殆尽。②

1813年,正如我在其他地方以更长的篇幅描述过的,名叫林清和李文成的两位教派首领,从北京附近、河南北部、直隶南部和山东西部各个先前并不相关的教派中发动信徒,大举叛乱。那年秋天,林清很有野心地试图攻陷北京的紫禁城(很快失败),而李文成则领导数千支持者攻打了南部平原上的县城(成功地坚持了三个月之久)。最后,各路大军被调集到现场,缓解被困住的民兵和地方军队,重新占领了叛乱者总部所在的滑县县城。③

1822年,在安徽和河南边界上,早已死去的教首王发生的亲属开始重新复活他们的教派。邢明章预言将发生一场劫变,这次要通过血和瘟疫来完成。他断言弥勒佛已变化为真紫微星重新降临人世,他的随众可

---

① 《清仁宗实录》106.8;《上谕档》145—148,嘉庆 7/12/13;《上谕档》165—176,嘉庆 7/12/15;《上谕档》257—260,嘉庆 7/12/24;《上谕档》311—318,嘉庆 8/3/28。
② 《清仁宗实录》154.1—3;《上谕档》245—46,嘉庆 10/12/16;长龄:《长文襄公自定年谱》(1841)1.51—55。
③ 韩书瑞:《1813年八卦教起义》。

以获救。旗帜和白布、头衔和武器都已准备好了。七月十三日,来自两省的大约150人被通知到阜阳县(安徽)的一个小村庄集会,但是省军和民兵用了三天时间就包围并打垮了这一临时营地。①

可能还有其他一些小型千禧年事件,但是所有这些都应该被视为王伦起义之后半个世纪里发生的大事件。即使是概括言之,我们也能发现,许多重复出现的白莲教起义的特征是很明显的:受到欢迎的师傅所发挥的关键作用、愿意依靠咒语对抗武器、整个家庭的参与、随着时间流逝教派网络的力量逐渐壮大、预言中的行动逼近之时有被发现的危险、华北平原上的武装抵抗因为不能获得支持而无法持久。几乎每隔十年就有起义发生,大多数都比1774年前的更加广泛,并且全都被证实采用了暴力行动。我们确实看到教派成员重复尝试的千禧年模式,但是他们并没有逐渐取得成功。所有起义的初始阶段都极为相似,但是只有1796—1805年的三省起义能坚持长达将近十年之久。② 那么这些不同的事件之间有什么关联呢?

一方面我们不应该预设模式,因为产生这些起义的状况在时间和空间上都是具体的,而且每一案例都不相同。江苏中部、湖北西部山地、淮河低地和北京郊区的社会、经济、政治状况都是非常不同的,此外,整个国家在这50年的过程中经历了广泛的改变。然而,另一方面,所有这些起义都是由富有魅力的首领与奉献而笃信的教徒,以及愿意支持教派叛乱的普通人相结合而产生的。正是后一因素——大众追随者——在我看来是真正的变体。当然18世纪90年代在湖北—陕西—四川边界对叛乱者产生广泛支持的状况,使得这次起义的结果与王伦那次起义(只有很少的支持者),甚或与李文成八卦教起义那次(其被

---

① 《清宣宗实录》39.16—18;《外纪档》(无页码),道光2/11/4和道光2/12/19;孙玉庭:《延釐堂奏疏》(1872)22—26。
② 译者按,作者在这里称为"三省起义",国内学术界的通行说法是"清中叶五省白莲教大起义"(五省指湖北、四川、陕西、河南和甘肃)。实际上,还包括湖南和贵州两省,发动起义的是三阳教(实为混元教,因为教主刘松等人被捕,刘之协等改名为三阳教)。

捕的人口大部分来自那一个被占领的城市)大不相同。尽管很难争辩说在1774年到1824年的半个世纪里，整个华北的状况总体上没有变得更加困难，但是应该注意到，它们并没有全部变得如此糟糕——当然考虑到这样的状况会产生叛乱者——以至于为教派的千禧年主义产生自动增长的听众。这些教派内部导向叛乱的动力可能正在稳步增长，但是听众却没有。

这些各种各样的起义之间的关系可能是另外一种。因为宗教意识形态在这些叛乱之初发挥了关键作用，所以，似乎每一次千禧年运动的失败都可能有助于下一次的爆发。对教派师徒们而言，屡屡失败的尝试恰恰是对宇宙节律的回应，决然不会产生打消其希望的效果。事情恰恰相反，甚至那些自己很熟悉过去的灾难与失败的人(像王伦的随众)也继续梦想并愿意再次采取行动。此外，因为当清朝社会的力量逐渐发生转变之时，预期的利益与叛乱成本之间的比率正在持续改变，所以随着一次次暴动的发生，教派首领都会被鼓舞起更多的希望。尽管成功的机率在我们看来相当遥远，但是有些人总是相信历史正不可避免地走向胜利，并想要亲自见到那一时刻，在他们看来，即使针对国家的小的挑战也可能是意义深远的，并且会增强他们的信念。当然，这些失败的起义的确引起了权力平衡的些微转变。用其他千禧年叛乱者的话来说，每一次都是"走向正确方向的一步"。① 在这一时期的华北平原上，一种特定的动力似乎产生于白莲教群体内部(而且大体上在正常社会中是不必要的)，这种动力源于希望和熟悉，这两点在很大程度上独立于其他发生因素。

尽管王伦的失败能帮助我们理解后来的起义，但它们并不能真正帮助我们解释王伦的失败。当然对类似事件的研究向我们展示了王伦的相对成功(他将教派转变为独立的群体并存在了一个月)和失败(他未能

---

① 大卫·斯图提万(David Strutevant):《菲律宾的民众起义,1840—1940》(1976),第297页。

吸引大众支持或最终打败政府军队),但是为什么这次起义突然爆发于1774年呢?为什么是在山东西北地区呢?为什么是王伦这个人呢?当我们足够细致地审视这场叛乱时,是否有足够的证据来说明,有了发动民众的合适环境,有了官府查拿带来的紧张背景,有了业已流传的千禧年观念,再加上非凡的能够影响其周围人事的个人力量,那么,千禧年观念是否就会几乎不可避免地成功转化为行动呢?当环境已经产生出一群坚定的白莲教信徒时,那么早晚都可能会产生出一个王伦。而且这种集体行动和它的背景之间的关系是不可否认的。尽管我们可能看不到具体的联系,但是白莲教千禧年主义重现并找到了合适的家,却肯定不是偶然的——在地理上正好位于中国容易遭受重大而连续危机的地方,在时间上正好处于人口增长不可抑制的时候——如果这些看不见的压力施加于经济、社会和政治制度等方面的话,自然会为千禧年运动培育一个温床。要是我们更好地理解教派组织、信徒的社会背景与18世纪华北平原的权力现实之间的相互影响后,就容易找到这个答案了。

我们可能最终会把王伦起义视为更加普遍的现象的一部分。就神学和阶级构成而论,如果把它视为农民反叛,那么会呈现出某些困难。大多数加入王伦起义的可能是务农者,然而在我看来,要把他们说成是已经构成了一个(农民)阶级可能还不太明显。正如我们所知,王伦的追随者事实上包括来自可能是互相敌对的阶层的人。教派成员的唯一共同点是,没有一个人属于清朝最高级别的精英分子。但是构成成员关系的唯一原因是信仰,而不是背景。此外,除了打开县库,王伦叛乱与中国马克思主义历史学家所谓的"农民思想"——目标是平分地权、消灭赋税和养活穷人等——没有什么吻合之处。① 王伦没有超越(或者甚至提及)

---

① 关于英语写作的一种便利而或许有些过时的讨论,见詹姆斯·哈里森(James Harrison):《中国共产党和农民战争》(1969),第6章。

这些中的任何一点。他的信息被传达给作出自身选择的宗教奉献者,而不是传达给同一个社会阶级的成员。这个白莲教分享了许多与中国民间文化相同的价值观,而且也不一定与普通宗教习俗相抵触,这是事实。但是白莲教观念在教派或者千禧年的形式上相对缺乏吸引力,也证明了它们往往处于民间文化的边缘。显而易见,白莲教的思想传递的是既有拒斥(exclusive),又有普适(universal)的信息。

在一个像晚清帝国那样充满多样性和复杂性的社会中,一种(或多种)异端宗教教派能够生存下来并不令人感到惊异。更令人困惑的是,白莲教教派主义应该——冒如此大的风险——与清楚明确的千禧年信息相关。世界上其他地方关于救世的或者千禧年的运动的文献是否能够帮忙解释这一点?大量关于千禧年运动的近代著作广泛聚焦于似乎不能互相比较的现象之上:运动的发生主要是为了回应近代西方文化的威胁,而且大多数研究集中于这类运动恢复活力的即时原因,而非很长时期内千禧年信仰绵延不绝的原因。① 无论如何,这些研究确实把我们的注意力引向两种文化之间难以处理的关系和不同文化之间的紧张。如果有人认为北美印第安人的鬼舞是试图在一种技术上超前很多的文化面前复活并坚持传统的价值观,如果有人认为南太平洋上的船货崇拜②是对西方迷人的财富和权力的回应,如果有人认为19世纪中国的太平天国叛乱是尝试借用基督教来恢复中国在世界中心的地位,那么是什么紧张的原因激化了白莲教在17、18世纪里原本就持续不断的千禧年主义呢?

柯奈姆·布里奇(Kenelm Burridge)的理论认为,"千禧年活动源于竞争性环境",通过对威权体系的集中观察,他指出,此类活动的发生可

---

① 最近一项对有关文本做了有价值的研究是希勒尔·史华慈(Hillel Schwartz)的《开端之末——千禧年研究,1969—1975》(1976)。
② 译者按,Cargo Cults或可译作"货船崇拜"(两者均为人类学领域的一般译法),最好译作"船货教"。

能是由于"分享或想要分享一整套指向特殊救赎过程的假设,某个相关群体被排除在这类假设的回报之外"。① 在清朝精英(国家的或者绅士的)与清朝民众之间存在着明显的权力差别。精英不仅在政治、经济权力和尖端的军事技术上,同时也在文化正统上有着严格而有效的垄断。然而精英和民众分享的是同一种文化。如果我们要假定白莲教派和理学正统之间的关系,与耶和华见证人教(Jehovah's Witnesses)和基督教之间,或是苏菲教(Sufi sects)和伊斯兰教之间有一定可比性的话,那么,给予白莲教千禧年主义生命的根本原因可能存在于这些信徒(believers)与代表者(representatives)之间,代表者即人们通常所说的神父(priests)。

在18世纪,中国社会中唯一能够获得令人尊敬地位的途径就是通过儒家经典的教育(通过科举考试认证)并在国家机构服务,这种观念分布广泛且根深蒂固。因此,对那些试图分享精英权利的基本预案落空——或是制度方面的原因,或是结果令人不满——的人来说,白莲教观念和组织也许是一种替代品。白莲教模仿理学正统的模式(拥有他们自己的精英、经典和历史观)同样表明,不管他们的吸引力多么微弱,这些教派都与社会精英分享价值观,并且视自己为社会精英的竞争对手。官方则把这些教派视为非法,视为异端,并因为它们在一定程度上受到欢迎而尽一切可能加以迫害,这表明了清朝精英在看到竞争对手的同时也承认了这种竞争的存在。王伦叛军的行为,尤其是他们对国家象征(宗教的和政治的)的攻击,可能也同样反映了这种竞争。汉族国家和清朝精英在他们的权威和目标上相当世俗化的既定观点,模糊了他们宗教方面的权力,并可能过多地把人们的注意力引向其他问题。

其他社会中的千禧年潜流与占有主导地位的正统能够长期共存,与这些社会相比,18世纪的中国显得相对不宽容。尽管白莲教总体上有获

---

① 柯奈姆·布里奇:《新天地——千禧年活动研究》(1969),第34、41页。

得生存的需要(他们怎么会被完全消灭呢?),甚至经常能够发展壮大,并且显现于地方场景。对千禧年观念最微弱的涉及都会引起清朝官员立即采取行动。弥勒佛的典故、大灾难的预言、讨论劫变的经书以及任何看起来好像是为联合军事行动做准备的活动——所有这些都是众所周知的产生军事异端的危险标志。尽管清朝官僚机构常常行动迟缓而笨拙,但是一旦嗅到能够表明千禧年倾向的教派网络的气息,其出手之狠毒,处理之彻底,毕露无遗。

通过注意到白莲教为个人提供的机会,而且通过理解他们的千禧年观念,这些教派尽管有时处于休眠状态,但从与理学正统的辩证关系上来看,他们很容易苏醒并生存下来。人们可能会发现,清代社会中这种教派的反复出现和坚持,并不是那么神秘。但是我们可能仍然想知道这些教派最可能存在于中国和中国社会中的什么地方。

要对这个问题作出完整的回答,需要对 16 世纪以后白莲教千禧年主义的传播做更加彻底的研究,但是这样一种对某个环境的调查(比如王伦教派生存的乡村地区),可能暗示着某些更具普遍性的特征。单单从(中国的和其他地方的)农民叛乱的文献来看,我们可能会想到这次起义在地理上处于经济或行政的边缘地区。但是,我们也要看到,18 世纪时的山东西北地区完全处于华北大区的商业中心地带。然而,我们也曾经提到过,在这个区域中可能有预料不到的机会,存在着由非精英机制提供社会服务以及政治宗教领导的可能。相似的权力差异可能也有助于解释这次叛乱运动迅速壮大的原因。但是,在我们知道类似状况是否能够解释中国其他地方的白莲教(及其起义)的存在之前,很有必要展开进一步的探讨。

要看到白莲教与清代精英之间的紧张,要在总体上探讨这样一种联系——人们可能会发现,合适的环境仍然无法解释 1774 年王伦起义更为直接的原因。很多理论被提了出来,人们用现代术语来解释各类千禧年运动和农民叛乱,这必然会引起人们的注意——把各式各样或长期或短期的事物趋向作为有助于此类运动产生的原因。让我们看看可能与此相关的一些理论。

我们在这儿当然没有看到不断扩张的官僚国家力量能够更加深入到农民社会,如同近代早期的欧洲或殖民地时期的东南亚所发生的农民运动那样。① 实际上,国家政权的功能早已在乡间确立,如果有什么区别的话,我们看到,在 18 世纪,国家的力量正在衰落(人口在不断增长,而政府的规模保持不变,政府的效率肯定会慢慢降低)。尽管固定了赋税税率(而且很低),尽管国家的确在经济上十分活跃(尤其是通过垄断和参与粮食市场的运作),但山东西北部地区在 18 世纪的历史表明,当时没有采取一系列有效措施来保护地方权利、对抗不断扩张的国家权力。另一方面,尽管地方政府的质量在 18 世纪末明显是低水平的,但是没有证据表明,这个地区在 18 世纪 70 年代有明显的政府不作为、没有效率或者腐败。

与此相似,某种人们视为容易导向农民动乱的长期经济发展趋势,并不一定与农民动乱明确相关。人口的持续增长,其具体后果在短时间里是见不到的,但是肯定包括了不断增长的对资源的竞争。然而我们没有看到 1774 年前就有迹象显示,这个地区有土地分配逐渐悬殊的现象,也没有证据表明,地主和佃农之间,或是地主和雇工之间的关系正在逐渐恶化。而且这些叛乱者并没有在他们的宣传中提到地租或地主的问题。自然灾害——一种曾经存在的危险——在王伦起义之前也没有出现戏剧性的增加,而且这里既没有密集的生态危机,也没有一系列重复出现的灾难——有些人认为这些灾难有助于千禧年主义的出现。②

恰恰相反,18 世纪的大运河贸易有助于华北地区一定时期的经济增

---

① 关于近代早期的欧洲,见查尔斯·蒂利的著作,尤其是《西欧国家的形成》(1975)。关于东南亚,见詹姆斯·斯各特:《农民的道德经济——东南亚的叛乱和生活》(1976)。
② 迈克尔·巴尔干(Michael Barkun):《灾难与千禧年主义》(1974),迈克尔·埃达斯(Michael Adas):《叛乱的预言者——抵抗欧洲殖民秩序的千禧年反抗运动》(1979)。

长,而且这种现象持续到了下一个世纪。尽管这个农村区域中心正在与城市中心发生更加紧密的联系,但这种依赖本身既有优点,也有缺点。表面看来,在农业生产和稳定的商业发展方面都存在普遍增长的现象。粮食价格上的缓慢增长并非是毁灭性的通货膨胀,相反可能有益于农业生产者。这里有一些动乱(但不是严重的萧条),比如在太过依赖市场的农民中间经常会发生民众抗议运动,但是这些并未被证实与王伦起义有关。

除了一条普通途径以外,在解释王伦叛乱的原因方面,那些关于剥削增长、生存威胁、违反既定的互惠关系或者相对剥夺的理论,看起来并不特别有用。所谓普通途径,我发现,就像观察更大的社会变动一样,通过研究这些白莲教派本身的历史和动力,试图解释王伦教派突然爆发的千禧年活动,简单而有益。我曾经提出,这个人之所以获得一定程度的成功,在于他能够为其教派能量的爆发寻找到一个新的出路,并通过叛乱造就一个完整的群体。而且我也曾提到,千禧年思想已经随时准备好鼓励、塑造并承认此类活动。

最后,当然,我们仅仅只是做了一个个案研究,很可能一个人提出的问题与他所回答的同样多。事情正应该是这样。但是,即使有了一定的理论,也并不一定就成了定论,这项研究至少为这样一种社会运动提供了一个深入观察的角度,而且我们可能通过这种角度,能够更好地理解18世纪的中国,无论是非凡活动,还是日常生活。

附 录

下面是军机处在乾隆三十九年(1774)十月对十名王伦追随者加以审讯的一部分,这些人在山东被捕,并被押解到北京。他们是王经隆、王朴(王伦的弟弟)、吴清林、孟灿。

王经隆即王圣如供:我是堂邑县张四孤庄人,年三十五岁。父王起山,母赵氏,俱已早死,并无兄弟。妻刘氏,子正月儿。我原待在临清旧城,后我被获时,他们不知逃往何处去了。那寿张县的王伦平日敬奉真武,称天为无生父母,素习炼气拳棒,收徒传道,有三年多了。我拜王伦为师。王伦因我漠仗(原文如此)好,又能写字,就收我为义子。王伦于徒弟中收为义子的有闫吉祥、李桐、李玉珍、赵焕、艾得见、邵然、赵大坊、李世杰、丁若金、赵玉佩、温炳、李赞一、李得申、徐足、张百禄、赵传、景淑,连我共十八人。王伦的徒弟们在寿张、阳谷、堂邑、临清各处转辗纠合入道,近年来约有五六百人。王伦唤习学炼气、不吃饭的为文徒弟,演习拳棒的为武徒弟。常向徒弟们说,有四十五天劫数,神仙也逃不过,只有入道运气不吃饭的才能避劫。又说:"七十二家开黄道,专等一家来收元",他是收元之主、真紫微星;若遇对敌打仗时,念着咒语说"千手挡,万手遮,青龙白虎来护着;求天天助,求地地灵;枪炮不过火,何人敢挡我",就不怕枪炮刀箭。我们早就知道他有谋反的意思,到八月二十五日,王伦差孟灿来对我说,定于二十八日半夜子时起手显道,已放我为正元帅,叫我传集众人同往寿张接应。我就传集了平日认识入道的四百多人,叫他们各带小刀一把,到我庄上吃肉过劫。众人到了庄上,我说王伦是真紫微星,就要显道了,同你们往寿张县迎接。我就率领众人,先在本庄将素日有仇的刘四家放火杀害,起手往寿张迎接王伦。九月初一日,大家会合。初三日,到阳谷县,进了城,遇见官兵,打了一仗,将县丞并典史都杀了,打开监,把监里犯人放了,随即出城。初四日,到堂邑县,拿住县官,要他降顺入道,他不肯,将我们乱骂,我们就把他打了一顿,杀了。众人抢劫了库里的银物,也放了监里的犯人。王伦说这几县地方窄小,城墙低矮,不能据守;临清州城大坚固,要攻得了临清,安顿驻守,再商量往北去。那几日路过的庄村,并打破的各县,随处招人,进道保主,不从的都杀了,随从我们的共约有三四千人,于初五日屯住柳林。初七日到了杏园,我同孟灿带了七百多人攻打临清新城,被官兵杀了我们二三百人,连攻三次,俱没攻开。初八日到旧城东南门外住下,我手下的季国贞向我商量,要抢夺粮船,搭盖浮桥,并要派人在浮桥两岸防守堵截官兵。又我手下的吴兆隆向我说,该用车载板片秫秸,藏放火药,往南门烧毁城门,乘机攻打。我都告知王伦。王伦就派季国贞抢船搭桥,并派郭永敖、高珍、杨福、余会、韩福如、李之贵、杨树常、杨希叶、李达、皮之杨、徐士姚、王立松十二人,各带人五十名在浮桥两岸分守,堵截官兵。我同樊伟、吴兆隆前往新城烧门,被官兵知觉攻击,又伤了我们许多人,我胸前受了枪伤。初十日,大众进旧城,王伦撵走了当店里的人,占房住下。我另住民房,睡倒养伤。自后王伦每日所做的事我都没有亲见。十二日,闫吉仁带人在临清城外抵敌官兵,杀了五六十人,官兵退回。及王伦杀了三个探信官人,并移到汪姓房子内居住,被官兵拿住,樊伟们又抢了回来这些事,我都是听见手下人告知的。后来又听见油坊、浮桥被烧,京里派兵到来,我们打仗的人多被杀伤。我见势头不好,随到王伦住的楼上同住。那时樊伟、闫吉仁、李旺等已四散躲避,只有李世杰、李进忠、徐足、王宗尼、王君爱,还有王伦从寿(张)带来的两个不知姓名的人随王伦同在楼上。到了二十八日,王伦见官兵围困紧急,要焚楼烧死,就放起火来,我的手脸俱被火伤,实在逼得难受,跳下楼来,就被官兵拿住的。我听信了王伦说他是真紫微星的话,替他纠众入道,一同谋反,实是我罪该万死,如今懊悔无及了。

问:"王伦向你们说的'七十二家开黄道',是哪七十二家"一节。

据王经隆等同供:这"七十二家开黄道,专等一家来收元"的话,王伦自称他是"收元之主",至七十二家是谁,王伦并没有向我们说过,我们也并没有问过王伦。是实。

问:"该犯等初时缘何起意谋逆,若非官兵剿杀,该犯等究竟要作何事"一节。

据王经隆供:王伦平日敬奉真武,收徒传道,教习炼气拳棒,三年以来,收的徒弟渐渐多了,他说将来有四十五天劫数,神仙也逃不过,只有入道炼气不吃饭的,可以避劫。还说"'七十二家开黄道,专等一家来收元',我是收元之主。"众徒弟们听了这话,都信了他。我原是他的徒弟,他待我最好,收我为义子。我们堂邑一带入道的人,都是我引进的。本年八月二十五日,王伦叫孟灿送信给我,说定于二十八日半夜子时起事,叫我传纠众人,齐集张四孤庄,同到寿张会合,我就借称劫数已近,遍传在道之人,令其各自带刀一把,于二十八日齐集我的庄上,吃肉过劫。那日有四百多人。到了庄上,我就说王伦是真紫微星,今日传你们来一同去迎接。就先将庄上刘四全家杀害,起手迎会王伦,一路抢劫,逼人顺从。若非官兵枪炮厉害,将我们剿杀,原就要往北来的。这是我同王伦起意造反的缘故。余犯供同。

诘问各犯:你们虽系小民,都受皇上天地之恩,逢有年岁歉收,无不受恩赈恤,你们为何还敢造反?是否王伦果有邪术?你们那里的年岁实在如何?地方官有无作践你们的事?都一一据实供出。

王经隆等供:我们百姓都受皇上恩典,今年寿张等处年岁俱各有收,并不荒歉。实因平日跟着王伦学习拳棒运气,他说现在正遇劫数,必须不吃饭的人方能过劫;又说他是收元之主、真紫微星。我们见他多日不吃饭,拳棒又好,大家信服了他,该死就跟着他造了反。并不是地方荒歉,难受饥寒。王伦传我们的咒语虽有"枪炮不过火"的话,并不应验,我们打仗时多受过伤,就是王伦自己也受过箭伤。那日攻打临清,被官兵杀退,王伦虽自言城上有红衣女人破法,我们并未看见;且他于被围之后自己烧死,更见他全是哄人了。那寿张县的官访着王伦有传道的事才要查拿,就被入道的民壮刘焕闻知,送信王伦,遂即起事,并不是官员作践我们,逼的我们造反的。是实。

——史料来源:《东案口供》57—60,乾隆39/10/无日。

参考文献

迈克尔·埃达斯:《叛乱的预言者——抵抗欧洲殖民秩序的千禧年反抗运动》(Michal Adas, *Prophets of Rebellion: Millenarian Protest Movements Against the European Colonial Order*),教堂山:北卡罗来纳大学出版社,1979年。

芮马丁:《中国农村的死者崇拜》(Emily M. Ahern, *The Cult of the Dead in a Chinese Village*),斯坦福:斯坦福大学出版社,1973年。

迈克尔·巴尔干:《灾难与千禧年主义》(Michael Barkun, *Disasters and the Millennium*),纽黑文:耶鲁大学出版社,1974年。

巴罗:《中国纪行》(John Barrow, *Travel in China*),伦敦第二版,1806年。

白彬菊:《"国立故宫博物馆"档案中的清宫奏折》(Beatrice S. Bartlett, *Ch'ing Palace Memorials in the Archives of the National Palace Museum*),《"国立故宫博物院"院刊》(台湾)第13卷,第6期(1979年)。

希拉里·贝蒂:《中国的土地与世族:明清两代安徽省桐城县研究》(Hilary J. Beattie, *Land and Lineage in China: A Study of T'ung-ch'eng County, Anhwei, in the Ming and Ch'ing Dynasties*),剑桥:剑桥大学出版社,1979年。

布鲁耐特和哈格尔施特罗姆:《当代中国政治结构》(H. S. Brunnert & V. V. Hagelstrom, *Present Day Political Organization of China*),由 A. 贝尔钦科和 E.E. 莫兰译,上海,1912年,台北重印,1971年。

德克·卜德:《18世纪北京的监狱生活》(Derk Bodde, *Prison Life in Eighteenth Century Peking*),《美国东方社会研究杂志》(Journal of the American Oriental Society)第89期(1969年),第311—333页。

盖·鲍莱斯译:《中国律例指南》(Guy Boulais, *Manuel du Code Chinois*),《汉学文丛》第55号,上海,1924年,台北重印,1966年。

鲍德威:《中国城市的变化——山东济南的政治和发展(1980—1949)》(David D. Buck, *Urban Change in China: Politics and Development in Tsinan, Shantung, 1890—1949*),麦迪森:威斯康星大学出版社,1937 年。

约翰·洛辛·卜凯:《中国土地利用:统计资料》(John L. Buck, *Land Utilization in China: Statistics*),芝加哥:芝加哥大学出版社,1937 年。

柯奈姆·布里奇:《新天地——千禧年活动研究》(Kenelm. Burridge, *New Heaven New Earth: A Study of Millenarian Activities*),纽约:学成(Schochen),1969 年。

《军机档》,台湾故宫博物院。

《张秋志》,1670 年。

张仲礼:《中国绅士——关于其在 19 世纪中国社会中作用的研究》(Chang Chung-li, *The Chinese Gentry: Studies on Their Role in Nineteenth Century Chinese Society*),西雅图:华盛顿大学出版社,1955 年。

——《中国绅士的收入》(*The Income of the Chinese Gentry*),西雅图:华盛顿大学出版社,1962 年。

长龄:《长文襄公自定年谱》,1841 年。

《畿辅通志》,1910 年。

《济宁直隶州志》,1859 年。

戚学标:《纪妖寇王伦始末》,《鹤泉文钞》第二部,第 4—6 页,1800 年。

《嘉庆重修一通志》,1820 年。

《教匪案》(1813 年),Wade Collection B,750a—751a,英国剑桥。

简又文:《太平天国革命运动》(Chien Yu-wen, *The Taiping Revolutionary Movement*),纽黑文:耶鲁大学出版社,1973 年。

《乾隆府厅州县图志》,1789 年。

秦震钧:《临清守城日记》,载龚景翰:《澹静斋文集外编》2.41—49,1826 年。

秦瀛:《小砚山人续文集》,1817 年。

《清史列传》,上海,1928 年,台北重印版,1964 年。

朱永德:《中国史上白莲教研究的介绍》(Ch'u Richard Yung-teh, *An Introductory Study of the White Lotus Sect in Chinese History*),博士论文,哥伦比亚大学,1967 年。

朱士嘉:《中国地方志综录》,1935 年,台北重印版,1975 年。

瞿同祖:《清代中国地方政府》(Ch'u Tung-tsu, *Local Government in China under the Ch'ing*),麻省剑桥:哈佛大学出版社,1962 年。

全汉升和理查德·克劳斯:《清代中叶米粮市场和贸易:一篇关于价格史的论文》(Chuan Han-sheng & Richard A. Kraus, *Mid-Ching Rice Markets and Trade: An Essay in Price History*),麻省剑桥:哈佛大学东亚研究中心,1975 年。

参考文献

中国人民大学编:《康雍乾时期城乡人民反抗斗争资料》第二卷,北京,1979年。

柯治文:《绍兴——清代社会史研究》(James H. Cole, *Shaohsing: Studies in Ch'ing Social History*),博士论文,斯坦福大学,1975年。

克兰默-宾编:《马戛尔尼1793年之访华日记》(J. L. Cranmer-Byng, *An Embassy to China, Being the Journal Kept by Lord Macartney During His Embassy to the Emperor Chien-lung*),1793—1794年,哈姆登,康涅狄格:Archon Books,1963年。

《大清历朝实录》,台北,1964年。

荣振华(Joseph Dehergne):《1770年前后在华北的传教——对传教士分布的研究》(Les missions du nord de la Chine vers 1700, étude de geographie missionaire) *Archivum Historicum Societatis Iesu* 24(1955):215—294.

克瑞格·代特瑞奇:《清前期中国的棉花文化和加工》(Craig Dietrich, *Cotton Culture and Manufacture in Early Ch'ing China*),载W. E.威尔穆特(W. E. Willmott)编:《中国社会经济结构》(*Economic Organization in Chinese Society*)中,第109—135页,斯坦福:斯坦福大学出版社,1972年。

恒慕义:《清代名人传略》(Arthur W. Hummel, *Eminent Chinese of the Ch'ing Period*),华盛顿,1943—1944年,台北重印,1967年。

亨利·埃利斯:《后来访华使团事件的日记》(Henry Ellis, *Journal of the Proceeding of the Late Embassy to China*)第二版,第二卷,伦敦,1818年。

范德:《明初两京制度》(Edward L. Farmer, *Early Ming Government: The Evolution of Dual Capitals*),麻省剑桥:哈佛大学东亚研究中心,1976年。

西德尼·甘博:《定县——一个华北农村社区》(Sidney D. Gamble, *Ting Hsien: A North China Rural Community*),斯坦福:斯坦福大学出版社,1968年。

富路特和房兆楹:《明代名人录》(L. C. Goodrich & Chaoying Fang, *Dictionary of Ming Biography, 1368—1644*),纽约:哥伦比亚大学出版社,1976年。

高延:《中国的宗派主义和宗教迫害》(J. J. M. de. Groot, *Sectarianism and Religious Persecution in China*),阿姆斯特丹,1903—1904年,台北重印版(二卷本,上),1969年。

詹姆斯·哈里森:《中国共产党和农民战争》(James P. Harrison, *The Communists and Chinese Peasant Rebellions*),纽约:阿森纽曼,1969年。

《寻常档》,台湾故宫博物院。

哈罗德·欣顿:《晚清漕运制度》(Harold C. Hinton, *The Grain Tribute System of China, 1845—1911*),麻省剑桥:哈佛大学出版社,1965年。

何炳棣:《中国人口研究,1368—1953》(Ho Ping-ti, *Studies on the Population of China, 1368—1953*),麻省剑桥:哈佛大学出版社,1959年。

——《明清社会史论,1368—1911》(*The Ladder of Success in Imperial China: Aspects of Social Mobility, 1368—1911*),纽约:John Wiley and Sons,1962年。

星斌夫(Hoshi Ayao):《大运河——中国的漕运》,东京,1971年,

萧一山:《清代通史》第五卷,台北修订版,1962—1963年。

萧公权:《19世纪中国乡村》(Hsiao Kung-chuan, *Rural China: Imperial Control in the Nineteenth Century*),西雅图:华盛顿大学出版社,1960年。

谢天民:《临济三庵志》,1935年,台北重印版,1975年。

徐珂:《清稗类钞》,1917年。

黄仁宇:《16世纪明代中国的税收和政府财政》(Ray Huang, *Taxation and Government Finance in Sixteenth Century*),剑桥:剑桥大学出版社,1974年。

理查德·艾尔文:《一部中国小说的发展——〈水浒传〉》(Richard G. Irwin, *The Evolution of a Chinese Novel: Shui-hu-chuan*),麻省剑桥:哈佛大学出版社,1966年。

景甦、罗仑著,魏根深(Endymion Wilkinson)译:《清代山东经营地主底社会性质》(*Landlord and Labor in Late Imperial China: Case Studies from Shantung*),麻省剑桥:哈佛大学东亚研究委员会,1978年。

曼素恩和孔飞力:《清王朝的衰落和叛乱的根源》,《剑桥中国晚清史》上卷(Susan Man Jones and Philip A. Kuhn, "Dynastic Decline and the Roots of Rebellion", in *The Cambridge History of China*, Volume 10, Late Ch'ing 1800—1911, Part 1),剑桥:剑桥大学出版社,1978年。

焦大卫:《如何成为一名中国的灵媒》(David K. Jordan, *How to Become a Chinese Spirit Medium*),未发表的论文,1977年,

荣立昆(音):《乾隆帝镇压叛乱——1774—1788年的白莲教和三合会》(Jung Richard Lee Kuen, *The Ch'ien-lung Emperor's Suppression of Rebellion: The White Lotus and the Triads, 1774—1788*),哈佛大学博士论文,1979年。

甘哈罗:《乾隆眼中的君主政体——乾隆朝的印象和现实》(Harold L. Kahn, *Monarchy in the Emperor's Eyes: Image and Reality in the Ch'ien-lung Reign*),麻省剑桥:哈佛大学出版社,1971年。

《古今图书集成》,1725年。

孔飞力:《中华帝国晚期的叛乱及其敌人》(Philip A. Kuhn, *Rebellion and Its Enemies in Late Imperial China: Militarization and Social Structure, 1796—1864*),麻省剑桥:哈佛大学出版社,1970年;平装本,1980年。

《国朝耆献类征》,1884年;台北重印本,1966年。

《钦定剿捕临清逆匪记略》,1781年;台北重印本,1971年。

李世瑜:《义和团源流试探》,载《历史教学》1979第二期,第18—23页。

李文治编:《中国近代农业史资料》第三卷,北京,1957年。

《临清直隶州志》,1785年。

《临清县志》,1934年。

刘广京:《清代的中兴》,载《剑桥中国晚清史》上卷(K. C. Liu, *The Ch'ing Res-*

toration, in *The Cambridge History of China*, Volume 10, Late Ch'ing 1800—1911, Part 1),剑桥:剑桥大学出版社,1978年。

鲁迅:《鲁迅选集》第一卷,北京,1956年。

《满汉爵秩全本》,1764年。

马瑞志:《略论欧大年》(Richard Mather, *Untitled Review of Overmyer*),1976年,载《宗教史》第17期,第3—4号(1978年),第417—419页。

宫崎市定:《中国的科举考试地狱》(Miyasaki Ichisada, *China's Examination Hell*)纽约:风云顶1976。

马若孟:《中国农民经济——河北和山东的农业发展(1890—1949)》(Roman H. Myers, *The Chinese Peasant Economy: Agricultural Development in Hopei and Shantung, 1890—1949*),麻省剑桥:哈佛大学出版社,1970年。

——《晚清山东的商业化、农业发展和地主行为》(*Commercialization, Agricultural Development, and Landlord Behavior in Shantung in the Late Ch'ing Period*),载《清史问题》第2卷第8期(1972年),第31—55页。

《南巡盛典》,1882年,台北重印版,1971年。

韩书瑞:《真实的供状——作为清史史料的罪犯审讯》(Susan Naquin, *True Confession: Criminal Interrogations as Sources for Ch'ing History*),《"国立故宫博物院"院刊》第11卷,第1期(1976年)。

——《中国的千禧年叛乱——1813年八卦教起义》(*Millenarian Rebellion in China: The Eight Trigrams Uprising of 1813*),纽黑文:耶鲁大学出版社,1976年。

——《反叛间的联系:清代中国的教派家族网》(*The Connectedness Behind Rebellion: Sect Family Networks in North China in the Eighteenth Century*),未发表的论文,1979年。

——《中华帝国后期白莲教的传播》(*The Transmission of White Lotus Sectarianism in Late Imperial China*),提交"中国大众文化的价值与交流"会议论文,夏威夷火奴鲁鲁,1971年1月。

李约瑟:《中国的科学与文明》(Joseph Needham, *Science and Civilisation in China*)第四卷,第三部分,剑桥:剑桥大学出版社,1971年。

欧大年:《民间佛教——中世纪中国的创世论和末世论》(Daniel Overmyer, *Folk-Buddhist Religion: Creation and Eschatology in Medieval China*),载《宗教史》第12卷,第1期(1972年),第42—69页。

——《民间佛教——传统中国晚期的反政府教派》(*Folk Buddhist Religion: Dissenting Sects in Late Imperial China*),麻省剑桥:哈佛大学出版社,1976年。

——《水手与佛陀——明代中国的罗教》(*Boatmen and Buddhas: The Lo Chiao in Ming Dynasty China*),载《宗教史》第17卷,第3—4号(1978年),第284—302页。

——《选择——中国社会的民间宗教教派》(*Alternatives: Popular Religious*

Sects in Chinese Society),《近代中国》,即将出版。

潘相:《邪教戒》8.29—35,《鬻文书屋集略》卷中,载《潘子全书》,1889年。

——《事友录》4.14—16,载《潘子全书》中,1889年。

詹姆斯·帕森斯:《明代官僚政治——背后力量之方方面面》(James B. Parsons, The Ming Dynasty Bureaucracy: Aspects of Background Forces),载《明代中国政府》,查尔斯·哈克(Charles O. Hucker)编,第175—231页,纽约:哥伦比亚大学出版社,1969页。

裴宜理:《华北的叛乱者及革命者, 1845—1945》(Elizabeth J. Perry, Rebels and Revolutionaries in North China, 1845—1945),斯坦福:斯坦福大学出版社,1980年。

《濮州志》,1908年。

罗友枝:《清代中国的教育和民众文化》(Evelyn S. Rawski, Education and Popular Literacy in Ch'ing China),安娜堡:密歇根大学出版社,1979年。

吉尔伯特·罗兹曼:《清代中国和德川日本的城市网络》(Gilbert Rozman, Urban Networks in Ch'ing China and Tokugawa Japan),普林斯顿:普林斯顿大学出版社,1973年。

薛爱华:《安抚空虚——靠近星的唐代》(Edward H. Schafer, Pacing the Void: T'ang Approaches to the Stars),伯克利:加利福尼亚大学出版社,1977年。

希勒尔·史华慈:《开端之末——千禧年研究》(Hillel Schwartz, The End of the Beginning: Millenarian Studies, 1969—1975),载《宗教研究评论》第2卷,第3号(1976年),第1—15页。

詹姆斯·斯各特:《农民的道德经济——东南亚的叛乱和生活》(James C. Scott, The Moral Economy of the Peasant: Rebellion and Subsistence in Southeast Asia),纽黑文:耶鲁大学出版社,1976年。

格雷·席曼:《业报的性别政治》(Gary Seaman, The Sexual Politics of Karmic Retribution),载《台湾社会的人类学》(The Anthropology of Taiwanese Society),由芮马丁(Emily M. Ahern)与葛希芝(Hill Gates)编,即将出版。

《山东通志》,1736年,1915年。

斯波义信:《宁波及其穷乡僻壤》(Yoshinobu Shiba, Ningpo and Its Hinterland),载《中华帝国晚期的城市》(The City in Late Imperial China)中,施坚雅编,第391—436页,斯坦福:斯坦福大学出版社,1977年。

《史料旬刊》,北京,1930—1931年;台北重印本,1963年。

《寿张县志》,1717年,1900年。

双翼:《梁山与梁山英雄》,香港,1975年。

施坚雅:《中国农村的市场和社会结构》第一部分(William G. Skinner, Marketing and Social Structure in Rural China),《亚洲研究杂志》第24卷,第1号(1964年),第3—43页。

——《中华帝国晚期的流动策略》(Mobility Strategies in Late Imperial China: A Regional Systems Analysis),载《区域分析》第一卷《经济体系》,卡罗尔·史密斯(Carol Smith)编,第327—364页,纽约:学术出版社,1976年。

——《中华帝国晚期的区域体系》(Regional Systems in Late Imperial China),未发表的论文,1977年。

——《社会生态和华北的镇压力量——一个有待分析的区域结构》(Social Ecology and the Forces of Repression in North China: A Regional-Systems Framework for Analysis),未发表的论文,1979年。

——编:《中华帝国晚期的城市》(The City in Late Imperial China),斯坦福:斯坦福大学出版社,1977年,包含以下由施坚雅所写的章节:

《城市和地方体系的等级》(Cities and the Hierarchy of Local Systems),第275—351页。

《导言——中国社会中的城乡》(Introduction: Urban and Rural in Chinese Society),第253—273页。

《19世纪中国的区域城市化》(Regional Urbanization in Nineteenth Century China),第211—49页。

《清代中国的城市社会结构》(Urban Social Structure in Ch'ing China),第521—553页。

史景迁:《王氏之死》(Jonathan D. Spence, The Death of Woman Wang)纽约:维京(Viking),1978年。

斯当东:《英使谒见乾隆纪实》(Sir George Staunton, An Authentic Account of an Embassy from the King of Great Britain to the Emperor of China)第3卷,伦敦,1797年。

大卫·斯图特万:《菲律宾的民众起义,1840—1940》(David R. Sturtevant, Popular Uprising in the Philippines, 1840—1940),艾萨卡:康奈尔大学出版社,1976年。

孙玉庭:《延釐堂奏疏》4卷,1827年。

《宋景诗档案史料》,北京,1959年。

宋应星《天工开物》,E-tu Zen Sun & Shiao-chuan Sun 译,大学公园:宾夕法尼亚州立大学出版社,1966年。

铃木中正:《中国的革命和宗教》,东京,1974年。

《上谕档方本》,台湾故宫博物院。

《大清会典事例》,1764年,1818年,1899年。

多贺秋五郎:《宗谱的研究》,东京,1960年。

《堂邑县志》,1710年。

《东案口供》,包含乾隆三十九年十月的一卷,台湾故宫博物院。

《东案档》,包括乾隆三十九年十月到四十年二月的两卷,台湾故宫博物院。

邓嗣禹:《捻军和他们的游击战》(Teng Ssu-yu, *The Nien Army and Their Guerrilla Warfare, 1851—1868*),巴黎:木桐堡,1961年。

西尔维亚·瑟拉普编:《活动中的千禧年之梦》(Sylvia Thrupp, *Millennial Dreams in Action*),海牙:木桐堡,1962年。

查尔斯·蒂利:《从动员到革命》(Charles Tilly, *From Mobilization to Revolution*),麻省 Reading:埃迪森-威斯利,1978年。

——编:《西欧国家的形成》(*The Formation of National States in Western Europe*),普林斯顿:普林斯顿大学出版社,1975。

陶博:《康雍乾内务府考》(Preston M. Torbert, *The Ch'ing Imperial Household Department: A Study of Its Organization and Principle Function*),麻省剑桥:哈佛大学东亚研究中心,1977年。

《东昌府志》,1808年。

《外纪档》,台湾故宫博物院。

王业键:《对中国田赋征收的估算,1753和1908年》(Wang Yeh-chien, *An Estimate of the Land-Tax Collection in China, 1753 and 1908*),麻省剑桥:哈佛大学东亚研究中心,1973年。

——《中华帝国的田赋,1750—1911》(*Land Taxation in Imperial China, 1750—1911*),麻省剑桥:哈佛大学出版社,1973年。

约翰·沃特:《中华帝国晚期的地方行政官员》(John R. Watt, *The District Magistrate in Late Imperial China*),纽约:哥伦比亚大学出版社,1972年。

魏源:《圣武记》,1842年。

罗伯特·魏斯:《太平天国运动前夕行省政府的灵活性》(Robert Weiss, *Flexibility in Provincial Government on the Eve of the Taiping Rebellion*),载《清史问题》第4卷,第3号(1980年),第1—43页。

魏丕信:《18世纪中国的官僚制度与荒政》(Pierre-Etienne Will, *Bureaucratie et famine en Chine au 18e siècle*),巴黎:木桐堡,1980年。

埃里克·沃尔夫:《20世纪的农民战争》(Eric R. Wolf, *Peasant Wars of the Twentieth Century*),纽约:Harper and Row,1969年。

杨庆堃:《中国社会中的宗教》(C. K. Yang, *Religion in Chinese Society*),伯克利:加利福尼亚大学出版社,1961年。

——《19世纪中国民众运动类型的初步统计》(*Some Preliminary Statistical Patterns of Mass Actions in Nineteenth Century China*),载《中华帝国晚期的冲突与控制》,魏斐德和格兰特编,第174—210页,伯克利:加利福尼亚大学出版社,1975年。

《阳谷县志》,1942年。

《兖州府志》,1768年。

俞蛟:《临清寇略》5.1—21,载《梦窗杂著》,1828年,台北重印本,1968年。

译后记

1920年代初的某个晚上,金陵大学,一栋独门两层楼房,忙碌了一天的赛珍珠(Pearl S. Buck,1892-1973)开始静下心来继续构思她小说中的主人公王龙的形象。正是这本名为《大地》(*The Good Earth*)的小说,使她分别在1932、1938年获得普利策小说奖和诺贝尔文学奖。赛珍珠的《大地》以及诸多以中国为背景的作品,是欧美人士观察中国的一扇梦幻之窗。1960年代初,美国一位中学女生成为"赛迷",并憧憬着"一定要到教中文的一个大学"念书。她,就是今日美国著名的中国学家韩书瑞(Susan Naquin)教授。[①]

韩书瑞现任普林斯顿大学历史系教授、东亚系执行主任。1966年,她从斯坦福大学历史系毕业后,进入耶鲁大学学习,并获得前往台湾学习中文的机会,1968年在耶鲁获得东亚研究的硕士学位,1974年获历史学博士学位。之后,她进入宾西法尼亚大学历史系任教,先后任助理教授、副教授、教授,1993年进入普林斯顿大学。

韩书瑞是最早前往台北利用清朝档案的美国学者之一。也许是

[①] 本文所述韩书瑞的经历,主要来源于作者本人提供的简历,以及周武:《用新材料讲新故事——韩书瑞教授访谈录》,《史林》2005年第6期,有引文而未加注明的,出自后者。

出于幸运,她在撰写博士论文的时候,在台北的故宫博物院找到一大批关于1813年林清、李文成天理教起义的口供资料,构成她的博士论文、也是她的第一本著作《中国的千禧年叛乱:1813年八卦教起义》(*Millenarian Rebellion in China：The Eight Trigrams Uprising of 1813*,纽黑文:耶鲁大学出版社,1976年)的骨架。不久,她继续利用台北故宫博物院的档案资料,开始写作《山东叛乱:1774年王伦起义》(纽黑文:耶鲁大学出版社,1981年)一书。1979年春,加州大学(伯克利)的魏斐德教授建议韩书瑞与匹兹堡大学的罗友枝(Evelyn Sakakida Rawski)合写一篇关于18世纪中国社会的文章,当时双方并不认识,同年6月,美国方面派出一个明清历史代表团到中国,魏、韩、罗都参加,历时两旬。后来,韩、罗终于把一篇文章写成了一本书,即《十八世纪中国社会》(*Chinese Society in the Eighteenth Century*,纽黑文:耶鲁大学出版社,1986年),填补了清史研究两头热(17、19世纪)、中间冷(18世纪)的空白。

在写作上述几本书的过程中,韩书瑞发现,"第一,没有人研究宗教;第二,宗教在中国社会不重要。我可以利用宗教研究中国社会"。在这一思想指导下,她和于君方(Chün-fang Yü)教授共同召集了一次有关中国民间宗教的学术会议,会后两人编成一本论文集《香客与圣地》(*Pilgrims and Sacred Sites in China*,伯克利:加州大学出版社,1992年),她自己收入书中的一篇文章《北京妙峰山的进香》开启了她在后来很长时间里的有关明清时期北京寺庙与民众生活、社会变迁之关系的研究,2000年终于出版了那本令人耳目一新、厚达800多页的《北京的寺庙与城市生活,1400—1900》(*Peking：Temples and City Life*,1400‐1900,伯克利:加州大学出版社)。

现在呈现于读者面前的《山东叛乱:1774年王伦起义》(以下简称《山东叛乱》)是作者深化清代民间宗教与农民起义研究的一部力作,出版后得到欧美中国学界的好评,美国的穆黛安(Dian Murray)、裴宜理(Elizabeth J. Perry)、刘广京(Kwang-ching Liu),英国的巴雷特(T. H. Barrett),法国的魏丕信(Pierre-Etienne Will)等学者均撰文介绍。① 中国国内也有学者曾经对其中的部分章节做过译介。②

《山东叛乱》的主体由两大部分构成:准备、叛乱。除了对1774年王伦起义事件进行全景式描述以外,作者主要提出了以下有价值、给人以启发的观点。

1. 在我们追寻西方学者的脚步寻找新理论、新方法来解读历史时,一些西方学者依然坚持传统的研究视角。2007年,哈佛大学的裴宜理教授在为其成名作《华北的叛乱者与革命者,1845—1945》(斯坦福大学出版社,1980年)的中译本写序时就说道:"至少在我看来,我们对政治事件遭受失败的原因的理解往往是从自然环境的充分影响开始的。"③当然,这只是第一步。裴宜理在其书中对淮北地区传统农民反抗的生态土壤与社会环境作了精致的梳理,而同期出版的韩书瑞的著作也是从大量分析山东西南地区的生态、社会问题入手的,但是,她发现,"这场起义并非起于经济方面的原因,而是归因于白莲教

---

① Dian Murray's review, in *Journal of Asian Studies* (1982), pp.815—17.
　　Elizabeth J. Perry's review, in *Peasant Studies*, Vol. 10. No.1(Fall 1982), pp.59—65. 该文题为 *Millenarianism and Rural Rebellion in China*(《中国的千年王国思想与农民叛乱》),系对韩书瑞的《中国的千禧年叛乱》、《山东叛乱》与欧大年(Daniel L. Overmyer)的 *Folk Buddhist Religion:Dissenting Sects in Late Traditional China*(中译本名为《中国民间宗教教派研究》,上海古籍出版社,1993年)进行比较研究。
　　Kwang-ching Liu's review, in *American Historical Review*, Oct, 1982, pp. 1141—1142.
　　Shih-shan H. Tsai's review, in *The Historian*, 44:4(1982), pp.570—571.
　　T. H. Barrett's review, in *Modern Asian Studies*,17.2(1983), pp.333—352. 该文题为 The Study of Chinese Eschatology(《关于中国末世论问题研究的评介》),系对有关中国宗教、民间宗教、农民叛乱的多种著作的综合评论。
　　Pierre-Etienne Will's review, in *Histoire de L'asie*, *Annales*, 40(1985), 959—63.
② 杨品泉:《〈一七七四年山东王伦起义〉导言》,载《中国史研究动态》1982年第12期;杨品泉:《一七七四年王伦起义的教派》,载《中国农民战争史论丛》第四辑,河南人民出版社,1982年,第622—643页。
③ [美]裴宜理:《华北的叛乱者与革命者,1845—1945》,中译本序言,该书译者为池子华、刘平,商务印书馆,2007年。

活动本身,尤其是王伦自己成功的传教活动。"①他们的观点给我们的启发是:农民反抗的原因多种多样,但有两种基本的原因,一是外力压迫(客观因素的作用偏重),二是自身意向(主观因素的作用偏重)。中国宗教(尤其是宗教异端与民间宗教)与农民反抗有不解之缘,宗教领袖的个人意志与社会活动往往成为叛乱的前奏曲。②

2. 揭示了中国民间教派与农民叛乱的内在关系。作者认为:"这些教派可能同时具有虔诚、献身、激进与革命的性格。它们的千禧年思想深入到各个教派之中,成为其信仰的核心,即使是在蛰伏阶段,也不会完全失去发动信徒起事的能力(中译本第3页)。"在这一点上,韩书瑞与欧大年的观点是相左的,后者认为"他们是好人,是很诚实的教徒,他们是不要找麻烦的这种人",韩书瑞则称:"有人把他的看法和我的看法做了对比,可是我觉得这些人非常复杂,不可能那么清楚。"我们可以这么理解他们的观点:在中国传统农业社会中,"国家与社会"或是"国家与民众"的关系最直接地体现在"朝廷与农民"的关系上,其常态的互动关系构成了一幅河清海晏、其乐融融的图画;其变态的关系则是双方发生严重流血冲突的最高阶段——农民造反。在日常情况下,教徒们(农民)都是善良的;在非常情况下,教徒们(战士)则变得勇敢(凶恶?)。而这些教徒到底是一些什么样的人,他们为什么会被称作"善良的人"(邪匪)?为什么在没有压迫、尚能温饱的情况下,他们也要跟着领袖出生入死呢?这些问题为后来的学者留下了更多的探讨空间。

3. 实际上,韩书瑞对上述问题有自己的解答,她把清代教派分为两种基本类型:"念经型"和"打坐运气型"。她说:"前一种类型的特点是着重于祭祀和诵经的集会,坚持吃斋,遵守佛门戒律,比较熟悉流传的教派经卷。……在第二种类型中,师父很少会见到聚集一起的

---

① Kwang-ching Liu's review, in American Historical Review, Oct, 1982, pp.1141—1142.
② 参见刘平《文化与叛乱——以清代秘密社会为视角》(商务印书馆,2002年)的结论部分。

徒弟,他传授打坐运气和拳棒武术等功夫,以增强体质和自卫能力,在举行仪式时并不依靠宗教经卷。在念经型教派中,信徒们的生活重心在于教派活动,并且被亲密的个人之间的关系联结在一起;在打坐运气型教派中,其组织更具等级性,更加散漫,教派(的集体)活动在信徒生活中只占较小的部分(中译本第61页)"。确实,就像陶成章在《教会源流考》提出的"南会北教"的观点一样,尽管粗略(许多吃斋念经型教门,如无为教、清茶门教、老官斋教,也经常发动叛乱),但是非常形象。

4. 作者较早、较完整地阐释了"千年王国"、"末世论"("末劫")观念对王伦起义甚至整个清代农民起义的影响。她认为:"就像观察更大的社会变动一样,通过研究这些白莲教派本身的历史和动力,试图解释王伦教派突然爆发的千禧年活动,简单而有益。我曾经提出,这个人之所以获得一定程度的成功,在于他能够为其教派能量的爆发寻找到一个新的出路,并通过叛乱造就一个完整的群体(中译本第174页)。"今日,"末劫"思想乃是民间教派发动叛乱的思想动力的观点已经不用质疑,但其中丰富的思想内涵,却有必要不断加以探索。在韩著出版20多年后,中外学者还专门就这一问题展开了探讨。①

而且,作者确实给了后来者这样的启示:历史上许多为了称王称帝而造反的农民领袖,与我们传统的研究理路确实有很大差距,无论是阶级压迫,还是经济关系、社会结构,都不能单方面构成叛乱的原因。但是,分析领袖们在特定条件下产生的叛乱动机,不失为一条可行之策。拿王伦来说,本来也是一方头人(或可称为地主),但是为了"逞其邪说,谓本乡有黑风劫,遭之者死亡相继,宜出门远避。经七七之期,庶可免耳";和尚樊伟则对王伦说:"予为君擘画,十年当为君,姓上加白字,毋自弃也。"(俞蛟:《临清寇略》)最终,王伦,一个五短身材

---

① 秦宝琦、[美]王大为、[加]白素珊:《千年王国与白阳世界》,福建人民出版社,2002年。

的家庭长子、慈善家、行医人、气功(拳棒)师、宗教预言家,以其自身魅力和超人格魅力(成功预言某日有大风雨),召集了众多身份各异的乡民和乡间游民(4 000人),在一个短时期内(一个月),发动了一场在清代历史上留下浓重一笔的造反——甚至被视为清代衰落的先声,其"宗教外衣"、个人魅力、社会遭遇等,在韩书瑞的笔下,一幕幕地展现开来。

自然,在今天看来,韩书瑞的这本著作除了研究"民间宗教与农民叛乱之关系"的权威性、学术史的开创意义之外,也有一些值得商榷的地方。下面试做分析。

首先,本书的结构有一点不对称。除了导言、结论之外,本书主要由第一部分"准备"、第二部分"叛乱"构成。第一部分中的"背景"实际上是在分析王伦所在的寿张县的自然、社会状况,以及与周边地区的关系。寿张作为华北地区的一个普通县份,作者的大量"背景"分析并没有推论出其与王伦起义的必然关系;起到弥补作用的是"教派"部分的分析,分量偏少。第二部分是本书主体,分量过大。实际上,作者应该增加一部分,因为作者依靠的主要史料是清代档案,尤其是案犯口供,作者似乎应该以此为基础,针对这次起义的社会影响展开分析(作者在第二部分使用的是"余波"一节)。庶几在结构上可以对称。

其次,作者对"王伦起义"的研究带有开创性,但因为这一史实本身的复杂性,作者在论述中存在着含糊不清(自相矛盾)、挖掘不深的缺陷。穆黛安曾经在其评论中指出作者三个方面的不清晰,这里试举两点,第一,"是王伦这个富有魅力的个人、华北平原的特殊环境,还是某些不可阻挡的社会力量在这次叛乱的发生上所起的作用最为关键?结果,我们在导言和结论部分看不到作者一个一以贯之、令人信服的观点";第二,"一般历史书把这场起义视为清朝衰落的起点,韩书瑞的观点正好相反,认为无论是王朝本身还是其统治下的社会都处在一个鼎盛时期,(但她在结论中又说)清王朝在镇压这次起义中所取得的最后胜利'可以被看作并非出于其力量的结果,而是由于叛乱运动自身失败的结果'(原书第151页)。人们也许会对王朝自身的健康发问,它能击败一场最多只有4 000人的叛乱,难道只是因为其对手存在着缺点吗?"①确实,传统观点可以探讨,在提出新的观点之后,是否应该考虑其内在逻辑的合理性呢?此外,作者在对王伦起义中的"妖术""两性关系""起义目标"等问题的探讨方面都应该更加精密。至于挖掘不深的问题,这只是一个后来者的观点,有关八卦教、清水教、天理教等民间教派的源流、传播、教义等问题,在后来的研究中,已经有新的突破。②

再次,在一些文字、术语的引用、理解方面,还存在一些瑕疵,我们在翻译的过程中已经一一订正。

在新形势下的"西学东渐"潮流中,我和唐雁超能够翻译韩书瑞教授的这本著作是我们的幸运,也希望广大读者批评。

刘　平

2008年6月22日于石头城下

---

① Dian Murray's review, in *Journal of Asian Studies* (1982), pp.815—17.
② 参见马西沙著:《清代八卦教》,中国人民大学出版社,1989年;以及马西沙、韩秉方:《中国民间宗教史》(上、下),中国社会科学出版社,2004年(初版于上海人民出版社,1992年)。

"海外中国研究丛书"书目

1. 中国的现代化　[美]吉尔伯特·罗兹曼 主编　国家社会科学基金"比较现代化"课题组 译　沈宗美 校
2. 寻求富强:严复与西方　[美]本杰明·史华兹 著　叶凤美 译
3. 中国现代思想中的唯科学主义(1900—1950)　[美]郭颖颐 著　雷颐 译
4. 台湾:走向工业化社会　[美]吴元黎 著
5. 中国思想传统的现代诠释　余英时 著
6. 胡适与中国的文艺复兴:中国革命中的自由主义,1917—1937　[美]格里德 著　鲁奇 译
7. 德国思想家论中国　[德]夏瑞春 编　陈爱政 等译
8. 摆脱困境:新儒学与中国政治文化的演进　[美]墨子刻 著　颜世安 高华 黄东兰 译
9. 儒家思想新论:创造性转换的自我　[美]杜维明 著　曹幼华 单丁 译　周文彰 等校
10. 洪业:清朝开国史　[美]魏斐德 著　陈苏镇 薄小莹　包伟民 陈晓燕 牛朴 谭天星 译　阎步克 等校
11. 走向21世纪:中国经济的现状、问题和前景　[美]D.H.帕金斯 著　陈志标 编译
12. 中国:传统与变革　[美]费正清 赖肖尔 主编　陈仲丹 潘兴明 庞朝阳 译　吴世民 张子清　洪邮生 校
13. 中华帝国的法律　[美]D.布朗 C.莫里斯 著　朱勇 译　梁治平 校
14. 梁启超与中国思想的过渡(1890—1907)　[美]张灏 著　崔志海 葛夫平 译
15. 儒教与道教　[德]马克斯·韦伯 著　洪天富 译
16. 中国政治　[美]詹姆斯·R.汤森 布兰特利·沃马克 著　顾速 董方 译
17. 文化、权力与国家:1900—1942年的华北农村　[美]杜赞奇 著　王福明 译
18. 义和团运动的起源　[美]周锡瑞 著　张俊义 王栋 译
19. 在传统与现代性之间:王韬与晚清革命　[美]柯文 著　雷颐 罗检秋 译
20. 最后的儒家:梁漱溟与中国现代化的两难　[美]艾恺 著　王宗昱 冀建中 译
21. 蒙元入侵前夜的中国日常生活　[法]谢和耐 著　刘东 译
22. 东亚之锋　[美]小R.霍夫亨兹 K.E.柯德尔 著　黎鸣 译
23. 中国社会史　[法]谢和耐 著　黄建华 黄迅余 译
24. 从理学到朴学:中华帝国晚期思想与社会变化面面观　[美]艾尔曼 著　赵刚 译
25. 孔子哲学思微　[美]郝大维 安乐哲 著　蒋弋为 李志林 译
26. 北美中国古典文学研究名家十年文选　乐黛云 陈珏 编选
27. 东亚文明:五个阶段的对话　[美]狄百瑞 著　何兆武 何冰 译
28. 五四运动:现代中国的思想革命　[美]周策纵 著　周子平 等译
29. 近代中国与新世界:康有为变法与大同思想研究　[美]萧公权 著　汪荣祖 译
30. 功利主义儒家:陈亮对朱熹的挑战　[美]田浩 著　姜长苏 译
31. 莱布尼兹和儒学　[美]孟德卫 著　张学智 译
32. 佛教征服中国:佛教在中国中古早期的传播与适应　[荷兰]许理和 著　李四龙 裴勇 等译
33. 新政革命与日本:中国,1898—1912　[美]任达 著　李仲贤 译
34. 经学、政治和宗族:中华帝国晚期常州今文学派研究　[美]艾尔曼 著　赵刚 译
35. 中国制度史研究　[美]杨联陞 著　彭刚 程钢 译

36. 汉代农业:早期中国农业经济的形成　[美]许倬云 著　程农 张鸣 译　邓正来 校
37. 转变的中国:历史变迁与欧洲经验的局限　[美]王国斌 著　李伯重 连玲玲 译
38. 欧洲中国古典文学研究名家十年文选　乐黛云 陈珏 龚刚 编选
39. 中国农民经济:河北和山东的农民发展,1890—1949　[美]马若孟 著　史建云 译
40. 汉哲学思维的文化探源　[美]郝大维 安乐哲 著　施忠连 译
41. 近代中国之种族观念　[英]冯客 著　杨立华 译
42. 血路:革命中国中的沈定一(玄庐)传奇　[美]萧邦奇 著　周武彪 译
43. 历史三调:作为事件、经历和神话的义和团　[美]柯文 著　杜继东 译
44. 斯文:唐宋思想的转型　[美]包弼德 著　刘宁 译
45. 宋代江南经济史研究　[日]斯波义信 著　方健 何忠礼 译
46. 一个中国村庄:山东台头　杨懋春 著　张雄 沈炜 秦美珠 译
47. 现实主义的限制:革命时代的中国小说　[美]安敏成 著　姜涛 译
48. 上海罢工:中国工人政治研究　[美]裴宜理 著　刘平 译
49. 中国转向内在:两宋之际的文化转向　[美]刘子健 著　赵冬梅 译
50. 孔子:即凡而圣　[美]赫伯特·芬格莱特 著　彭国翔 张华 译
51. 18世纪中国的官僚制度与荒政　[法]魏丕信 著　徐建青 译
52. 他山的石头记:宇文所安自选集　[美]宇文所安 著　田晓菲 编译
53. 危险的愉悦:20世纪上海的娼妓问题与现代性　[美]贺萧 著　韩敏中 盛宁 译
54. 中国食物　[美]尤金·N.安德森 著　马孆 刘东 译　刘东 审校
55. 大分流:欧洲、中国及现代世界经济的发展　[美]彭慕兰 著　史建云 译
56. 古代中国的思想世界　[美]本杰明·史华兹 著　程钢 译　刘东 校
57. 内闱:宋代的婚姻和妇女生活　[美]伊沛霞 著　胡志宏 译
58. 中国北方村落的社会性别与权力　[加]朱爱岚 著　胡玉坤 译
59. 先贤的民主:杜威、孔子与中国民主之希望　[美]郝大维 安乐哲 著　何刚强 译
60. 向往心灵转化的庄子:内篇分析　[美]爱莲心 著　周炽成 译
61. 中国人的幸福观　[德]鲍吾刚 著　严蓓雯 韩雪临 吴德祖 译
62. 闺塾师:明末清初江南的才女文化　[美]高彦颐 著　李志生 译
63. 缀珍录:十八世纪及其前后的中国妇女　[美]曼素恩 著　定宜庄 颜宜葳 译
64. 革命与历史:中国马克思主义历史学的起源,1919—1937　[美]德里克 著　翁贺凯 译
65. 竞争的话语:明清小说中的正统性、本真性及所生成之意义　[美]艾梅兰 著　罗琳 译
66. 中国妇女与农村发展:云南禄村六十年的变迁　[加]宝森 著　胡玉坤 译
67. 中国近代思维的挫折　[日]岛田虔次 著　甘万萍 译
68. 中国的亚洲内陆边疆　[美]拉铁摩尔 著　唐晓峰 译
69. 为权力祈祷:佛教与晚明中国士绅社会的形成　[加]卜正民 著　张华 译
70. 天潢贵胄:宋代宗室史　[美]贾志扬 著　赵冬梅 译
71. 儒家之道:中国哲学之探讨　[美]倪德卫 著　[美]万白安 编　周炽成 译
72. 都市里的农家女:性别、流动与社会变迁　[澳]杰华 著　吴小英 译
73. 另类的现代性:改革开放时代中国性别化的渴望　[美]罗丽莎 著　黄新 译
74. 近代中国的知识分子与文明　[日]佐藤慎一 著　刘岳兵 译
75. 繁盛之阴:中国医学史中的性(960—1665)　[美]费侠莉 著　甄橙 主译　吴朝霞 主校
76. 中国大众宗教　[美]韦思谛 编　陈仲丹 译
77. 中国诗画语言研究　[法]程抱一 著　涂卫群 译
78. 中国的思维世界　[日]沟口雄三 小岛毅 著　孙歌 等译

79. 德国与中华民国 [美]柯伟林 著 陈谦平 陈红民 武菁 申晓云 译 钱乘旦 校
80. 中国近代经济史研究:清末海关财政与通商口岸市场圈 [日]滨下武志 著 高淑娟 孙彬 译
81. 回应革命与改革:皖北李村的社会变迁与延续 韩敏 著 陆益龙 徐新玉 译
82. 中国现代文学与电影中的城市:空间、时间与性别构形 [美]张英进 著 秦立彦 译
83. 现代的诱惑:书写半殖民地中国的现代主义(1917—1937) [美]史书美 著 何恬 译
84. 开放的帝国:1600年前的中国历史 [美]芮乐伟·韩森 著 梁侃 邹劲风 译
85. 改良与革命:辛亥革命在两湖 [美]周锡瑞 著 杨慎之 译
86. 章学诚的生平及其思想 [美]倪德卫 著 杨立华 译
87. 卫生的现代性:中国通商口岸卫生与疾病的含义 [美]罗芙芸 著 向磊 译
88. 道与庶道:宋代以来的道教、民间信仰和神灵模式 [美]韩明士 著 皮庆生 译
89. 间谍王:戴笠与中国特工 [美]魏斐德 著 梁禾 译
90. 中国的女性与性相:1949年以来的性别话语 [英]艾华 著 施施 译
91. 近代中国的犯罪、惩罚与监狱 [荷]冯客 著 徐有威 等译 潘兴明 校
92. 帝国的隐喻:中国民间宗教 [英]王斯福 著 赵旭东 译
93. 王弼《老子注》研究 [德]瓦格纳 著 杨立华 译
94. 寻求正义:1905—1906年的抵制美货运动 [美]王冠华 著 刘甜甜 译
95. 传统中国日常生活中的协商:中古契约研究 [美]韩森 著 鲁西奇 译
96. 从民族国家拯救历史:民族主义话语与中国现代史研究 [美]杜赞奇 著 王宪明 高继美 李海燕 李点 译
97. 欧几里得在中国:汉译《几何原本》的源流与影响 [荷]安国风 著 纪志刚 郑诚 郑方磊 译
98. 十八世纪中国社会 [美]韩书瑞 罗友枝 著 陈仲丹 译
99. 中国与达尔文 [美]浦嘉珉 著 钟永强 译
100. 私人领域的变形:唐宋诗词中的园林与玩好 [美]杨晓山 著 文韬 译
101. 理解农民中国:社会科学哲学的案例研究 [美]李丹 著 张天虹 张洪云 张胜波 译
102. 山东叛乱:1774年的王伦起义 [美]韩书瑞 著 刘平 唐雁超 译
103. 毁灭的种子:战争与革命中的国民党中国(1937—1949) [美]易劳逸 著 王建朗 王贤知 贾维 译
104. 缠足:"金莲崇拜"盛极而衰的演变 [美]高彦颐 著 苗延威 译
105. 饕餮之欲:当代中国的食与色 [美]冯珠娣 著 郭乙瑶 马磊 江素侠 译
106. 翻译的传说:中国新女性的形成(1898—1918) 胡缨 著 龙瑜宬 彭珊珊 译
107. 中国的经济革命:二十世纪的乡村工业 [日]顾琳 著 王玉茹 张玮 李进霞 译
108. 礼物、关系学与国家:中国人际关系与主体性建构 杨美惠 著 赵旭东 孙珉 译 张跃宏 译校
109. 朱熹的思维世界 [美]田浩 著
110. 皇帝和祖宗:华南的国家与宗族 [英]科大卫 著 卜永坚 译
111. 明清时代东亚海域的文化交流 [日]松浦章 著 郑洁西 等译
112. 中国美学问题 [美]苏源熙 著 卞东波 译 张强强 朱霞欢 校
113. 清代内河水运史研究 [日]松浦章 著 董科 译
114. 大萧条时期的中国:市场、国家与世界经济 [日]城山智子 著 孟凡礼 尚国敏 译 唐磊 校
115. 美国的中国形象(1931—1949) [美]T.克里斯托弗·杰斯普森 著 姜智芹 译
116. 技术与性别:晚期帝制中国的权力经纬 [英]白馥兰 著 江湄 邓京力 译

117. 中国善书研究　[日]酒井忠夫 著　刘岳兵 何英莺 孙雪梅 译
118. 千年末世之乱:1813 年八卦教起义　[美]韩书瑞 著　陈仲丹 译
119. 西学东渐与中国事情　[日]增田涉 著　由其民 周启乾 译
120. 六朝精神史研究　[日]吉川忠夫 著　王启发 译
121. 矢志不渝:明清时期的贞女现象　[美]卢苇菁 著　秦立彦 译
122. 明代乡村纠纷与秩序:以徽州文书为中心　[日]中岛乐章 著　郭万平 高飞 译
123. 中华帝国晚期的欲望与小说叙述　[美]黄卫总 著　张蕴爽 译
124. 虎、米、丝、泥:帝制晚期华南的环境与经济　[美]马立博 著　王玉茹 关永强 译
125. 一江黑水:中国未来的环境挑战　[美]易明 著　姜智芹 译
126. 《诗经》原意研究　[日]家井真 著　陆越 译
127. 施剑翘复仇案:民国时期公众同情的兴起与影响　[美]林郁沁 著　陈湘静 译
128. 华北的暴力和恐慌:义和团运动前夕基督教传播和社会冲突　[德]狄德满 著　崔华杰 译
129. 铁泪图:19世纪中国对于饥馑的文化反应　[美]艾志端 著　曹曦 译
130. 饶家驹安全区:战时上海的难民　[美]阮玛霞 著　白华山 译
131. 危险的边疆:游牧帝国与中国　[美]巴菲尔德 著　袁剑 译
132. 工程国家:民国时期(1927—1937)的淮河治理及国家建设　[美]戴维·艾伦·佩兹 著　姜智芹 译
133. 历史宝筏:过去、西方与中国妇女问题　[美]季家珍 著　杨可 译
134. 姐妹们与陌生人:上海棉纱厂女工,1919—1949　[美]韩起澜 著　韩慈 译
135. 银线:19世纪的世界与中国　林满红 著　詹庆华 林满红 译
136. 寻求中国民主　[澳]冯兆基 著　刘悦斌 徐硙 译
137. 墨梅　[美]毕嘉珍 著　陆敏珍 译
138. 清代上海沙船航运业史研究　[日]松浦章 著　杨蕾 王亦铮 董科 译
139. 男性特质论:中国的社会与性别　[澳]雷金庆 著　[澳]刘婷 译
140. 重读中国女性生命故事　游鉴明 胡缨 季家珍 主编
141. 跨太平洋位移:20世纪美国文学中的民族志、翻译和文本间旅行　黄运特 著　陈倩 译
142. 认知诸形式:反思人类精神的统一性与多样性　[英]G.E.R.劳埃德 著　池志培 译
143. 中国乡村的基督教:1860—1900 江西省的冲突与适应　[美]史维东 著　吴薇 译
144. 假想的"满大人":同情、现代性与中国疼痛　[美]韩瑞 著　袁剑 译
145. 中国的捐纳制度与社会　伍跃 著
146. 文书行政的汉帝国　[日]富谷至 著　刘恒武 孔李波 译
147. 城市里的陌生人:中国流动人口的空间、权力与社会网络的重构　[美]张骊 著　袁长庚 译
148. 性别、政治与民主:近代中国的妇女参政　[澳]李木兰 著　方小平 译
149. 近代日本的中国认识　[日]野村浩一 著　张学锋 译
150. 狮龙共舞:一个英国人笔下的威海卫与中国传统文化　[英]庄士敦 著　刘本森 译　威海市博物馆 郭大松 校
151. 人物、角色与心灵:《牡丹亭》与《桃花扇》中的身份认同　[美]吕立亭 著　白华山 译
152. 中国社会中的宗教与仪式　[美]武雅士 著　彭泽安 邵铁峰 译　郭潇威 校
153. 自贡商人:近代早期中国的企业家　[美]曾小萍 著　董建中 译
154. 大象的退却:一部中国环境史　[英]伊懋可 著　梅雪芹 毛利霞 王玉山 译
155. 明代江南土地制度研究　[日]森正夫 著　伍跃 张学锋 等译　范金民 夏维中 审校
156. 儒学与女性　[美]罗莎莉 著　丁佳伟 曹秀娟 译

157. 行善的艺术:晚明中国的慈善事业(新译本) ［美］韩德玲 著 曹晔 译
158. 近代中国的渔业战争和环境变化 ［美］穆盛博 著 胡文亮 译
159. 权力关系:宋代中国的家族、地位与国家 ［美］柏文莉 著 刘云军 译
160. 权力源自地位:北京大学、知识分子与中国政治文化,1898—1929 ［美］魏定熙 著 张蒙 译
161. 工开万物:17世纪中国的知识与技术 ［德］薛凤 著 吴秀杰 白岚玲 译
162. 忠贞不贰:辽代的越境之举 ［英］史怀梅 著 曹流 译
163. 内藤湖南:政治与汉学(1866—1934) ［美］傅佛果 著 陶德民 何英莺 译
164. 他者中的华人:中国近现代移民史 ［美］孔飞力 著 李明欢 译 黄鸣奋 校
165. 古代中国的动物与灵异 ［英］胡司德 著 蓝旭 译
166. 两访中国茶乡 ［英］罗伯特·福琼 著 敖雪岗 译
167. 缔造选本:《花间集》的文化语境与诗学实践 ［美］田安 著 马强才 译
168. 扬州评话探讨 ［丹麦］易德波 著 米锋 易德波 译 李今芸 校译
169. 《左传》的书写与解读 李惠仪 著 文韬 许明德 译
170. 以竹为生:一个四川手工造纸村的20世纪社会史 ［德］艾约博 著 韩巍 译 吴秀杰 校
171. 东方之旅:1579—1724耶稣会传教团在中国 ［美］柏理安 著 毛瑞方 译
172. "地域社会"视野下的明清史研究:以江南和福建为中心 ［日］森正夫 著 于志嘉 马一虹 黄东兰 阿风 等译
173. 技术、性别、历史:重新审视帝制中国的大转型 ［英］白馥兰 著 吴秀杰 白岚玲 译
174. 中国小说戏曲史 ［日］狩野直喜 张真 译
175. 历史上的黑暗一页:英国外交文件与英美海军档案中的南京大屠杀 ［美］陆束屏 编著/翻译
176. 罗马与中国:比较视野下的古代世界帝国 ［奥］沃尔特·施德尔 主编 李平 译
177. 矛与盾的共存:明清时期江西社会研究 ［韩］吴金成 著 崔荣根 译 薛戈 校译
178. 唯一的希望:在中国独生子女政策下成年 ［美］冯文 著 常姝 译
179. 国之枭雄:曹操传 ［澳］张磊夫 著 方笑天 译
180. 汉帝国的日常生活 ［英］鲁惟一 著 刘洁 余霄 译
181. 大分流之外:中国和欧洲经济变迁的政治 ［美］王国斌 罗森塔尔 著 周琳 译 王国斌 张萌 审校
182. 中正之笔:颜真卿书法与宋代文人政治 ［美］倪雅梅 著 杨简茹 译 祝帅 校译
183. 江南三角洲市镇研究 ［日］森正夫 编 丁韵 胡婧 等译 范金民 审校
184. 忍辱负重的使命:美国外交官记载的南京大屠杀与劫后的社会状况 ［美］陆束屏 编著/翻译
185. 修仙:古代中国的修行与社会记忆 ［美］康儒博 著 顾漩 译
186. 烧钱:中国人生活世界中的物质精神 ［美］柏桦 著 袁剑 刘玺鸿 译
187. 话语的长城:文化中国历险记 ［美］苏源熙 著 盛珂 译
188. 诸葛武侯 ［日］内藤湖南 著 张真 译
189. 盟友背信:一战中的中国 ［英］吴芳思 克里斯托弗·阿南德尔 著 张宇扬 译
190. 亚里士多德在中国:语言、范畴和翻译 ［英］罗伯特·沃迪 著 韩小强 译
191. 马背上的朝廷:巡幸与清朝统治的建构,1680—1785 ［美］张勉治 著 董建中 译
192. 申不害:公元前四世纪中国的政治哲学家 ［美］顾立雅 著 马腾 译
193. 晋武帝司马炎 ［日］福原启郎 著 陆帅 译
194. 唐人如何吟诗:带你走进汉语音韵学 ［日］大岛正二 著 柳悦 译

195. 古代中国的宇宙论　[日]浅野裕一 著　吴昊阳 译
196. 中国思想的道家之论:一种哲学解释　[美]陈汉生 著　周景松 谢尔逊 等译　张丰乾 校译
197. 诗歌之力:袁枚女弟子屈秉筠(1767—1810)　[加]孟留喜 著　吴夏平 译
198. 中国逻辑的发现　[德]顾有信 著　陈志伟 译
199. 高丽时代宋商往来研究　[韩]李镇汉 著　李廷青 戴琳剑 译　楼正豪 校
200. 中国近世财政史研究　[日]岩井茂树 著　付勇 译　范金民 审校
201. 魏晋政治社会史研究　[日]福原启郎 著　陆帅 刘萃峰 张紫毫 译
202. 宋帝国的危机与维系:信息、领土与人际网络　[比利时]魏希德 著　刘云军 译
203. 中国精英与政治变迁:20世纪初的浙江　[美]萧邦奇　徐立望 杨涛羽 译　李齐 校
204. 北京的人力车夫:1920年代的市民与政治　[美]史谦德 著　周书垚 袁剑 译　周育民 校